圖解舊約新約聖經

A Guide to Old Testament New Testament

從創世記到啟示錄
深入淺出理解聖經的世界

目次

從亞當到雅各的家譜

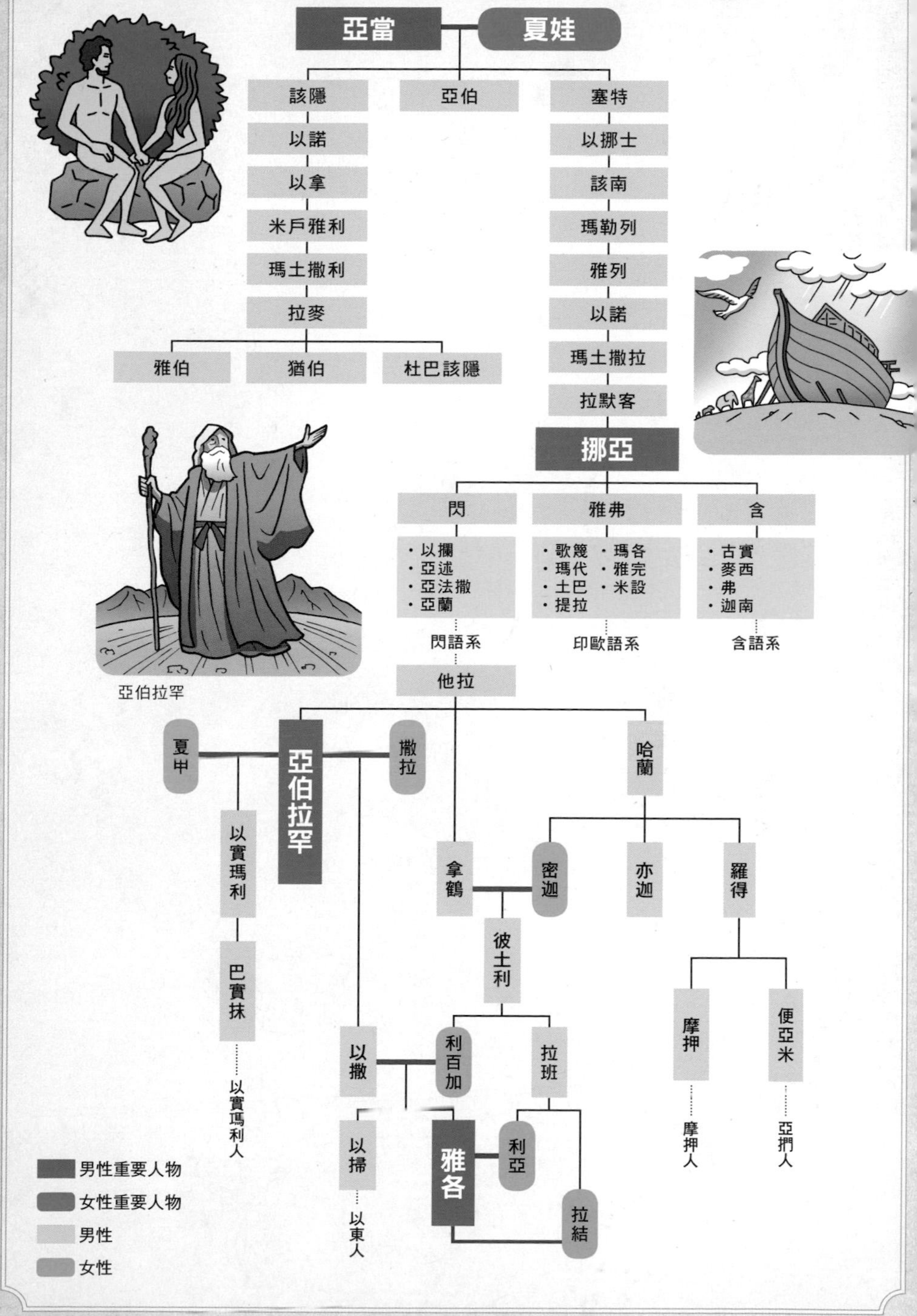
亞當
夏娃
該隱
亞伯
塞特
以諾
以拿
米戶雅利
瑪土撒利
拉麥
雅伯
猶伯
杜巴該隱
以挪士
該南
瑪勒列
雅列
以諾
瑪土撒拉
拉默客
挪亞
閃
雅弗
含
・以攔
・亞述
・亞法撒
・亞蘭
閃語系
・歌篾
・瑪代
・土巴
・提拉
・瑪各
・雅完
・米設
印歐語系
・古實
・麥西
・弗
・迦南
含語系
亞伯拉罕
他拉
夏甲
亞伯拉罕
撒拉
哈蘭
以實瑪利
巴實抹
以實瑪利人
拿鶴
密迦
亦迦
羅得
彼土利
摩押
便亞米
摩押人
亞捫人
以撒
利百加
拉班
以掃
以東人
雅各
利亞
拉結
男性重要人物
女性重要人物
男性
女性

從以色列（雅各）到耶穌的家譜

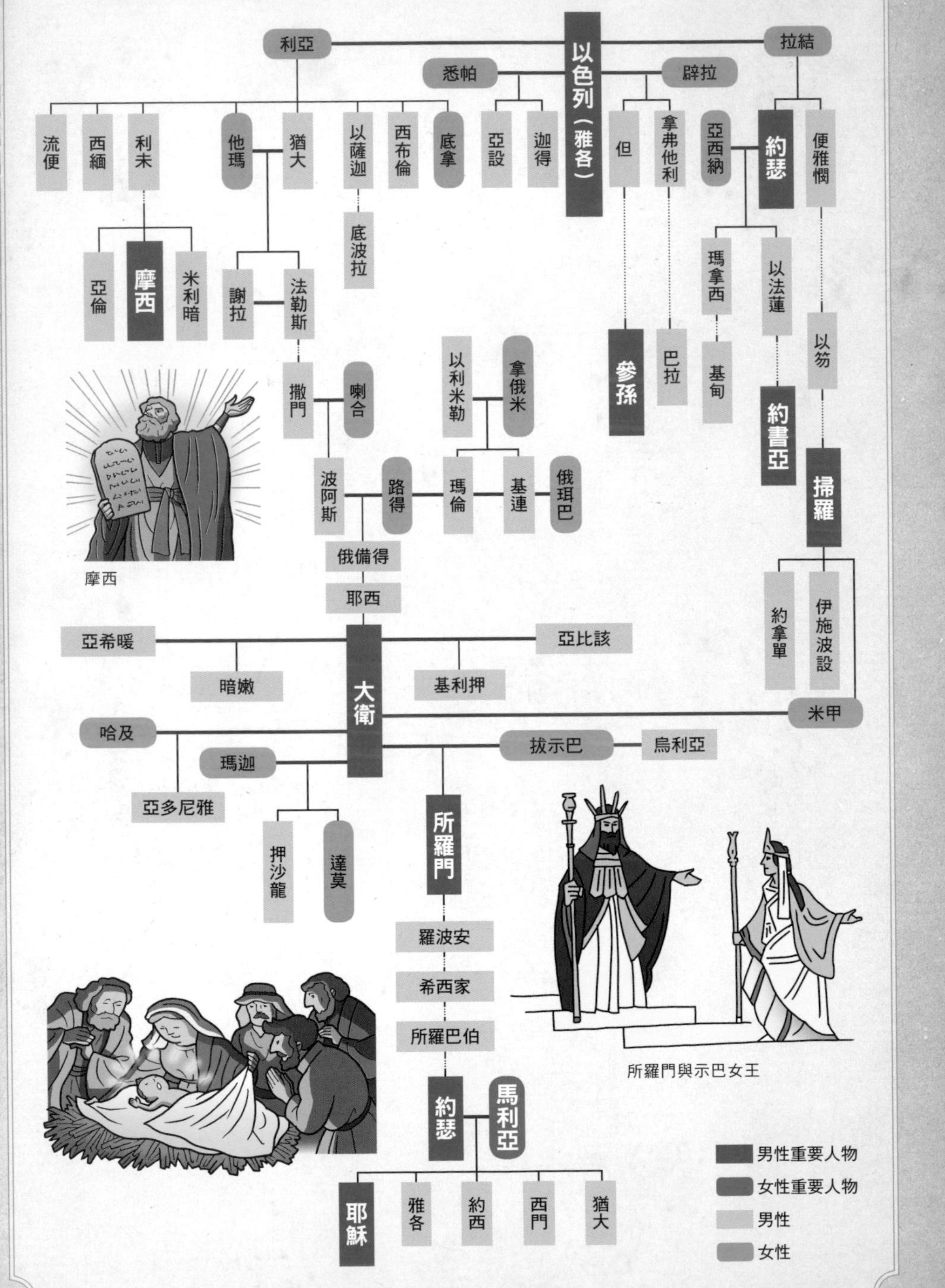

以色列（雅各）
利亞
拉結
悉帕
辟拉
流便
西緬
利未
他瑪
猶大
以薩迦
西布倫
底拿
亞設
迦得
但
拿弗他利
亞西納
約瑟
便雅憫
亞倫
摩西
米利暗
底波拉
謝拉
法勒斯
瑪拿西
以法蓮
參孫
巴拉
基甸
以笏
約書亞
撒門
喇合
以利米勒
拿俄米
波阿斯
路得
瑪倫
基連
俄珥巴
掃羅
約拿單
伊施波設
俄備得
耶西
亞希暖
亞比該
暗嫩
基利押
大衛
米甲
哈及
拔示巴
烏利亞
瑪迦
亞多尼雅
押沙龍
達瑪
所羅門
羅波安
希西家
所羅巴伯
約瑟
馬利亞
耶穌
雅各
約西
西門
猶大
摩西
所羅門與示巴女王
男性重要人物
女性重要人物
男性
女性

◇聖經年表

西曆	《舊約聖經》的事件	古代近東世界	西曆
		全球最古老的都市文明出現於耶利哥。	西元前7000年前後
		蘇美人在美索不達米亞建立城邦。	前3500年前後
		法老王美尼斯（Menes）統一上下埃及。	前3000年前後
		埃及進入古王國時期。	前2686年
		法老王古夫在吉薩（Giza）建設大金字塔。	前2580年前後
西元前2300年前	帖爾馬迪（Tell Mardikh）出土的《埃勃拉泥版》（Ebla tablets）上，出現了耶路撒冷的古名「撒冷」（Salem）。	阿卡德帝國（Akkadian Empire）於美索不達米亞建國。	前2316年前後
前1900年前後	亞伯拉罕的族人遷居至迦南地（Canaan）。	西克索人（Hyksos）進攻並統治埃及。	前1720年前後
前1700年前後	雅各的族人遷居至埃及。	西台帝國（Hittite Empire）進入鼎盛期。	前1380年
		埃及第十九王朝的拉美西斯二世（Ramesses II）即位。	前1304年
		埃及與西台之間發生了卡迭石戰役（Battle of Kadesh）。	前1285年
前1250年前後	摩西率領以色列人逃離埃及。	亞蘭語（Aramaic language，又譯作亞拉姆語）流傳至近東一帶。	前1200年前後
前1200～1020年前後	約書亞率領以色列人定居迦南地。 士師活躍。	西台遭「海上民族」攻擊而滅亡。	前1190年前後
前1005年前後	大衛成為以色列王國第二代的國王，占領耶路撒冷，立此地為首都。		
前965年	所羅門成為第三代的國王。		
前926年	所羅門王死後，以色列王國一分為二，分別是北國以色列與南國猶大。		
前873年前後	亞哈（Ahab）繼承以色列王國的王位。		
前722年	亞述王薩爾貢一世攻打以色列王國，撒馬利亞淪陷。北國以色列滅亡。		
前680年	亞述帝國統一古代近東。		
前640年	約西亞 （Josiah）繼承南國猶大的王位，並進行宗教改革。		
前612年	亞述被新巴比倫王國等國滅亡。		
前609年	米吉多戰役（Battle of Megiddo）中，南國猶大被埃及軍隊打敗，約西亞王戰死。		
前598年	新巴比倫王國的尼布甲尼撒二世（Nebuchadnezzar II）包圍耶路撒冷城，第一次將猶太人擄至巴比倫。		
前586年	新巴比倫王國的尼布甲尼撒二世攻陷耶路撒冷，第二次將猶太人擄至巴比倫。		
前582年	因猶太省長基大利被暗殺，而第三次將猶太人擄至巴比倫。		
前539年	波斯的阿契美尼德王朝（Achaemenid Empire）消滅新巴比倫王國。	波斯的阿契美尼德王朝的居魯士二世（Cyrus II）消滅新巴比倫王國。	前539年
前515年	重建耶路撒冷聖殿。	波斯的阿契美尼德王朝統一近東。	前525年
前492～449年	爆發波希戰爭，希臘各城邦與波斯阿契美尼德王朝產生激烈衝突。		
前445年前後	尼希米回歸耶路撒冷，並開始改革。		
前398年前後	以斯拉回歸耶路撒冷，並開始改革（打下了猶太教的基礎）。		

西曆	猶太人的事件	古代近東世界	西曆
		托勒密王朝（Ptolemy Dynasty）被馬其頓的亞歷山大大帝消滅。	西元前333年
西元前332年	馬其頓的亞歷山大大帝攻打猶太。征服了推羅、迦薩，繼續攻向埃及。		
		敘利亞的塞琉古王朝建國。	前312年
		埃及的托勒密王朝建國。	前304年
前202年	猶太民族被敘利亞的塞琉古王朝（Seleucid Empire）所統治。		
前167年	敘利亞塞琉古王朝的安條克四世（Antiochus IV）制伏耶路撒冷，並迫害猶太教。		
前164年	猶大・馬加比（Judas Maccabeus）解放耶路撒冷，重建聖殿，排除異教。		

西曆	《新約聖經》的事件	羅馬	西曆
西元前142年	哈斯蒙尼王朝（Hasmonean dynasty）建國，達成猶太獨立。此時，猶太教分裂成法利賽派（Pharisees）和撒都該黨（Sadducees）。	羅馬在布匿戰爭（Bella punica）戰勝，取得地中海的霸權。	西元前264～前146年
前130年前後	愛色尼派（Essenes）分裂。	格拉古兄弟（The Gracchi brothers）展開改革。	前133年
		斯巴達克斯起義（The War of Spartacus）爆發。	前73年
前63年	猶太被羅馬的龐培（Pompey）征服。		
前37年	希律大帝（Herod the Great）占領耶路撒冷，成為猶太的國王。		
前20年	希律大帝修復耶路撒冷聖殿。	羅馬在亞克興戰役（Battle of Actium）中消滅埃及的托勒密王朝。	前31年
前6年前後	耶穌誕生。		
前4年前後	希律大帝死去。		
西元6年前後	猶太成為羅馬的一省。	羅馬在條頓堡森林戰役中大破日耳曼人。	西元9年
26年前後	本丟・彼拉多就任猶太省省長。		
28年前後	施洗約翰開始佈道。		
30年前後	加利利的耶穌在「各各他山」（Golgotha）被處以十字架刑。		
33年前後	掃羅悔改歸主。		
47年	保羅展開第一次旅行佈道，召開耶路撒冷會議（Council of Jerusalem）。		
49～52年	保羅第二次旅行佈道。		
53～56年	保羅第三次旅行佈道。		
66年	猶太人對羅馬發動叛變（第一次猶太戰爭）。		
70年	耶路撒冷淪陷，第一次猶太戰爭結束。		
74年	馬撒大（Masada）淪陷。	維蘇威火山噴發，龐貝城被埋沒。	79年
80年前後	〈路加福音〉成書。		
85年前後	〈馬太福音〉成書。		
90年	《舊約聖經》確立。		
132年	在巴柯巴（Simon bar Kokhba）的領導下，發動對羅馬的叛變（第二次猶太戰爭）。		
135年	耶路撒冷淪陷，第二次猶太戰爭結束。猶太人被哈德良（Hadrian）皇帝逐出耶路撒冷。	對基督徒展開大迫害。	250年
		戴克里先（Diocletian）皇帝對基督徒展開大迫害。	303年
313年	頒布米蘭敕令（Edict of Milan），基督教獲得公認。	羅馬帝國將基督教定為國教。	392年

序章

閱讀聖經之前

聖經中有哪些記載

人類史上的最大暢銷書

聖經是全球二十億人口信奉的經書。因此，稱之為人類史上最大暢銷書也不為過。

只不過，不知各位是否知道，所謂的「聖經」，其實可以分成《舊約聖經》與《新約聖經》。

《舊約聖經》是從〈創世記〉的上帝創造世界開始記載。接著，又記載了生活在古代地中海東岸的猶太人，如何在上帝與人的交流之中，展開了他們的歷史，包括摩西領受上帝的十項誡律，以色列王國的大衛王故事等等。

《舊約聖經》是猶太教和基督教的共通經書，受兩教教徒所信奉。

《新約聖經》講述耶穌的教誨與一生

至於《新約聖經》的主要內容，則是在講述耶穌一生如何在巴勒斯坦宣揚愛的福音，以及其門徒的傳道過程。

《新約聖經》中最重要的部分為〈福音書〉，這是透過四名著者，從各自觀點記錄耶穌的一生。四名著者分別寫下不同的故事，藉由這些故事講述耶穌如何宣揚愛的福音，乃至耶穌壯烈的死亡，以及復活升天。其他還收錄了眾門徒的言行事跡、書信，藉以描述耶穌升天後的傳道歷史。

而聖經最末卷的〈啟示錄〉，是以描寫世界末日的最後審判，做為終結。

因此，聖經是一部內容壯闊的書籍，記述自天地創造到世界末日的故事。

《舊約聖經》與《新約聖經》

舊約聖經

・只有以色列人是上帝拯救的對象。
・對上帝忠心的人，必得到恩典；對上帝不忠的人，將受到懲罰。

新約聖經

・所有信基督教者，皆為上帝拯救的對象。
・對上帝不忠的人，也能得到愛與赦免。

認為彌賽亞尚未出現，而不加以承認。

視為重要經書，但以《新約聖經》所記載之與上帝的新契約為前提。

【基督教】
・以《舊約聖經》和《新約聖經》為經典。
・門徒們遵奉耶穌在西元一世紀的教誨，並推廣至世界各地的宗教。
・視耶穌為上帝之子。

【猶太教】
・以《舊約聖經》為經典。
・猶太人所信仰的民族宗教。

主要故事

創造天地
↓
亞伯拉罕的旅程
↓
摩西十誡
↓
大衛、所羅門的王國
→
耶穌的傳道
↓
耶穌的受刑
↓
門徒的傳道
↓
啟示錄

【猶太教的觀點】

彌賽亞會出現在大衛王的後裔之中，但實際上尚未出現。

【基督教的觀點】

耶穌即彌賽亞。透過耶穌的死與復活，讓上帝與人類締結了新的契約。

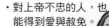

1 什麼是聖經？

POINT

◆共有三個宗教以聖經為經典。
◆「約」是指與上帝的「契約」。
◆「舊約」「新約」是站在基督教之立場所取的名稱。

成為三宗教共同經典的聖經

聖經包括**《舊約聖經》**和**《新約聖經》**。首先《舊約聖經》是作為猶太教的經典而誕生。主要從**天地創造**開始說起，乃至以色列王國的建立、巴比倫被擄與回歸的歷史，內容描述著**以色列人**與上帝之間的交流。

受《舊約聖經》影響甚鉅的，不只**猶太教**，還包括後來的**基督教**，乃至穆罕默德所創立的**伊斯蘭教**。

相對地，《新約聖經》則是基督教獨有的經典，由〈四福音書〉〈使徒行傳〉〈書信〉〈啟示錄〉四個部分所組成，記載耶穌及其門徒的教誨。相較於帶有濃厚**史書色彩**的《舊約聖經》而言，《新約聖經》的**宗教色彩**更加強烈。

基督教所取的名稱

「舊約」、「新約」聖經中的「約」字，指的是人類與上帝定下的**契約**。

以色列人曾被當成奴隸，在埃及過著水深火熱的日子，後來，上帝指引他們前往應許之地**迦南**（Canaan，今日的巴勒斯坦）。

途中，上帝在西奈山（聖經和合本譯作「西乃山」）上，透過以色列人的民族領袖**摩西**，頒布律法。根據此律法，以色列人與上帝定下契約，他們成為受上帝揀選，能得到神之恩典的民族，在此同時，他們也有義務敬拜唯一絕對的真神，並遵守律法。

儘管如此，以色列人仍多次觸犯律法，打破他們與上帝之間的契約。

於是，上帝讓自己的兒子耶穌，以「**彌賽亞**」的身分降臨世間。然而，以色列人不僅不承認耶穌是彌賽亞，最後還將耶穌釘上十字架，處以極刑。

基督教認為，耶穌此時在十字架上流下的血，赦免了人的罪，人類與上帝進而定下了新的契約。根據這次的契約，全人類皆為上帝救贖的對象。

他們稱這項契約為「新約」，並與猶太教所信奉的契約區分開來。

「舊」契約與「新」契約

摩西在西奈山上得到神授的律法，
以色列人與上帝締結了契約（＝舊約）。

以色列人辜負了上帝的期待，多次毀約。

⬇

以色列人不把上帝派來的先知當成一回事。

⬇

上帝派耶穌到地上來

耶穌被以色列人殺害。

⬇

三天後，耶穌復活，上帝與人類重新
締結了新的契約（＝新約）。

關鍵詞

◎ **彌賽亞**

在希伯來文中，意為「被淋上膏油的人」。是指解救以色列人於水火之中的救世主，希臘文將其翻譯成「基督」。對猶太人而言，彌賽亞是指政治上的領袖或以色列的國王。基督教則認為，耶穌藉由被釘上十字架，來彰顯上帝的以愛服人，而這樣的耶穌正是彌賽亞。

◎ **以色列人**

在《舊約聖經》中被視為受上帝揀選的民族。

2 《舊約聖經》的架構

POINT

◆《舊約聖經》確立於西元九〇年前後，由三十九卷書集合而成。
◆《舊約聖經》是由許多人在漫長歲月中寫下的書卷所組成。
◆猶太教特別重視摩西五經。

以希伯來文所寫下的三十九卷書

《舊約聖經》是猶太教和基督教的共通經典，確立於西元九〇年前後。

以色列學者聚集在巴勒斯坦地區的雅麥尼亞（Jamnia），將希伯來文所寫成的三十九卷書，定為《舊約聖經》。

據說，這三十九卷書中，最古老的書卷是於西元前一五〇〇年寫成，因此《舊約聖經》是經過一段漫長無比之歲月所形成的經書。

《舊約聖經》可分為四部分

這三十九卷書大致可分為以下四個部分。

首先是〈**摩西五經**〉，猶太教稱為妥拉（Torah），基督教通常稱為律法書，包括〈創世記〉、〈出埃及記〉、〈利未記〉、〈民數記〉和〈申命記〉。這是猶太教中最重要的經典。

接下來是〈**歷史書**〉，這部分描寫以色列人抵達應許之地後的歷史。

再來是由〈箴言〉〈詩篇〉〈雅歌〉〈約伯記〉等書卷組成的〈**智慧書**〉。〈箴言〉和〈詩篇〉是蒐集了人生建言與祈禱文的書卷。〈雅歌〉中集結了各種愛之歌。〈約伯記〉則記載了人生中各種不合理的苦難。

最後是〈**先知書**〉，這些書卷中記載著先知們所揭示的未來。其他還包括記述了大家耳熟能詳故事的「**經外書**」。只不過，各教派會根據各自的價值觀，選擇收錄或不收錄這些「經外書」。

對以色列人和猶太人而言，《舊約聖經》中記述的內容十分重要，是他們精神上的支柱。

《舊約聖經》的架構

摩西五經

〈創世記〉、〈出埃及記〉、〈利未記〉、〈民數記〉和〈申命記〉，一般認為是出自摩西之手。摩西五經就是由這五部經書所構成，是猶太教的基本經典。內容始於天地創造，描述到摩西與其族人抵達迦南前的旅程。

創世記
出埃及記
利未記
民數記
申命記

歷史書

從進攻迦南，到大衛、所羅門所治理之以色列王國的盛世，以及以色列人在巴比倫被擄，還有回到耶路撒冷的歷史。

約書亞記
士師記
路得記
撒母耳記（上）
撒母耳記（下）
列王記（上）
列王記（下）
歷代志（上）
歷代志（下）
以斯拉記
尼希米記

智慧書

在這些書卷中，無法明確看到人類與上帝之間的契約。這些書卷表現出對人類的關懷，收錄了人生建言、做人處事之道理、愛與慈悲的歌曲等等。

約伯記
詩篇
箴言
傳道書
雅歌
以斯帖記
但以理書
耶利米哀歌

先知書

記載歷代先知所傳達的上帝意志，並生動地描繪出先知們的行為與煩惱。

以賽亞書
耶利米書
以西結書
何西阿書
約珥書
阿摩司書
俄巴底亞書
約拿書
彌迦書
那鴻書
哈巴谷書
西番雅書
哈該書
撒迦利亞書
瑪拉基書

迷你知識

次經

指沒有包含在《舊約聖經》中的「經外書」，次經的包含範圍由各教派自行決定。中文雖然稱為「次經」，但希臘文則稱之為「Apocrypha」，有「隱藏的」「隱密的」之意。這些書卷成書於西元前二世紀到西元二世紀之間，過去一直包含在基督教的正經之中，直到宗教改革時代，才被視為有問題的經書。

3 《新約聖經》的架構

POINT
- 一共有四卷「福音書」，分別記述耶穌的一生。
- 其編纂目的都是為了幫助傳道。
- 先知書只有〈啟示錄〉一卷。

記載耶穌言行的福音書

《新約聖經》是以希臘文寫成的基督教經典。當初的目的是為了**幫助教會的傳道活動**，自西元五〇年起便將耶穌門徒寫下的紀錄與書信，整理成《新約聖經》。西元三九七年舉行的**第三次迦太基會議**，正式將今日的二十七卷書列為「新約聖經正典」。

《新約聖經》是以**馬太**、**馬可**、**路加**、**約翰**四人所寫下的四卷**福音書**為開頭，這四卷書記載了耶穌從出生、傳道、死亡到復活的經歷，以及耶穌的言行舉止。

其中，馬太、馬可、路加三卷福音書，有許多共通觀點，因此合稱為「**符類福音**」（Synoptic Gospels）。相對的，約翰所寫的福音書，則稱為「**第四福音**」，內容中以獨特的手法宣稱耶穌的神性等等，展現出不同於其他福音書的觀點。

還收錄有門徒的書信與先知書

接在福音書之後的是〈使徒行傳〉，此書卷是描寫耶穌死後，教會及耶穌門徒的種種活動，可視為《新約聖經》的歷史書。接著是門徒在傳道中寫下的二十一卷書信，其中包含了**保羅**所寫的十三封書信。而最末卷的〈**啟示錄**〉，是《新約聖經》中唯一的一卷先知書，其中描述了世界末日及最後審判。

關鍵詞

◎ **傳道**

一般指宣揚宗教教義，為未知的人們揭示通往信仰的道路。將基督教教會的歷史稱為「傳道的歷史」，一點也不為過。宣揚教義的人群，雖然屢屢遭受迫害，卻愈挫愈勇，讓基督教一步步成長茁壯，最後成為一個世界宗教。

《新約聖經》的架構

福音書

記錄耶穌從出生到死亡言行舉止的四卷經書。四卷福音書將耶穌帶來的同一個救贖（福音），透過多種不同的觀點展現出來。

- 馬太福音
- 馬可福音
- 路加福音
- 約翰福音

使徒行傳

前半部主要描述的是彼得的人生，後半部主要描述的是保羅的人生，揭示出耶穌門徒在耶穌死後的傳道過程。

- 使徒行傳

保羅書信

蒐集了保羅在傳道生涯中所寫下的書信。

- 羅馬書
- 哥林多前書
- 哥林多後書
- 加拉太書
- 以弗所書
- 腓立比書
- 歌羅西書
- 帖撒羅尼迦前書
- 帖撒羅尼迦後書
- 提摩太前書
- 提摩太後書
- 提多書
- 腓利門書

大公書信

蒐集了耶穌十二門徒所寫的書信。但一般認為，「大公書信」實際上是寫成於西元一世紀末，不一定出自於耶穌門徒之手。

- 希伯來書
- 雅各書
- 彼得前書
- 彼得後書
- 約翰一書
- 約翰二書
- 約翰三書
- 猶大書

啟示錄

《新約聖經》中唯一的先知書，內容描寫人類滅亡與最後審判，以及基督的再臨。

- 啟示錄

4 人類與上帝的契約

POINT
◆「契約」一詞的意思與今日大相逕庭。
◆聖經的契約是上帝單方面的約定。
◆「舊約」限制嚴格，「新約」具包容性。

上帝單方面要求人類答應的契約

如前所述，「舊約」「新約」的「約」字，指的是**人類與上帝的契約**。不過，雖說是「契約」，其含意卻和現代社會中所說的契約大異其趣。

我們一般認為，契約是站在對等的立場，經過交涉後，雙方定下的約定，但新舊兩約聖經的契約中之共通點，卻是「神愛世人」這項**單方面的約定**。

當唯一絕對的真神要求人類做出回答時，人類就只能發誓對上帝誠實及忠誠。

講律法的「舊約」與兼容性的「新約」

「舊約」是**唯一真神耶和華**與以色列人之間締結的契約。以色列人只要遵從律法，忠實侍奉，上帝就會愛他們，並賜予他們救贖與繁榮。但他們若是違反了上帝的意志，就必須接受嚴厲的制裁。

相對地，「新約」並不要求世人遵守像猶太教般嚴苛的律法。也不需要實踐各種形式上的禮法。唯一需要做的，就是**信耶穌基督**而已。只要信了耶穌基督，就能成為上帝救贖的對象。《新約聖經》還進一步將締結契約的對象，從原本的以色列人，擴大至**所有信耶穌的人**。

相較於「舊約」，「新約」的契約可說是擺脫了各種嚴格限制，且具有更大的包容性。

《舊約聖經》與《新約聖經》中人類與上帝的契約

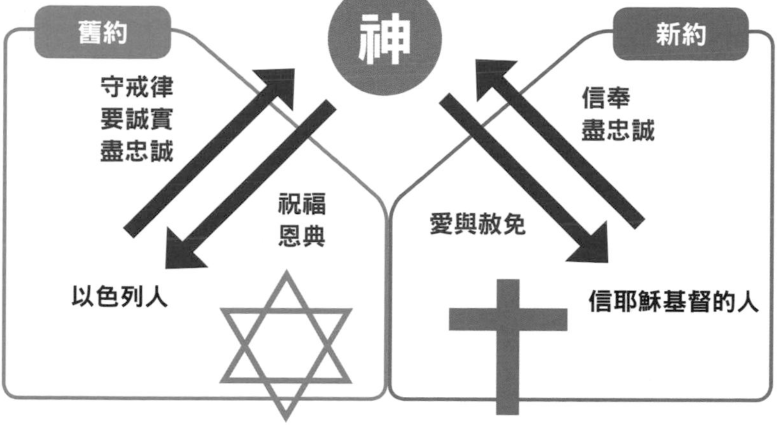
舊約
神
新約
守戒律
要誠實
盡忠誠
祝福
恩典
以色列人
信奉
盡忠誠
愛與赦免
信耶穌基督的人

以色列人獲得的主要恩典

亞伯拉罕獲得上帝應許的迦南地。

摩西行神蹟。

耶利哥城牆倒塌。

先知得到上帝傳達的信息。

5 天使與惡魔

POINT
- 天使擔任上帝與人類之間的橋梁。
- 墮落天使就成了惡魔。
- 天使與惡魔，是受波斯宗教影響而生的概念。

大家耳熟能詳的天使，是連繫上帝與人類的角色

在聖經中扮演上帝與人類之間橋樑的，就是常以背負翅膀之形象出現的**天使**。

上帝創造出天使，地位高於人類，他們身負重要使命——代替上帝回應人類所做出的犧牲與祈禱。

無論《舊約聖經》或《新約聖經》，當故事來到緊要關頭時，屢屢會看到天使降臨，**為上帝傳達旨意**。天使是上帝使者的化身，因此也常常出現在西洋繪畫中。

受到二元論的影響所產生的惡魔

相對地，有「**撒旦**」之稱的**惡魔**，則是絕對惡的化身。「撒旦」一詞來自於希伯來文。惡魔是與天使截然對立的概念，因此鮮少人知道，其實惡魔也曾經是天使。

對早期的猶太人而言，上帝的力量就是一切，因此惡魔的概念並不存在。那麼，惡魔究竟是如何產生的呢？

波斯人曾攻陷巴比倫，解放了被俘虜於巴比倫的猶太人。波斯的宗教帶有強烈的「**二元論**」思想。「二元論」是指以善惡等兩相對立的價值觀，來詮釋這個世界的思想。猶太人受此種觀念影響，將**背叛上帝**的天使視作惡魔。把惡魔看作人類公敵的想法，一路從《舊約聖經》發展至《新約聖經》的時期。

詳細解說

因為背叛上帝而被逐出天堂的天使，稱為「墮落天使」，是惡魔的前身。實際上，聖經中並沒有這樣的描寫。這種說法是在一九六〇年代所舉辦的第二次梵蒂岡大公會議（Second Vatican Council）中得到承認，由教宗保祿六世（Sanctus Paulus PP. VI）確認。

天使與惡魔

代表性的天使

米迦勒

被視為以色列的守護天使，率領天使大軍與撒旦作戰。由於他身負領軍之責，因此在繪畫之中，經常以武裝之姿的青年形象登場。

加百列

在《新約聖經》中，他是告訴撒迦利亞其妻伊莉沙白將生下施洗者約翰，並告知瑪利亞基督即將降生的天使。此外，在伊斯蘭教中，他則被認為是將阿拉的啟示傳達給穆罕默德的天使。

拉斐爾

於《舊約聖經》的次經〈多比傳〉（Book of Tobit）中，多比亞為了拿回一筆金錢來治療父親多比的眼疾而踏上旅途，此時得到了拉斐爾的幫助。因此世人特別視他為旅行者的守護天使。

烏列爾

其名字含有「神即光」之意。被視為一切光明的支配者，有時，也會以「智天使」的身分出現。

惡魔

撒旦

相傳是與上帝敵對，總是在策動謀反的角色，抑或是推動反基督教勢力的力量。有時也會被認為是在伊甸園誘惑夏娃的蛇，以及被米迦勒逐出天堂的天使長。

在為數眾多的天使之中，四大天使的米迦勒、加百列、拉斐爾、烏列爾，受到最多關注。

6 何謂偽經？

POINT
◆ 偽經所宣稱的作者，與實際作者不同。
◆ 偽經也是寶貴的資料。
◆ 在古代，有時會借用有名人物之名，當成作者。

◆ 為聖經添枝接葉的古老捉刀人

有許多聖經的相關書卷，作品上記載的作者是一回事，實際的作者又是另一回事。這就像是現代所說的「由他人捉刀代筆的書」，而這些書卷統稱為「**偽經**」。

◆ 古代特有的文學手法

「偽經」一詞，會帶給人偽造、杜撰等的印象，但事實上，偽經並非不值得採信的贗品，其資訊上的高度價值也不容懷疑。

因為古代沒有著作權的概念，借用名聲響亮人物之名當成作者的行為，不會被世間視為「壞事」，這甚至是一種被廣泛接受的文學手法。

在猶太教、基督教裡，多數的「偽經」都被剔除在正經之外，不過正經中仍保留了部分的偽經，例如**保羅書信**的其中幾封就是如此。

無論如何，「偽經」都是認識猶太教與基督教時，不可或缺的經書。

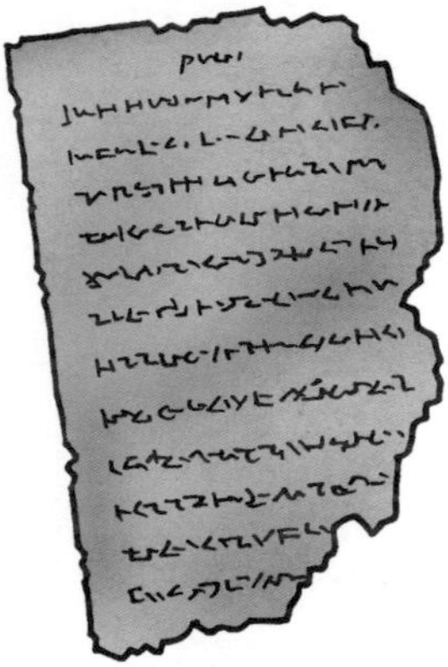

關鍵詞

◎ **保羅書信**

保羅因耶穌的光芒照射而悔改信主，並在爾後成為基督教史上最偉大的傳教士。保羅書信是指他所寫下的〈羅馬書〉等十三封書信。

被視為偽經的書卷

馬加比三書（3 Maccabees）	與次經中的兩卷馬加比書無關的歷史書。
馬加比四書（4 Maccabees）	與馬加比二書（2 Maccabees）時間重疊的歷史書。
阿立斯蒂亞書信（Letter of Aristeas）	記載猶太人之優越性的寓言故事。
斯拉夫文以諾書（Slavonic Enoch）	記載義人以諾遊遍七重天（Seven Heavens）。
衣索比亞文以諾書（Ethiopic Enoch）	受到昆蘭社團（Qumran community）重視的啟示文學。
禧年書（Jubilees）	從天地創造到摩西為止的歷史，以愛色尼派的角度來詮釋的書卷。
亞當和夏娃的生平（Life of Adam and Eve）	更詳細地描述出亞當和夏娃的故事。
摩西遺訓（Testament of Moses） 十二族長遺訓（Testaments of the Twelve Patriarchs） 約伯遺訓（Testament of Job）	智慧與訓示的書卷。

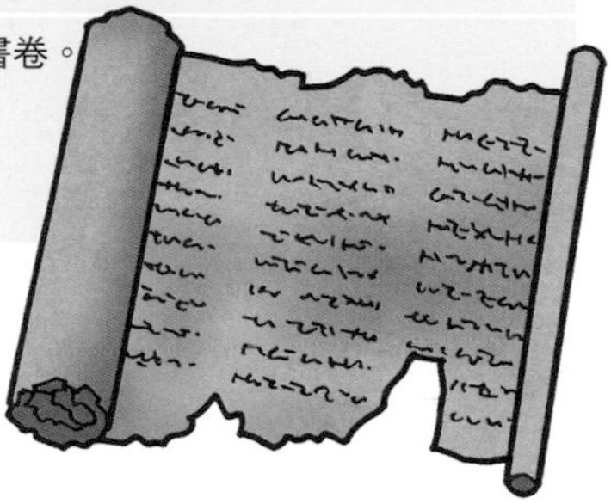

※其他還有〈敘利亞文巴錄書〉（Syriac Baruch）〈摩西升天記〉（Assumption of Moses）〈所羅門詩篇〉（Psalms of Solomon）以及〈耶利米書補篇〉（Paraleipomena of Jeremiah）等等。

迷你知識

何謂偽經「以諾書」？

「以諾書」是指創世記中的人物以諾所寫下之書卷，一般被視為偽經。內容描述，以諾與上帝同行365年後，被接上天國，見證以諾書中所傳達之啟示。

「以諾書」是成書於西元前三世紀至西元一世紀這段期間的多卷經書，所描述出的內容雄偉壯大，包括對最終審判日、天使論、以諾遊遍天國、地獄和人間的所見所聞、對氣象學及天文學的解釋、彌賽亞論、大洪水預言，以及用象徵性語言所寫下的從亞當到彌賽亞降臨之全歷史的概觀。

「以諾書」有衣索比亞文和斯拉夫文兩種譯本，兩者之間又有多處不同，因此成為十分神祕難解的書卷。

7 死海古卷之謎

POINT
- 〈死海古卷〉發現於一九四七年。
- 與十世紀的抄本上的記述幾乎完全相同。
- 由一群對耶路撒冷祭祀持反對態度之人所寫下的書卷。

牧羊少年發現的書卷

一九四七年，第二次世界大戰結束，當時猶太人和阿拉伯人正為了爭奪巴勒斯坦而展開激烈衝突。就在此時，有一名牧羊少年，在位於**死海沿岸**的**昆蘭**（**Qumran**）**洞穴**中，發現了裝在陶罐裡的書卷。

令人驚訝的是，其中還包含了寫於西元前二世紀至西元一世紀期間之**《舊約聖經》的抄本**。

儘管許多書卷都只有片片段段，可幾乎涵括了《舊約聖經》中的所有書目，其中的〈以賽亞書〉甚至近乎整卷完整保存下來。

留下抄本的謎樣組織真面目

這些書卷究竟是誰在西元前後的時代，以什麼樣的方式，將抄本保留下來的？答案的線索，就在發現抄本之處的周邊一帶。那裡存在著一處堡壘般的建築遺跡。其中甚至具備了水道、浴場和食堂。還挖掘出了貨幣與陶器，可見曾有一群人集體生活在這裡。

西元前二世紀中葉，有一群人見到世人背棄律法、行不義之事，因此決定「至少我們自己要清清白白、正正當當地活下去」，這群人被稱為「**昆蘭社團**」。他們為了堅守信仰離開大城市，來到嚴峻的環境中，在此建立教堂。一邊抄寫經文，一邊過著禁慾生活。據說，西元七〇年前後，他們於教堂遭到羅馬軍破壞之前，將重要的抄本藏入洞穴中。

在此之前，最古老的《舊約聖經》抄本，是抄寫於西元十世紀。歷經了一千九百年後被發現的**死海古卷**，拿來與那些古老抄本相互比對後，內容幾乎完全一致。由此可知，超過一千年以來，《舊約聖經》幾乎是正確無誤地流傳下來的。

當然，〈死海古卷〉上還是能找

到一些不同之處，但它依然是了解《舊約聖經》之成立背景的珍貴書卷。

發現死海古卷之地

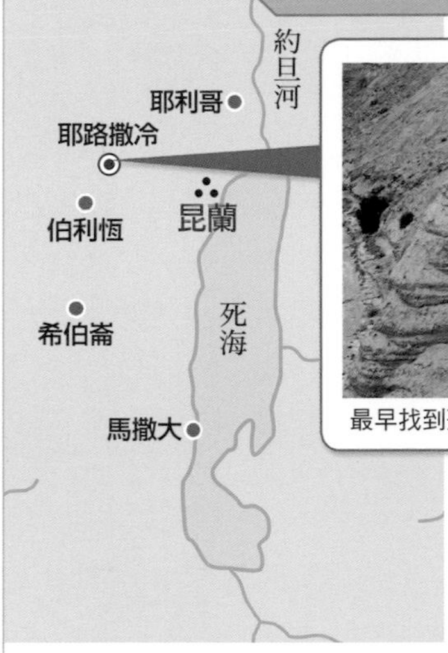
約旦河
耶利哥
耶路撒冷
伯利恆
昆蘭
希伯崙
死海
馬撒大

最早找到死海古卷的昆蘭洞穴。

發現死海古卷之昆蘭周邊是大片的荒野，環境十分嚴峻。

死海古卷的組成內容	
社群守則	昆蘭社團之成員必須遵守的規則
感恩詩篇	對上帝詠唱的感恩詩
大馬士革文獻	關於在「大馬士革」所定下的新契約
戰卷	末日之戰時的軍事規則
創世記外傳	從創世記衍生出的二十二卷經文
哈巴古書注釋	關於《舊約聖經》的書卷之注釋
聖殿古卷	上帝告訴摩西的各種規定
4QMMT	寫給當時與昆蘭社團對立之哈斯蒙尼家族（Hasmonean）在耶路撒冷祭司的書信

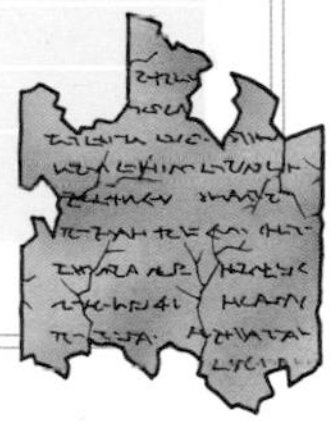

迷你知識

昆蘭社團

這是一個猶太教教徒所組成的宗教社團，他們在哈斯蒙尼家族統治耶路撒冷，逐步使猶太獲得獨立的那段時間，離開耶路撒冷移居至昆蘭。哈斯蒙尼家族不屬於大衛家族，卻以民族領袖自居，又指派原本沒有資格的人來擔任大祭司之職，並進一步獨占該職位。昆蘭社團認為，哈斯蒙尼家族的所作所為違反了宗教傳統，因此離開大城市，來到荒山野嶺的昆蘭過著隱居生活。他們最著名的事蹟，就是留下了保存在昆蘭的〈死海古卷〉，而為後世所發現。

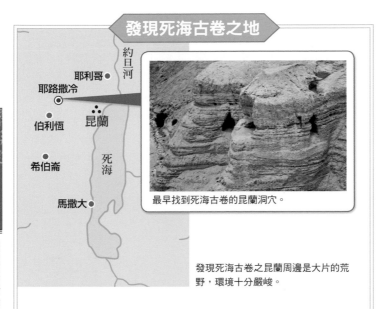

8 將《舊約聖經》視為經典的宗教

POINT

- 對基督教而言，《舊約聖經》是新約出現「不可或缺的前提」。
- 猶太教不承認《新約聖經》。
- 伊斯蘭教也將聖經當成崇拜的對象。

成為三大宗教經典的《舊約聖經》

將《舊約聖經》視為經典的宗教，並非只有基督教和猶太教。其實，**伊斯蘭教**也將《舊約聖經》視為他們所**崇拜的經典**。換言之，以**耶路撒冷**為聖地的三個宗教，可說都受到了《舊約聖經》的影響。

只不過，三個宗教對《舊約聖經》各有其不同定位。

首先，對基督教而言，他們以《新約聖經》為信仰的中心。

至於《舊約聖經》，則是人類與上帝的古老契約，但沒有舊約，就不會有新約，所以它是新約出現不可或缺的**前提**。

另一方面，猶太教則只視《舊約聖經》為**經典**，因為它揭示了唯一絕對的真神與以色列人之間締結的契約。

《新約聖經》將耶穌視為彌賽亞（救世主），並改變了不可變的律法。因此，對猶太教徒而言，《新約聖經》是他們完全無法接受的經書。換言之，信奉唯一絕對真神的猶太教，當然不可能承認《新約聖經》，也不可能將耶穌視為彌賽亞，以及與上帝同位之存在。

《古蘭經》中也能發現聖經的影響

穆罕默德所創立的伊斯蘭教，信奉的是唯一絕對之真神阿拉。其宗教典籍的數量，高達一千一百四十部，其中具有最神聖地位的典籍有四：《**舊約聖經**》中的〈**摩西五經**〉、〈**詩篇**〉，《**新約聖經**》中的〈**福音**

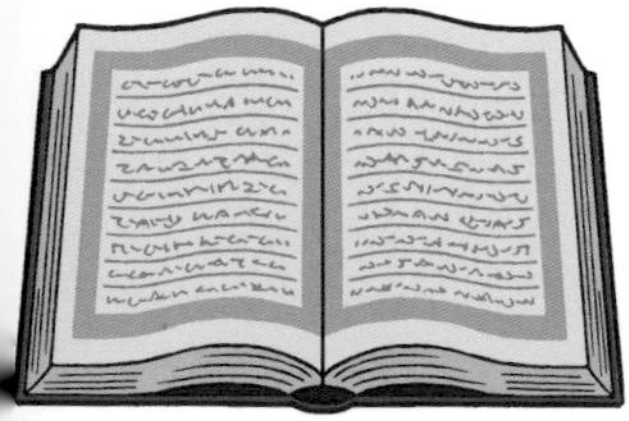

古蘭經

書〉，以及《**古蘭經**》。《古蘭經》是穆罕默德的弟子，將穆罕默德所接收到的神啟整理而成的經書，因此伊斯蘭教視其為最完備的神諭，絕對服從，然而另一方面，他們也將聖經視為尊敬的對象。

耶路撒冷三大宗教的差異

	猶太教	基督教	伊斯蘭教
神與信仰對象	耶和華	天父 基督 聖靈	阿拉
經典	《舊約聖經》	《舊約聖經》 《新約聖經》	《古蘭經》 《舊約聖經》的〈摩西五經〉和〈詩篇〉 《新約聖經》的〈福音書〉
先知	《舊約聖經》的先知	《舊約聖經》和《新約聖經》的先知	《舊約聖經》 《新約聖經》的先知 穆罕默德
聖地	耶路撒冷	耶路撒冷	麥加 麥地那（Medina） 耶路撒冷

聖經的舞台

◉ **耶路撒冷**（以色列）

基督教、猶太教、伊斯蘭教三教共通的聖地。一九八一年，舊城被列入世界文化遺產。猶太教聖地的「哭牆」尤其著名，前來造訪的信徒絡繹不絕。在哭牆上方的「聖殿山」上，有伊斯蘭教聖地的「阿克薩清真寺」（Al-Aqsa Mosque）和「圓頂清真寺」（Dome of the Rock）。另外，一般被認為是耶穌行刑處之「各各他山」的所在地點，有一座聖墓教堂，此處則是基督教的聖地。

Column

聖經與日本人

1549年，耶穌會的傳教士聖方濟・沙勿略（San Francisco Xavier）踏上鹿兒島。他在此時所帶來的聖經〈馬太福音〉被譯成日文，聖經在日本的歷史就此展開。其後，與沙勿略同行的修士胡安・費南德茲（Juan Fernández），試著將四福音書譯成日文以便傳教，但這些日譯版都因1563年的一場火災而失傳。

群雄割據的戰國時代（1493～1590年）畫下了句點，自江戶時代（1603～1868年）開始後，日本進入了基督教禁教的時代，聖經當然也成了被掃除的對象。

聖經在經歷了那段受難年代之後，之所以能復活，美國傳教士合文（James Curtis Hepburn）功不可沒。日本於1859年開國後，他就立刻前來日本，並在1872年召開的第一屆傳教士會議中，提議各教派一同進行翻譯聖經的工作，讓聖經能有正式的日譯版。

只不過當時的日譯聖經是文言體。文言體聖經在二次世界大戰後，隨著日文的急速變化，而產生了改譯的必要。1951年，在美英兩國的聖經公會的協助下，開始了改譯的工作。1968年，聯合聖經公會（United Bible Societies，UBS）與羅馬天主教會之間達成協議，為了讓基督新教與天主教使用相同的聖經，而整理出聖經翻譯的「標準原則」。

他們根據這項標準原則，在1978年完成了《新約聖經 共同譯本》。然而在此之前，他們多以非基督徒為對象進行翻譯，譯文也不會使用在禮拜等場合，但他們開始覺得讓非基督徒接受聖經的最佳方式，還是得仰賴基督徒的祈禱與推動，因而改變了翻譯方針，讓產出的譯文也可以在教會中使用。聖經翻譯總共耗時18年的歲月，最後成果就是日本今日使用的《聖經 新共同譯本》。

1章

上帝創造世界與族長故事

舊約

天地創造

從無開始創造世界

出處

〈創世記〉
第1章～第2章第4節

POINT

◆ 一星期的概念，就是來自於上帝用七天創造天地。
◆ 揭示上帝是唯一且絕對的存在。
◆ 上帝的歇息是安息日的起源。

◆用七天創造天地，形塑世界

〈創世記〉的第一章到第三章所記載的「**天地創造**」，是一個**為時七天**的雄偉壯大故事。

上帝首先在第一天創造出天與地，分出光明與黑暗，並將光明稱作白天，黑暗稱作夜晚。第二天，上帝創造延伸的空間，將此當作天空，並用天空將水隔成上層與下層。第三天，上帝讓天空下方的水，向一處集中匯聚成海，乾涸之處變成陸地，並讓植物在陸地上發芽。第四天，上帝創造出掌管白天的太陽、掌管夜晚的月亮，以及閃爍於夜空的星辰。第五天，創造了魚類和飛禽。第六天，創造出野生動物、家畜，以及人類男女。上帝就這樣完成了創造世界的工作，並在**第七天休息**。

◆與其他創世神話的決定性不同

世界上有許許多多的**創世神話**。比方說，一顆巨大的蛋被劈開後，宇宙就從中誕生的神話，或者神明從海中吊起一座島嶼的神話，這些都屬於創世神話。但在聖經的〈創世記〉中，於「天地創造」之前，世界上是不存在任何物質的，這一點正是聖經

和其他創世神話的決定性不同。聖經明確地記載著，造物主的上帝無中生有地創造出天地、生物和人類；除了上帝以外的一切，都是由上帝一手造出的受造物。換言之，聖經開宗明義地告訴世人，上帝是永恆且絕對的存在。

創造天地的七天

第一天	將光明與黑暗分開，光明成為白天，黑暗成為夜晚。
第二天	天空將水一分為二，一層在上，一層在下。
第三天	天空下方的水匯聚成海，乾涸的地方化作陸地。陸地上長出了植物。
第四天	創造出太陽、月亮、星辰，並將其安置在天空中。
第五天	在水中創造出魚類等的生物，陸地上則是讓禽鳥飛翔於空中，並繁衍後代。
第六天	上帝創造出陸地上的動物，並按照自己的形象創造出人類。
第七天	上帝已創造出一切，便在這一天休息。

關鍵詞

◎ 安息日

安息日這個詞彙，起源於希伯來文的「Shabbat」，原本是中斷工作、停止工作之意。這一天，無論是自己或傭人，都能從勞動中解脫，同時有義務將時間用於休息與做禮拜。猶太教教徒將安息日定在一星期最後一天的星期六，這項做法的來源眾說紛紜。有人認為，在「創造天地」中這一天是上帝的休養日，就是這項做法的根據；還有人說這是古代以色列民族自古流傳下來的習慣，目前還不確定真正的答案為何。另一方面，基督徒為紀念耶穌復活，而將一星期第一天的星期天定為安息日。

亞當、夏娃與伊甸園

出處
〈創世記〉
第2章第4節～25節

POINT

- 人類是仿造上帝的模樣創造出來的。
- 最早的人類亞當被安置在伊甸園裡。
- 最早的女人夏娃，是用亞當的肋骨創造出來的。

上帝是唯一的，為何卻說「我們」？

上帝創造出海中和陸上的生物後，收集地上的塵土，創造出最早的人類**亞當**。在〈創世記〉第一章裡，上帝說了這麼一句話：「我們要照著我們的形象，按著我們的樣式造人。」

然而，此處會讓我們產生一個疑問：上帝應該是唯一的神，為何會使用複數的「我們」呢？

對於這個疑問，分別有不同人給出了以下兩種答案。第一種說法是，因為在天堂法庭裡，上帝身邊圍繞著眾多的天使。另一種說法則是來自基督教特有的觀點，此種說法認為，所謂「我們」是在暗示**天父上帝（聖父）**、**上帝之子耶穌（聖子）**，以及**聖靈**，這三者是一體的，也就是所謂的「**三位一體論**」。

為了幫助亞當，而創造出最早的女人夏娃

上帝創造出亞當後，就將他安置在**伊甸園**。伊甸園裡草木繁茂，到處結著香甜的果實。

上帝又說「讓人類獨自一人不太好」，因此從亞當身上，取下一條**肋骨**，以其創造出最早的女人**夏娃**。於

詳細解說

關於上帝創造亞當時，說了一段以「我們～」為開頭的話。關於此處，最近還出現了另一個觀點，從文法上來看，有一種用法稱為「深思熟慮的複數」。「深思熟慮的複數」是指在希伯來文中，經過深思熟慮後才開口說話時，就會使用「我們～」的文法。這是最近最有力的說法。

人物

【**亞當**】上帝第一個創造出來的人類祖先。上帝先用土（adama）創造出他的身體，再將生氣吹入身體中。

【**夏娃**】為了做亞當的妻子，而用他的肋骨創造出的女人。她的名字源自於「生命」一詞。

是，創造出了互助合作的男女兩性，人類的歷史就此展開。

伊甸園位在哪裡？

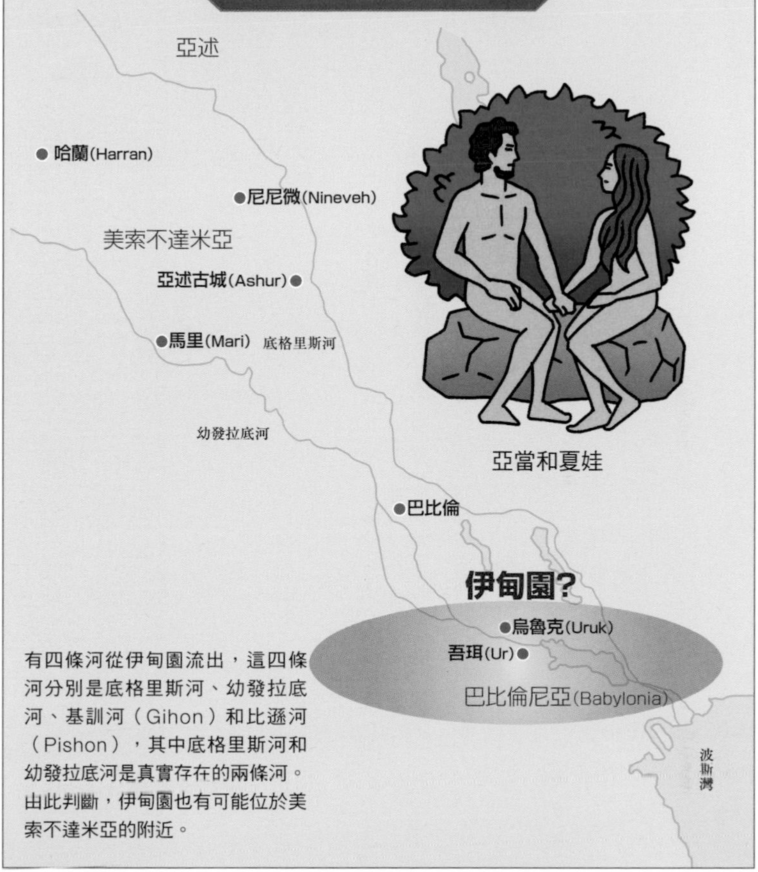
亞述
哈蘭(Harran)
尼尼微(Nineveh)
美索不達米亞
亞述古城(Ashur)
馬里(Mari)
底格里斯河
幼發拉底河
巴比倫
亞當和夏娃
伊甸園?
烏魯克(Uruk)
吾珥(Ur)
巴比倫尼亞(Babylonia)
波斯灣

有四條河從伊甸園流出，這四條河分別是底格里斯河、幼發拉底河、基訓河（Gihon）和比遜河（Pishon），其中底格里斯河和幼發拉底河是真實存在的兩條河。由此判斷，伊甸園也有可能位於美索不達米亞的附近。

〈創造亞當〉（《創世記》出自米開朗基羅）

關鍵詞

◎ **上帝**（耶和華）

《舊約聖經》中，唯一絕對真神的名字。猶太教中，因為上帝是絕對的存在，所以他們甚至會避免說出這個名字。〈出埃及記〉中，將這個名字的意思，翻譯成「我是自有、永有的」。

舊約

原罪

亞當與夏娃被逐出伊甸園

出處

《創世記》第3章

POINT

- 狡猾的蛇引誘夏娃做出背叛上帝的事。
- 人類因為吃了禁果，所以懂得分辨善惡。
- 被逐出伊甸園的人類，從此要背負起各種勞苦。

亞當和夏娃吃下禁果的罪

上帝讓**亞當**住在**伊甸園**，並賦予亞當工作，那就是要在伊甸園中四處走動，替他發現的東西取名，以及管理伊甸園。亞當和妻子**夏娃**一同生活在伊甸園中，以園中樹木上的果實為食。上帝只禁止他們食用一種果實，那就是長在伊甸園中央、**知善惡樹上的果實**。

然而，某天頭腦最好的蛇，問了夏娃一個問題：「上帝為什麼不讓你們吃所有果樹上的果實？」

「因為吃下去會死掉。」

「你們怎麼可能會死？上帝是怕你們吃了那種樹上的果實，就會變得心明眼亮，能分辨善惡。」

在蛇花言巧語的誘惑下，夏娃動了心，映入眼簾的果實，看起來是那麼令人垂涎欲滴。夏娃便摘下禁果來吃，還把禁果分給了亞當。

他們吃下了禁果後，突然對於自己裸體站在對方面前感到害羞，於是將無花果葉編成裙子，以遮擋陰部。由於兩人吃了果實，能夠分辨善惡，因此也產生了羞恥心。

智慧的代價沉重無比

上帝質問亞當和夏娃，於是亞當把責任推給夏娃，夏娃把責任推給蛇。當然，始作俑者的蛇犯的錯最重，所以上帝降懲於蛇，對蛇說：「你必須成為生物中最受人嫌惡者，你將用肚子行走，終身吃土。」又讓女人必須承受**生育之苦**，男人必須承受**勞動之苦**，並且賦予所有人類**生命的期限**。

兩人背負著違背上帝之命的**原罪**，被逐出了伊甸園。為了不讓人類重返樂園，上帝派手持火焰之劍的天使，鎮守在伊甸園的東邊。

人類得到了智慧，代價卻是勞動與死亡。

逐出伊甸園
亞當和夏娃所犯的罪
●吃了知善惡樹的果實。
●面對上帝的質問，二人試圖推卸責任。
人類受到的懲罰
●男人受勞動之苦。
●女人受生育之苦。
●所有人類都被設下壽命。

迷你知識

蛇的民俗史

在《舊約聖經》中，蛇被描寫成一種高智商的動物。蛇在世界各國的歷史中，也都扮演著特別的角色。在中國，蛇是人類畏懼的對象；在西洋，因為蛇有著妖魔般的長相，因而遭人畏懼。至於在日本，黃綠龜殼花（譯註：Habu，又稱波布蛇，日本原生種，分布於沖繩一帶）被認為能辨識有罪之人，並專挑有罪之人咬，故白蛇常被視為一種神聖的象徵。看來，對於外型奇特的蛇，抱持著非比尋常的心情，可說是人類共通之情感。

關鍵詞

◉ **原罪**

〈創世記〉中記載，亞當和夏娃吃了善惡知識之樹的果實，從此為了生存就必須承受痛苦，像是生育之苦、勞動之苦等等。二人的行為所帶來的罪，會一直存在於他們的子孫身上。而這項人類最早犯下的罪，就稱為『原罪』。

舊約

逐出伊甸園

該隱與亞伯

出處

〈創世記〉第4章～第5章

POINT

◆人類的第一樁殺人罪，肇因於嫉妒。

◆哥哥該隱殺害弟弟後，受到了上帝的懲罰。

◆上帝雖然懲罰了該隱，但仍繼續守護他。

◘因嫉妒而產生的人類第一樁殺人罪

被逐出伊甸園後，亞當和夏娃生下了兩個兒子。時光荏苒，哥哥**該隱**成為**耕種土地的農夫**，弟弟**亞伯**成了**牧羊人**。

某日，他們要向上帝獻上貢品，該隱獻出土地上長出的農作物，亞伯則帶來了羊群頭一胎中最棒的羔羊。上帝欣然收下了亞伯的貢品，卻沒將該隱的貢品看在眼裡。

該隱因自己的貢品遭無視而感到憤怒，憤怒又轉成了對亞伯的強烈嫉妒。該隱把亞伯叫到原野中，並將他殺害。這裡記載下來的，是人類最早的殺人事件。

該隱殺害亞伯

上帝為何拒絕該隱？

猶太教的詮釋	基督教的詮釋
儀式層面的詮釋	**心理層面的詮釋**
亞伯獻上了頭一胎的牲畜，該隱卻沒有獻上第一批收割的作物。	亞伯懷抱著虔誠的信仰獻出貢品，該隱卻只是為了自己的好處而獻出貢品。

上帝拒絕該隱，卻接受了亞伯的貢品。對於這件事，猶太教和基督教的詮釋不同。

◆上帝對殺人者的懲罰與憐憫

上帝知道發生了什麼事，他懲罰該隱「一生都得耕種著無法結果實的土地，並且不斷顛沛流離」。

於是，該隱突然恐懼了起來，他產生了一種「別人要殺我」的偏執想法。上帝見他可憐，便在他身上做了一個記號，讓他不會遭人殺害。

該隱這才擺脫了恐懼，繼續在地上漂泊。

後來的亞當家族

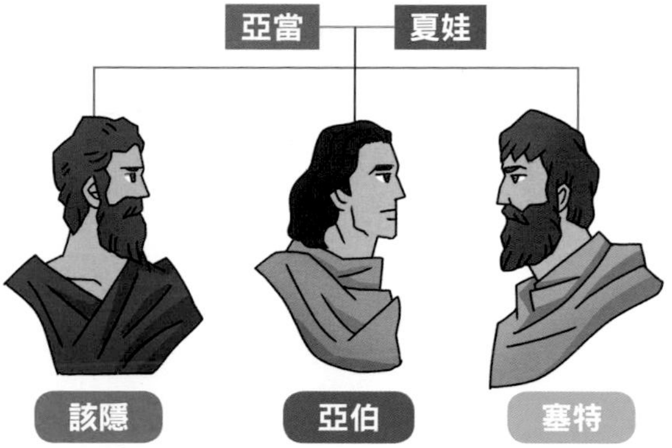

該隱：原為土地的耕種者，殺害亞伯，後來成為都市建造者的祖先。

亞伯：原為牧羊人，卻遭到該隱殺害。

塞特：繼承亞當的遺志，以信仰為生。

弟弟死去，哥哥被放逐，亞當一族陷入了最惡劣的窘況。但在這之後，上帝又賜予了亞當第三個兒子，名為塞特。塞特的原意是「另一個兒子」。另一方面，被放逐的該隱，來到伊甸園東邊的挪得之地，在此娶妻生子，其子名為以諾。傳說中，該隱是在狩獵時意外身亡。

詳細解說

一般認為，牧羊人亞伯與農夫該隱之間的不睦，是在象徵自古以來農耕民族與遊牧民族之間的對立。

從藝術看聖經

◆科陶德美術館（Courtauld Gallery）（英國）

科陶德美術館是以實業家薩繆爾・科陶德（Samuel Courtauld）捐贈給倫敦大學之藝術收藏為主要展品所創建的美術館，位於倫敦中心地帶。在一整排的印象派名作中，有一幅魯本斯（Peter Paul Rubens）的油畫作品《該隱殺害亞伯》（Cain slaying Abel），將人類史上第一樁凶殺案毛骨悚然的情景，栩栩如生地重現在我們眼前。這間畫廊雖然規模較小，不過在印象派和後印象派方面，館藏作品的品質廣受讚譽。

舊約

挪亞方舟

大洪水毀滅墮落的人類

出處

〈創世記〉
第6章～第9章第19節

POINT

- 上帝決定要毀滅惡貫滿盈的人類。
- 只有心靈純潔的挪亞造了方舟，得以存活。
- 挪亞方舟最後漂抵亞拉臘山脈（Mountains of Ararat）。

上帝看不下去人類的惡行惡狀，進而引發大洪水

亞當的子孫在地上大量繁衍，並且變得惡貫滿盈。上帝後悔創造了人類，便決心要消滅所有的生物與大自然。他只將這件事告訴**挪亞**，因為挪亞是唯一擁有純潔心靈的人。「我會在七天內引發**大洪水**，毀滅地上所有的生物。你去造一隻**方舟**，和你的家人一起搭乘，同時將地上所有的生物，各帶一公一母進入方舟。洪水將會持續四十天四十夜。」

義人挪亞家族倖存

上帝的預言成真，洪水吞沒了所有的生物。過了一百五十天，天上的大雨終於停止，方舟停泊在**亞拉臘山脈**上。挪亞從方舟上放出鴿子，但鴿子飛了回來。七天後，他又再次放出鴿子，鴿子叼著一片橄欖葉飛了回來。又過了七天，第三次放出鴿子後，鴿子就不再回來了，因為牠在地上找到了安身之處。

挪亞知道大水已經退去，便走出方舟，在地上築起祭壇，燃燒貢品以感謝上帝。上帝一邊聞著貢品的馨

迷你知識

方舟的大小

上帝命令挪亞製造一個「長300肘、寬50肘、高30肘」的方舟。將單位換算成公尺，就是「長約157.5公尺、寬26.25公尺、高16.28公尺」。據說，船內有三層樓，入口在側邊，高處有窗戶。這樣的大小，真的住得下挪亞一家人，以及陸地上所有的生物嗎？

香，一邊說：「我從此再也不會為著人類而詛咒大地了。因為人心向惡是人類的本性，所以我不會再為了他們而毀滅生物。」

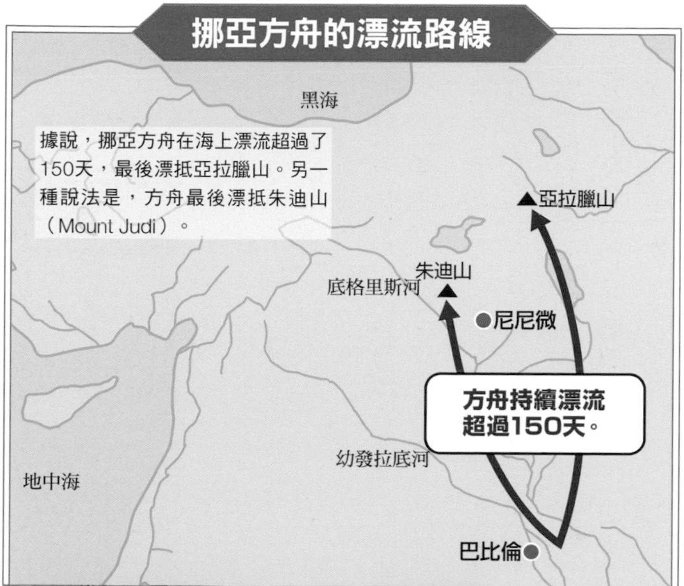
挪亞方舟的漂流路線
黑海
據說，挪亞方舟在海上漂流超過了150天，最後漂抵亞拉臘山。另一種說法是，方舟最後漂抵朱迪山（Mount Judi）。
亞拉臘山
朱迪山
底格里斯河
尼尼微
方舟持續漂流超過150天。
幼發拉底河
地中海
巴比倫
吾珥

〈大洪水〉（《創世記》出自米開朗基羅）

聖經的舞台

◎ **亞拉臘山**（土耳其）

海拔五千一百八十公尺的亞拉臘山，是位在東土耳其亞拉臘山脈的最高峰。據說，大洪水開始消退時，挪亞方舟就停在此處。一九六九年，法國考古學家宣稱自己發現了挪亞方舟的遺骸，但隨後遭到否定。另一種說法是「停在亞拉臘山脈上」，因此亞拉臘山脈北側，也被舉出了多個方舟可能的漂抵地點。

人物

【挪亞】從塞特數來第八代的子孫。在邪惡橫行的地上，僅存的正直之人。大洪水之後，挪亞活到了九百五十歲。

舊約

挪亞之子

源自於挪亞之語系的誕生

出處

〈創世記〉
第9章第20節～32節

POINT

- 三個兒子看到爛醉的父親挪亞時，分別有不同的反應。
- 挪亞的兒子們發展出各種不同的語系。
- 挪亞的詛咒被用來比喻今日情勢。

詛咒小兒子含的父親

挪亞有三個兒子，分別是閃、雅弗、含。某日，挪亞喝葡萄酒喝到醉醺醺的，就裸著身體，睡在帳篷裡。最小的兒子**含**，不但直視父親的裸體，還跑去向哥哥們散布這個消息。聽聞此事的長子**閃**和次子**雅弗**，則是一邊替父親蓋上衣物，一邊小心翼翼地不去看父親的裸體。

挪亞酒醒後，聽說了他酒醉時發生的事，便祝福了閃和雅弗，同時激動地對含說：「含和他的子孫當受到詛咒。你們會成為奴隸的奴隸，侍奉兄長們的後裔。」

到了現代才成真的「挪亞詛咒」？

含的子孫成了**迦南人**，分布於埃及至阿拉伯半島一帶。迦南人是如今**巴勒斯坦人**的祖先。閃的子孫成了閃語系民族，也就是**猶太人**、亞美尼亞人、腓尼基人、阿拉伯人和亞述人。雅弗則是成了**印歐語系民族**的祖先。

第二次世界大戰後，猶太人以強搶土地的形式，得到巴勒斯坦，在此以**以色列**之名建國。有人認為，挪亞的詛咒在歷經了漫長歲月之後終於成真。以色列和巴勒斯坦的紛爭，一直持續

醉倒的挪亞與三個兒子的反應

至今，有時也會被人拿來和古老的聖經故事做連結。

人物

【閃】 挪亞的長子。挪亞醉倒後，閃不去看他的裸體，同時替他遮蓋身體，因而得到挪亞的祝福。閃後來成為閃語系民族的祖先。

【雅弗】 挪亞的次子。挪亞醉倒後，雅弗不去看他的裸體，同時替他遮蓋身體，因而得到挪亞的祝福。雅弗後來成為印歐語系民族的祖先。

【含】 挪亞的三子。含看到挪亞醉倒，便向哥哥們散布此消息，挪亞得知此事後，對含下了詛咒。含後來成為含語系民族的祖先。

挪亞孕生出的三個語系

挪亞

何謂語系？

指從語言學來看，被認為是從同一個源頭的語言分支出來的多種語言，同語系的語言具有「親屬關係」。目前，閃語系被視為希伯來語、亞蘭語（Aramaic，又譯作「阿拉姆語」）、衣索比亞語的總稱，含語系被視為古埃及語、柏柏語族的總稱。此外，來自雅弗後裔的印歐語系中，則是包含了英語、波斯語等語言。據說，全球約有4000種語言，其中日語屬於阿爾泰語系的一支。（譯註：漢語屬於漢藏語系的一支。）

閃

閃語系
- 希伯來（猶太）人
- 阿拉伯人
- 腓尼基人等等

雅弗

印歐語系
- 拉丁人
- 波斯人
  等等

含

含語系
- 迦南
  （巴勒斯坦）人
- 埃及人等等

舊約

巴別塔

全球各地的語言來自上帝的懲罰

出處

〈創世記〉第11章

POINT

- 過去人類曾擁有共通的語言。
- 世人開始建造通天的高塔。
- 上帝發怒，讓人類各自擁有不同的語言，進而無法互相傳達想法。

世人對自己驕矜自滿，進而失去對神的信仰

大洪水過後，人類的子孫逐漸增加，並且大家都說著相同的語言。

農業、商業發展順遂，文明也不斷進步，人類開始產生人定勝天的想法，覺得「成功全是靠自己的才能與努力得來的」。

因此，人失去對上帝的畏怖及信仰，開始對自己的力量驕矜自滿。人類開始建立起通天的高塔，讓所有同胞居住在塔中，才不至於離散至世界各個角落。

巴別塔的興建被迫中斷

上帝不可能容許這樣的人口增加與人心傲慢。

可上帝在引發大洪水之際，已保證過不再做毀滅生物的事。此時，上帝選擇了用另一個方式來阻止人類，那就是打亂他們的共通語言。

當語言不通時，人與人之間自然就無法互相理解，於是便頻頻因誤會而發生口角爭執。人們由於失去共通的語言、無法溝通想法，因此放棄了通天塔的建造，大家各自尋找自己喜歡的地方，最終導致離散。

巴別塔

「**巴別塔**」的故事是在告誡我們，人類必須借助上帝的力量才能存活，同時也是在警告我們，文明發達會對人類的世界造成混亂。

巴別塔的原型來自於金字形神塔

是發現金字形神塔（Ziggurat）遺跡的主要遺址。
卡塔拉
杜爾・舍魯金
卡爾夫(Kalkhu)
亞述
卡爾・圖庫爾蒂・尼努爾塔
(Kar-Tukulti-Ninurta)
馬利
底格里斯河
幼發拉底河
哈發基(Khafajah)
杜爾・庫里加爾祖
西帕爾
帖爾・烏奎爾(Tell Uqair)
巴比倫
基什
波爾西帕
書珊
杜爾・翁塔希
(Dur-Untash)
尼普爾
拉格什
烏魯克
拉爾薩
帖爾・歐貝德
(Tell al-'Ubaid)
吾珥
埃里都
古代海岸線
波斯灣

〈創世記〉是以美索不達米亞為故事舞台。在美索不達米亞，已發現了超過30座金字形神塔。據說，「巴別塔」故事的創作年代，是在以色列人被擄至巴比倫之時。一般認為這個故事是以巴比倫為原型，此外，古希臘的史學家希羅多德（Herodotus）也曾留下關於金字形神塔的記述。

聖經的舞台

◉ **吾珥的金字形神塔**（伊拉克）

金字形神塔是指頂部設有神廟的多層結構神塔。西元前三千年前後，建立於吾珥的金字形神塔，今日座落於伊拉克境內，被認為是保存最為完整的一座。吾珥的金字形神塔的底座部分為六十公尺乘四十五公尺，如今只剩兩層。據說過去在第三層的基座上，還造有一層月神的神廟。

迷你知識

「巴別」的意思

「巴別」為「上帝之門」之意，源於阿卡德語中的「bab-ilu」。取這個名稱是因為巴比倫尼亞人打算讓此處變成天與地的通道、地上的中心地帶，但在聖經裡有不一樣的解釋。聖經中斬釘截鐵地說，「巴別」有「混亂」之意，因上帝打亂語言而得此名稱。這個詞出現在《舊約聖經》的神話中。

亞伯蘭踏上旅途

出處
〈創世記〉第12章～第18章

POINT
- 上帝應許將迦南地賜給亞伯蘭。
- 亞伯蘭過著往返於埃及和迦南之間的生活。
- 亞伯蘭將肥沃的土地讓給了羅得。

亞伯蘭是閃遷居至迦南的後裔

閃的子孫**他拉**生活在吾珥。吾珥是一座位於底格里斯河和幼發拉底河河口的城市。某日，他拉帶著兒子**亞伯蘭**、其妻**撒萊**，以及自己的孫子、亞伯蘭的姪子**羅得**往西北出發，遷居至名為**哈蘭**的城鎮。

上帝在哈蘭城對亞伯蘭說：「離開這個土生土長的地方吧。離開父親，往我要指示你的那塊地去。在那裡，我會讓你成為大國的始祖，我會賜福予你，讓你名聲遠播。」亞伯蘭遵從上帝的指示，帶著妻子撒萊、姪子羅得，以及所有的財產，踏上了前往**迦南**的旅途。這是亞伯蘭七十五歲時發生的事。

當亞伯蘭等人來到**示劍**地方的**摩利橡樹**之處時，上帝再度對他說：「我要把這塊土地賜給你和你的後裔。」亞伯蘭在此處搭起了帳篷，並建造祭壇讚美上帝。

在貧瘠荒野間輾轉流徙之波瀾壯闊的一生

儘管亞伯蘭得到上帝應許的迦南地，但這並不表示他從此以後就過著一帆風順的人生。他們還曾因迦南發生饑荒而遷居至**埃及**，那時發生了一起事件。

其妻撒萊動人的美貌讓亞伯蘭開始心生畏懼，害怕哪天會有埃及的男人殺了他，並奪去他的妻子。因此，他就和撒萊假扮成兄妹。正如他所預料，撒萊的美貌讓埃及上上下下的男性都為之傾倒。埃及的**法老王**為了迎娶她為妻，甚至對亞伯蘭也殷勤款待。可最後真相曝光，亞伯蘭等人便被逐出埃及。

此外，他還曾與羅得因土地而發生爭執。不過他在那時也展現出寬大的精神，讓羅得挑選他喜歡的土地，自己則是在剩下的荒地上過著遊牧的生活。上帝對此十分讚賞，於是又再度應許，要將這整塊地賜給亞伯蘭及其後裔。

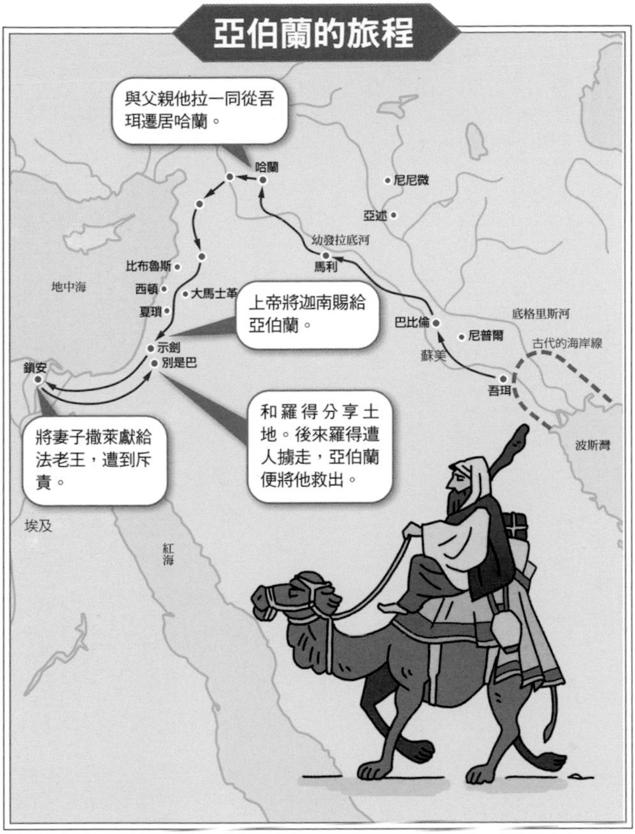
亞伯蘭的旅程
與父親他拉一同從吾珥遷居哈蘭。
哈蘭
尼尼微
亞述
幼發拉底河
馬利
比布魯斯
西頓
大馬士革
夏瑣
地中海
上帝將迦南賜給亞伯蘭。
巴比倫
尼普爾
底格里斯河
古代的海岸線
蘇美
吾珥
示劍
別是巴
鎖安
將妻子撒萊獻給法老王，遭到斥責。
和羅得分享土地。後來羅得遭人擄走，亞伯蘭便將他救出。
波斯灣
埃及
紅海

與父親一同踏上旅程的亞伯蘭，經由哈蘭進入迦南。雖說迦南是應許之地，但這裡的環境也十分嚴峻，因此他也曾南下埃及，侍奉法老王。

聖經的軼事

{ 驍勇善戰的亞伯蘭 }

亞伯蘭虔誠且熱愛和平，同時也擁有保護家人的勇氣。當姪子羅得所居住的所多瑪城遭到四名大王來犯，且被奪去所有的財產與糧食時，亞伯蘭為了救出羅得，帶領著僕人追蹤四王的去向。他們伺機夜襲，並打敗了侵略軍。

關鍵詞

◉ 埃勃拉王國

西元前二四〇〇年前後為止位於北敘利亞的王國，因其商業中心的地位，而具有強大的勢力，是一座繁榮的古敘利亞城邦。此地有許多刻著楔形文字的泥板出土。這一帶出土的泥板上，可發現類似「耶和華」、「亞伯拉罕」等的神名與人名。因此埃勃拉王國與《舊約聖經》之間的關係，經常受到議論，不過至今仍未得到結論。

舊約

族長時代 2

以實瑪利和以撒的誕生

出處
〈創世記〉第20章～第22章

POINT
- 亞伯蘭得子以實瑪利。
- 亞伯蘭被賜名為亞伯拉罕。
- 年老的亞伯拉罕得到子嗣。
- 亞伯拉罕放逐夏甲母子。

◆亞伯拉罕的正室與侍女的爭執

儘管上帝允諾要讓**亞伯蘭**「子孫多起來，如同天上的星」，但他一直膝下無子。妻子**撒萊**年已七十五歲，自知來到難以生產的年紀，她因此感到焦急，便提議將埃及人的侍女夏甲送給丈夫，讓她為丈夫傳宗接代。

當時，這樣的制度已行之有年，所以亞伯蘭便接受了妻子的提議。於是生下了第一個兒子**以實瑪利**。

時隔十三年後，亞伯蘭年屆九十九時，上帝又來到他的面前，將亞伯蘭的名字改成了**亞伯拉罕**（多國之父），將撒萊的名字改成**撒拉**（多國之母）。

上帝又預言說：「明年此時，你的妻子將產下一子。」

如上帝所言，撒拉生下兒子，並取名為**以撒**。然而，撒拉有了自己的兒子之後，夏甲和以實瑪利自然成了她的眼裡沙。撒拉便要求亞伯拉罕，流放夏甲和以實瑪利。

◆所有民族的父親亞伯拉罕

夏甲和以實瑪利只帶著一點點的餅和水，便被放逐至荒野。絕望的夏甲不忍親眼目睹兒子死去的模樣，便讓以實瑪利睡在樹下，自己悄悄離去。

以實瑪利醒來後，因不見母親身影而放聲大哭。他的哭聲傳到上帝耳裡，天使便來勸說夏甲回心轉意，並告訴她，以實瑪利將來會成為一個大國的始祖。

以實瑪利因上帝的守護而存活下來，並應驗了天使所傳達的，他的後裔成了**貝都因人**（Bedouin）等的**阿拉伯人**。

另一方面，撒拉的兒子以撒，則是繼承了亞伯拉罕的地位。

基督徒、猶太教徒、伊斯蘭教徒，全都**將亞伯拉罕視為他們的祖**

亞伯拉罕家族的家譜

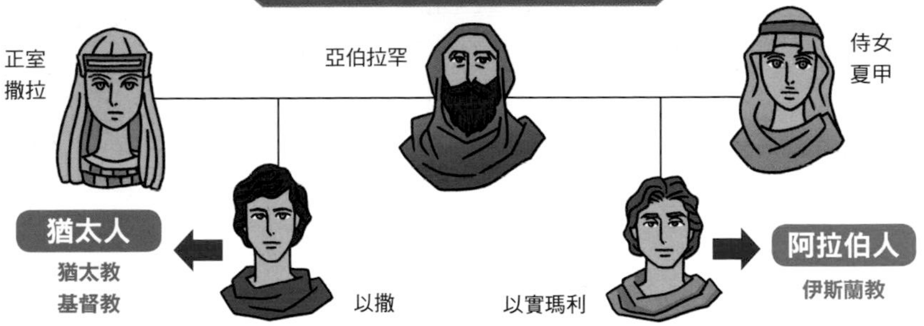
正室
撒拉
亞伯拉罕
侍女
夏甲
猶太人
猶太教
基督教
以撒
以實瑪利
阿拉伯人
伊斯蘭教

亞伯拉罕原本感嘆膝下無子，但夏甲與撒拉接連生下兒子後，反而因繼承問題，而引發了家族紛爭。

先，就是這個緣故。

關鍵詞

◎ **貝都因人**

指阿拉伯人的遊牧民族，他們相信自己是以實瑪利的後裔。至今，他們仍在以阿拉伯半島為中心的伊朗、中亞等地，過著一邊飼養牲畜，一邊移動的生活。從西元前後的史料、碑文上可發現，貝都因人自古被稱為阿拉伯人。在《古蘭經》中「阿拉伯人」也是指「貝都因人」。

聖經的軼事

{ 以實瑪利 }

以實瑪利從亞伯拉罕的身邊被驅離後，在上帝的保護下存活下來。據說，後來以實瑪利娶了一名與母親夏甲同樣來自埃及的女性為妻，繁衍後代。再者，根據伊斯蘭教的說法，以實瑪利（譯註：古蘭經譯為「易斯馬儀」）與易卜拉欣（Ibrahim，指亞伯拉罕），共同修建了麥加的卡巴天房（Kaaba）。以實瑪利雖然遭到亞伯拉罕放逐，但意外的是，他與以撒一同參加了亞伯拉罕的葬禮。

舊約

族長時代 3

所多瑪與蛾摩拉

出處

〈創世記〉第18章第20節～第19章

POINT

- 上帝決定毀滅所多瑪和蛾摩拉兩城。
- 在所多瑪城裡，只有羅得是行事正直之人。
- 上帝讓羅得逃出後，便毀滅了兩城。

上帝決心毀滅腐敗至極的城鎮

亞伯拉罕的姪子**羅得**，居住在一座名為**所多瑪**的城鎮。所多瑪和與之比鄰的**蛾摩拉**，都是無惡不作的城鎮。上帝看不過去，便決定毀滅兩城，並將此事告知亞伯拉罕。

不過在亞伯拉罕的求情下，上帝答應「假若有十個正直的人，我就不毀滅那兩座城」。

上帝派兩名天使前往所多瑪。羅得出來迎接他們，並招待至家中，盛情款待。所多瑪全城的人將羅得的房子團團圍住，要求羅得把客人交出來，任群眾侮辱。羅得為了讓群眾放過他的客人，甚至願意交出自己的女兒，對作客者竭盡所能地維護。

唯獨羅得及其家人得救

天使得知羅得是正直的人，同時也證明了這座城裡，連十個正直的人都不存在。於是，天使告知羅得，上帝將毀滅此城，要他帶著妻女逃離此地。羅得一家人連忙逃離所多瑪，但途中妻子忍不住回頭望去，因而化成了**鹽柱**。羅得從名為瑣珥的小鎮，向所多瑪與蛾摩拉放眼望去，兩城已被包覆在團團火光之中。原來上帝已將

詳細解說

一般認為，所多瑪與蛾摩拉，位在「死海」的南端一帶。死海附近可見到不少據說是「上帝撒下的」硫磺堆積物。再者，此處地底儲藏著豐富的石油、天然氣、甲烷等碳氫化合物，這些物質若從地表裂痕滲透出來、被火點燃，就有可能產生「火雨」的現象。或許是在某種狀況下產生的火雨現象，成了所多瑪與蛾摩拉的故事原型。

羅得家族逃離所多瑪

兩城中所有的居民，連同草木都一併毀滅了。

羅得遷居

羅得在伯特利城與艾城的附近，與亞伯蘭分道揚鑣後，便遷徙至死海沿岸定居。

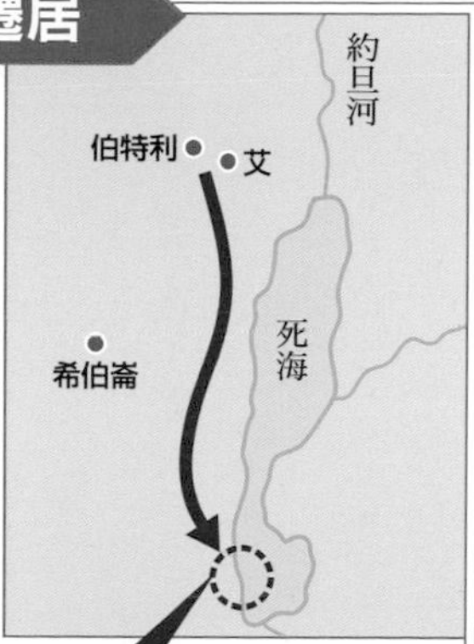
約旦河
伯特利
艾
死海
希伯崙

所多瑪與蛾摩拉的可能位置

死海周邊找出了多處遺跡。一般認為所多瑪與蛾摩拉的所在地，可能位於現今的死海海底，未來說不定有被發現的一天。

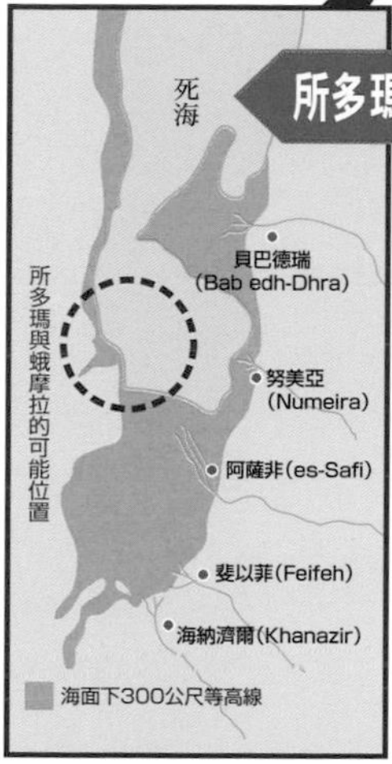
死海
所多瑪與蛾摩拉的可能位置
貝巴德瑞
(Bab edh-Dhra)
努美亞
(Numeira)
阿薩非(es-Safi)
斐以菲(Feifeh)
海納濟爾(Khanazir)
海面下300公尺等高線

聖經的軼事

{ 亞捫人與摩押人 }

羅得與女兒們自所多瑪逃出後，便悄悄躲在山洞裡過活。一段時間過去，女兒們因害怕無法留下子孫，便將父親灌醉，輪流與他同房。於是，兩姊妹各自生下一個兒子，姊姊的兒子名叫摩押，成為往後摩押人的祖先；妹妹的兒子名叫便亞米，成為亞捫人的祖先。

聖經的舞台

◎ **死海（以色列）**

內陸的鹽湖，位於距西亞的地中海海岸約一百公里處，呈南北狹長的形狀，南北長度約八十一・八公里，東西寬約十七・六公里。水中的鹽分含量異常之高，約為海水的五倍，因而遠近馳名。再者，由於水中含有氯化鎂、氯化鉀等物質，故除了一處湧泉外，沒有發現任何魚類的生存，死海也因此而得名。近年，因湖岸大量開發成度假區，以及約旦河上游的飲用水抽取過剩等問題，而造成湖面不斷下降。

舊約

族長時代 4

以撒的獻祭

出處

〈創世記〉第22章～第24章

POINT

- 上帝要求亞伯拉罕將兒子當成祭品。
- 亞伯拉罕毫不質疑地服從指示。
- 以撒躲過了被犧牲的命運，亞伯拉罕得到祝福。

亞伯拉罕為了信仰，不惜犧牲心愛的兒子

對**亞伯拉罕**而言，**以撒**是好不容易盼來的兒子，是他至愛的寶貝。上帝卻對亞伯拉罕下達了一道殘酷的命令。

上帝命令他將以撒帶到指示的山上，作為獻祭。一名父親聽到此種要求，究竟會是什麼樣的心情……然而，亞伯拉罕沒有提出任何疑問，對上帝的命令絕對服從。

到了山上，亞伯拉罕開始建造祭壇，堆積木柴，又把以撒綁在木柴之上。當他正要舉刀殺子時，耳邊突然傳來了上帝的聲音：「不要下手，現在我知道了，你為了我甚至不惜獻出自己的兒子。」沒錯，上帝只是在考驗亞伯拉罕而已。

上帝再次確認了亞伯拉罕對他的虔誠後，便明確地說出，他將賜福給亞伯拉罕與其兒子以撒，讓他們的子孫多如天上繁星，並讓他的後裔成為地上萬民的領頭羊。

悲痛的撒拉不久後撒手人寰

聽到心愛的兒子差點命喪刀下，亞伯拉罕的妻子**撒拉**感到悲痛萬分，不久之後便與世長辭，享年一百二十七歲。

當時，亞伯拉罕寄宿在耶路撒冷南邊的**希伯崙**附近，一個稱作**麥比拉**的地方。傷心的他就地買了一處墳墓，隆重地將妻子下葬。麥比拉不只葬著撒拉，同時也是亞伯拉罕和以撒的長眠之處。

以撒娶親

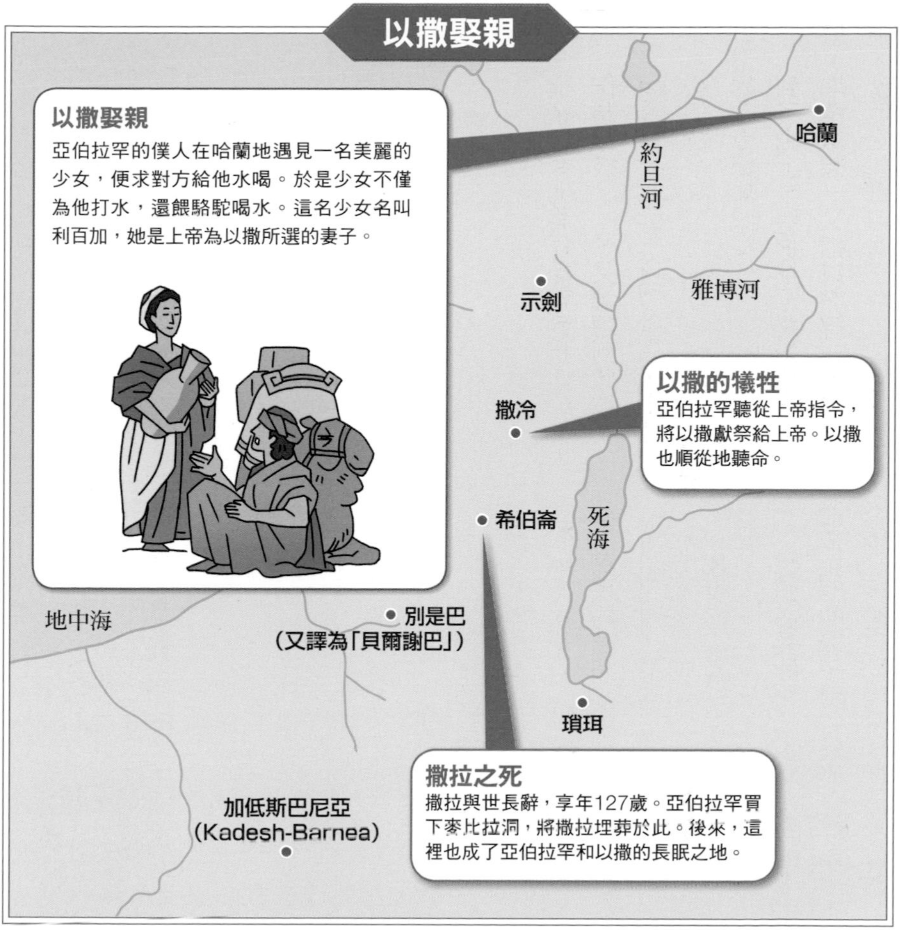
以撒娶親
亞伯拉罕的僕人在哈蘭地遇見一名美麗的少女，便求對方給他水喝。於是少女不僅為他打水，還餵駱駝喝水。這名少女名叫利百加，她是上帝為以撒所選的妻子。
哈蘭
約旦河
示劍
雅博河
以撒的犧牲
亞伯拉罕聽從上帝指令，將以撒獻祭給上帝。以撒也順從地聽命。
撒冷
希伯崙
死海
地中海
別是巴
（又譯為「貝爾謝巴」）
瑣珥
撒拉之死
撒拉與世長辭，享年127歲。亞伯拉罕買下麥比拉洞，將撒拉埋葬於此。後來，這裡也成了亞伯拉罕和以撒的長眠之地。
加低斯巴尼亞
(Kadesh-Barnea)

聖經的舞台

◉ **麥比拉洞**（以色列）

耶路撒冷的南方三十六公里處，有一座古城希伯崙，自西元前十八世紀留存至今。著名的撒拉安葬地「麥比拉洞」就在這裡。據傳不只撒拉，後來亞伯拉罕、以撒、雅各等以色列的族長與族長之妻，也安葬於麥比拉洞，因此此處對猶太教徒和伊斯蘭教徒來說都是聖地，至今仍有大量的信徒前來朝聖。

關鍵詞

◉ **祭壇／壇**

聖經時代的禮拜，十分重視對上帝的獻祭。他們將擺放貢品的高台或板狀物稱為祭壇。希伯來文的原意是「犧牲的場所」，意指宰殺動物加以焚燒及獻出鮮血的祭壇，或供奉、燒香的祭壇。據說，古代以色列人會進行「燔祭」，這是一種燃燒牛羊，為上帝獻祭的儀式。

舊約

前往埃及 1

兄弟爭祝福

出處
〈創世記〉
第26章～第31章

POINT
◆雅各奪去哥哥以掃的長子權。
◆雅各用計得到以撒的祝福。
◆雅各因害怕哥哥報復而逃亡。

◆父親偏愛長子，母親偏愛次子

以撒和**利百加**結婚二十年後，利百加終於懷上了雙胞胎，她發現兩個胎兒在腹中激烈地相爭。她向上帝詢問原因，得到的答案是兩兄弟長大後依然相處不融洽，而且將來哥哥要服侍弟弟。

雙胞胎中先出生的是體毛濃厚、身體發紅的嬰兒，因此取名**以掃**（紅色的人），隨後的嬰兒抓著哥哥的腳跟出生，因此取名**雅各**（抓住腳跟的人）。

父母無法平等地愛兩個兒子，在他們成長的過程中，以撒偏心善於狩獵的以掃，利百加偏心文靜且經常在家的雅各。

有一次，雅各正在煮紅豆湯，以掃對他說：「求你把這紅豆湯給我喝。」雅各要以掃讓出他的**長子權**（Birthright），才肯給他紅豆湯。

不知輕重緩急的以掃，輕易地答應用自己的**長子權換取紅豆湯**。

◆母親與次子共謀欺騙盲父

當以撒垂垂老矣時，他要求以掃打野味回來，做成他喜歡的料理。他說他吃完野味後，就要為以掃**祝福**。

關鍵詞

◉ **長子權**

父親在世時賦予長子的優先權。父親死後，可得到財產，繼承一家之主的地位。只不過，犯下重罪就有可能失去長子權。

迷你知識

家庭失和的原因

以撒和利百加的婚姻源自於上帝的挑選，可利百加很快就對以撒感到失望。以撒總是為自己卻不為她禱告，又不敢說她是妻子而佯裝成兄妹，諸如此類的作為，讓她看出了丈夫的軟弱。家庭分崩離析的悲劇，或許是始於對婚姻生活的失望。

利百加聽到此事，便和雅各共謀策略。他們的計畫是讓雅各趁著以掃出門打獵之際，假扮以掃獲得祝福。以撒因視力衰退，而受騙上當，將祝福賜給雅各。以掃打獵回來，得知此事後勃然大怒，決心殺害雅各。此時，利百加為了保護雅各，便讓他去找她住在哈蘭的哥哥**拉班**。

拉班十分高興得到雅各這個幫手，還讓他為自己做牛做馬地工作。但雅各發揮了他的聰明才智，不僅奪來拉班的財產，甚至與拉班的長女**利亞**生下六個兒子，與拉班的次女**拉結**生下兩個兒子，加上其他妻妾，總共生下了**十二個兒子**。

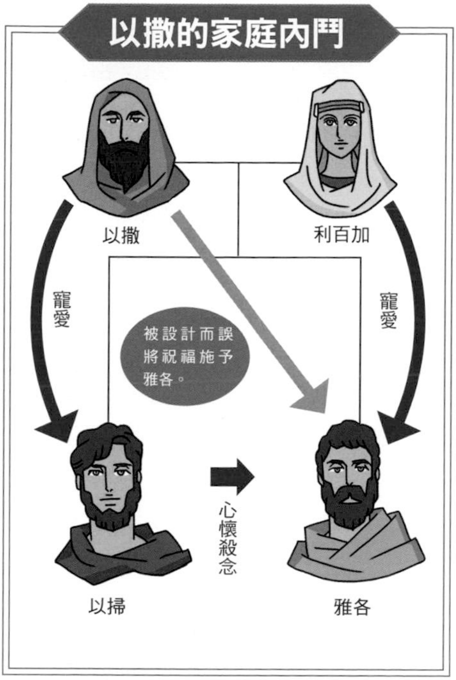
以撒的家庭內鬥
以撒
利百加
寵愛
寵愛
被設計而誤將祝福施予雅各。
以掃
心懷殺念
雅各

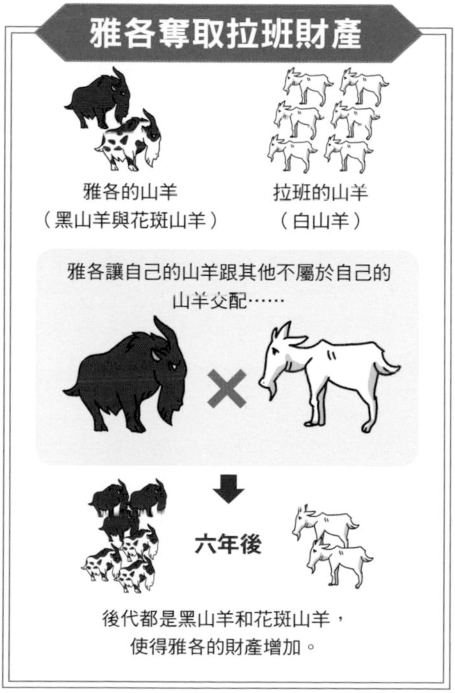
雅各奪取拉班財產
雅各的山羊
（黑山羊與花斑山羊）
拉班的山羊
（白山羊）
雅各讓自己的山羊跟其他不屬於自己的山羊交配……
六年後
後代都是黑山羊和花斑山羊，
使得雅各的財產增加。

雅各與以掃和解

出處

〈創世記〉第32章～第33章

POINT

- 雅各下定決心返鄉。
- 雅各獲賜以色列之名。
- 哥哥以掃與雅各和解，自己離開了迦南。

◆雅各戰戰兢兢地返回故鄉

雅各在**拉班**身邊，為贖罪而勞動，直到某天聽到了上帝的聲音，才讓他下定決心踏上返鄉的旅程。但他還是十分恐懼哥哥**以掃**會向他復仇。於是，他派僕人先去打探，僕人回報說，以掃正帶了四百名民眾前來迎接。

雅各無法信任這個消息，於是將家人和牲口分成兩路，若遭攻擊，至少有一半能存活下來。雅各還挑出要送給以掃的牲口，讓牠們走在前頭，自己則選擇暫時留下。

◆與上帝的使者搏鬥而得到「以色列」之名

當天夜晚，雅各遇到一件不可思議的事。他突然遭到襲擊，對方和他扭打成一團。經過漫長的纏鬥後，對方在他大腿窩上打了一下，大腿關節就脫臼了。即使如此，雅各還是糾纏不放，對方便告訴他：「到此為止吧。你與神角力都得了勝，所以你的名不要再叫雅各，要叫**以色列**。」那人留下這句話後便離開了。

雅各在這件事發生後，與以掃重逢。此時雅各跪在地上，朝著以掃叩頭，以掃則是開心地奔向雅各，緊緊擁抱他，捧著他的脖子與他親吻。兄弟二人就此和解。雅各回到迦納，住在**示劍城的邊郊**。

詳細解說

雅各在雅博河渡口，與上帝的使者搏鬥之後，獲賜「以色列」之名。這個名字是來自「Isra」（勝利者）和「El」（神）的複合名詞，意為「神的勝利者」。這個名字後來由以色列王國繼承，成為整個民族的名稱，同時也是今日以色列國名的由來。

雅各還鄉

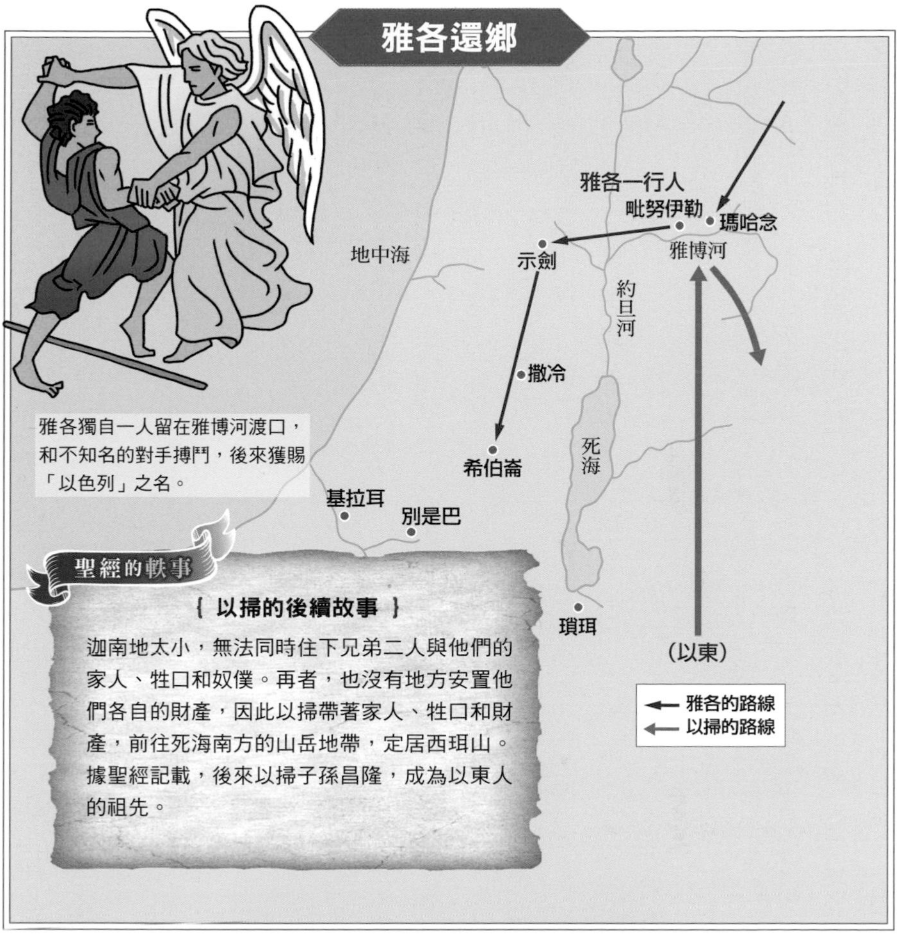
雅各一行人
毗努伊勒
瑪哈念
雅博河
示劍
地中海
約旦河
撒冷
希伯崙
死海
基拉耳
別是巴
瑣珥
(以東)
雅各的路線
以掃的路線

雅各獨自一人留在雅博河渡口，和不知名的對手搏鬥，後來獲賜「以色列」之名。

聖經的軼事

{ 以掃的後續故事 }

迦南地太小，無法同時住下兄弟二人與他們的家人、牲口和奴僕。再者，也沒有地方安置他們各自的財產，因此以掃帶著家人、牲口和財產，前往死海南方的山岳地帶，定居西珥山。據聖經記載，後來以掃子孫昌隆，成為以東人的祖先。

以色列十二支派的祖先

雅各的兒子們，各自成為組成以色列民族之十二支派的始祖。

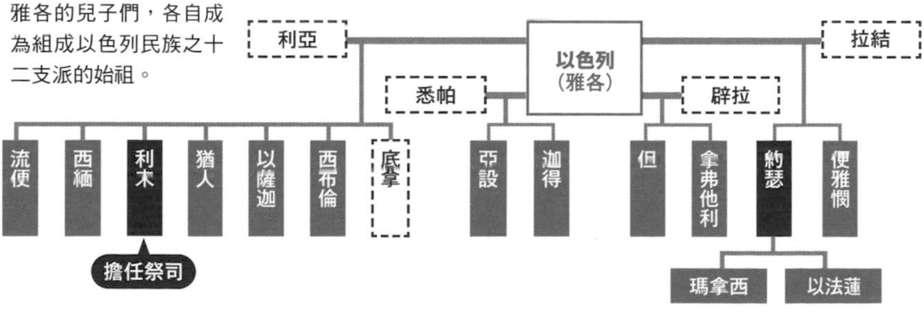
以色列
(雅各)
利亞
拉結
悉帕
辟拉
流便
西緬
利未
猶大
以薩迦
西布倫
底拿
迦得
亞設
但
拿弗他利
約瑟
便雅憫
擔任祭司
瑪拿西
以法蓮

舊約

前往埃及 ③

約瑟被賣至埃及

出處
〈創世記〉第34章～第41章

POINT
- 約瑟被眾兄長丟棄，賣到埃及。
- 約瑟受高官夫人誣陷，鋃鐺入獄。
- 約瑟為法老王解夢，贏得信任。

眾兄長丟棄受父親寵愛的約瑟

雅各有十二個兒子，但他寵愛**約瑟**勝過其他兒子。約瑟的眾兄長對此心生不快，某天便將他丟進一口枯井中，棄置不顧。雅各聽說「約瑟被野獸吃了」，悲傷多日。

另一方面，約瑟被路過的商人撿去，賣給了**埃及法老王**的**高官**。後來約瑟贏得了高官的信任，卻因拒絕高官夫人的引誘而被反咬一口，鋃鐺入獄。

在約瑟被關的監牢中，監禁著一個觸怒**法老王**的伺酒總管。他告訴約瑟自己做了一個怪夢，約瑟便替他解夢，告訴他「這代表你將在三天後出獄」。

約瑟的預言拯救了埃及

又過了兩年，這次輪到法老王做了怪夢。侍奉法老王的伺酒總管突然想起了約瑟，便向法老王進言。法老王立刻把約瑟找來，約瑟解夢的結果是「這代表埃及將有七個豐年，但隨之而來的是七個荒年」。

法老王聽完，便任命他為宰相。

正如約瑟所預言，埃及經過了七個豐年後，又遭遇了七個荒年。但由於約瑟儲存了大量的穀物，因此幫助埃及逃過了這場劫難。

關鍵詞

◎ **法老王／埃及王**

古埃及的國王。連結眾神與人類社會的角色，無論政治、經濟、社會、文化或宗教的事務，都會透過法老王的力量推動。

約瑟解夢

夢境內容		解夢結果
兄弟一起將麥子綑成一束一束，結果約瑟綑的麥子挺得直直的，哥哥們的麥捆朝著約瑟的麥捆垂頭行禮。	➡	約瑟將成為兄長們的領導人。
日、月及十一星辰都對約瑟下拜。	➡	父母兄弟都將對約瑟下拜。
葡萄樹上三根樹枝開了花，花結成果。伺酒總管將那些葡萄榨成汁，獻給法老王。	➡	三天後，法老王將赦免其罪，並恢復其職。
正要將裝在三個竹筐中的食物獻給法老王時，食物卻被飛來的鳥吃了。	➡	三天後，法老王將判他絞刑，遺體將被飛鳥啄食。
尼羅河河畔有七頭肥美的母牛，被七頭瘦弱的公牛吃掉。	➡	將有連續七個豐年。
七個飽滿的麥被七個枯瘦的麥吞噬。	➡	連續七個荒年。

約瑟擁有解夢的能力，在故事中為人解了各式各樣的夢。他的這種能力雖然招來了兄長們的妒恨，但也讓他在埃及開拓出自己的命運。

聖經的軼事

{ 約瑟兄長們的惡行 }

這些遺棄了親弟弟約瑟的兄長，究竟是多麼粗暴的人，在下面的插曲中可窺見一斑。

當雅各一族在示劍地逗留時，當地首長哈抹的兒子示劍，因迷戀雅各的女兒底拿而玷污了她。哈抹來到雅各他們的面前，說：「請把你的女兒嫁來我家當媳婦。」又對那些哥哥低頭行禮說：「我也會將我們的女兒送給你們。」

對此，哥哥們答說，只要接受割禮，就答應他的要求。於是，哈抹、示劍，乃至名為示劍的所有男人，全都接受了割禮。然而，雅各的兒子們卻在這些人正承受割禮帶來的疼痛時，趁隙攻擊示劍地的男人，並將他們的女人、財產、孩童全部奪走。這一切都是為了報復他們對妹妹的侮辱。雅各知道此事後，大為驚訝，並告誡了幾位哥哥。

舊約

前往埃及 4

約瑟解夢成真

出處
〈創世記〉第42章～第50章

POINT
◆約瑟的兄長們前來埃及。
◆約瑟考驗兄長，並表明其真實身分。
◆以色列人開始在埃及增加。

眾兄長對約瑟相見不相識

各地的人民為求糧食而前來埃及，其中也包括了**約瑟**的幾個兄長。約瑟立刻認出他們，可他們卻沒認出約瑟。於是，他將兄長們押入大牢，接著又命令他們將么弟**便雅憫**帶來見他。

兄弟和解，全家族前往埃及

兄長們依約帶著便雅憫再次前來。約瑟裝了滿袋子的食糧要讓他們帶回去，可約瑟的僕人卻說：「有人偷了銀杯。」經過調查，在便雅憫的袋中發現銀杯，約瑟就要將便雅憫留下來當奴隸。事實上，銀盃是約瑟偷偷嫁禍的，因為他想把便雅憫留在自己身邊。但兄長們哭著央求說：「家父會傷痛欲絕的，請把便雅憫還給我們。」此時，約瑟再也隱瞞不下去，而表明了自己的身分。兄弟重逢分外喜悅。聽聞此事的法老王，便將**歌珊**的土地賜給他們一家。以色列的家族就這樣移居埃及了。

古埃及年表

西元前

3400年前後
●都市成立

2580年前後
●修築法老王古夫（Khufu）的金字塔。

1720年前後
●西克索人（Hyksos）入侵埃及。

1650年前後
●第十五王朝建立，西克索人統治埃及。
●雅各一家在此時移居埃及？

1552年前後
●雅赫摩斯一世（Ahmose I）驅逐西克索人，建立第十八王朝。

1468年前後
●圖特摩斯三世透過米吉多戰役，剷平巴勒斯坦各城市的叛亂。

1450年前後
底比斯（Thebes）的阿蒙神官團的勢力壯大。

以色列與周邊國家

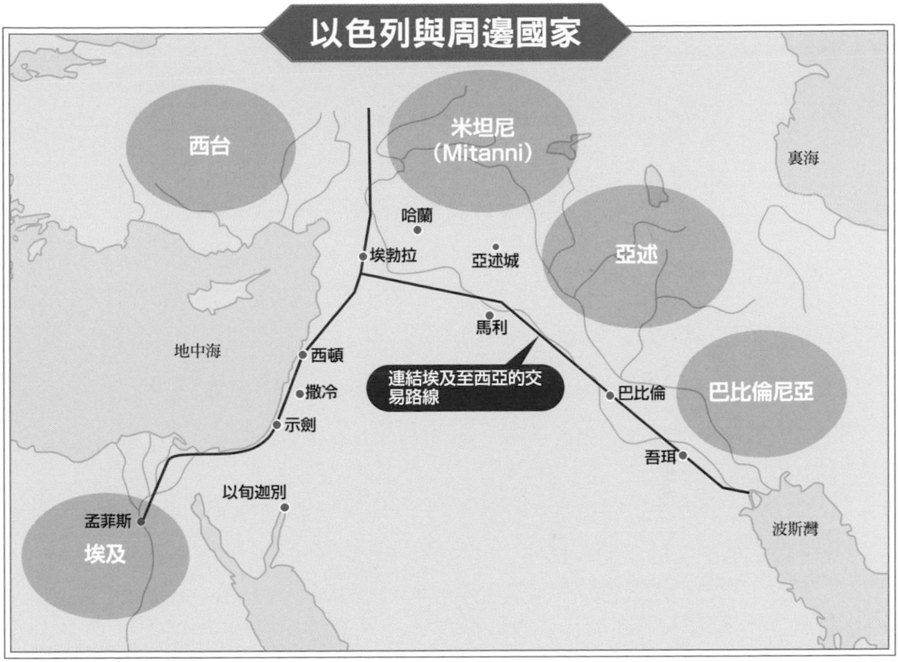
西台
米坦尼
(Mitanni)
裏海
哈蘭
埃勃拉
亞述城
亞述
馬利
地中海
西頓
撒泠
連結埃及至西亞的交易路線
巴比倫
巴比倫尼亞
示劍
吾珥
以旬迦別
孟菲斯
埃及
波斯灣

以色列民族因約瑟而受邀入埃及的那段時期，迦南周邊開始有西台、巴比倫尼亞等強大的國家興起。

聖經的軼事

【出現在聖經中的手淫一詞起源】

約瑟被遺棄後，他的哥哥猶大娶了名叫書亞的迦南人為妻，並生下三個兒子，分別是珥、俄南和示拉。猶大替長子珥娶了妻子他瑪，但珥因受到上帝憎惡而死去。於是，猶大就命令俄南與他瑪替家裡添丁。俄南對此感到抗拒，每次和他瑪行房時，都讓精子流到地上。上帝被此舉觸怒，便奪走俄南的性命。因俄南糟蹋精子，讓精子流到地上的行為，因此德文從俄南（Onan）的名字，創造出形容手淫的「Onanie」一詞。

後來，猶大讓他瑪回到娘家的父親身邊，並約定好等三子長大成人後，再娶她為妻，最後卻沒有信守承諾。於是，他瑪遮著臉裝成妓女，與猶大行房，並成功懷了雙胞胎。雙胞胎中先出世的取名法勒斯，後出世的取名謝拉。

《舊約聖經》的節慶❶

逾越節

摩西率領以色列人出走埃及時，埃及的法老王不允許以色列人踏出國門，並強制他們服勞役、做苦力。

於是，上帝在埃及降下十災，其中的第十災是讓埃及所有人家的長子及頭生之牲畜死去。但以色列人在摩西的命令下，都在家門口塗上羔羊血作為記號，因而逃過這場劫難。

當時，滅命的天使「越過」以色列人的房子而不入，後來為慶祝此事，才開始有了「逾越節」。逾越節同時也是慶祝春季第一場收割的節慶。

再者，逾越節在希伯來文中稱作「Pesach」，是猶太教的三大節期之一。從猶太曆的尼散月（Nisan，3月～4月）14日夜晚開始，節期長達一星期。

逾越節的第一日，會舉行稱為「Seder」的逾越節宴席。餐桌上的菜餚包括羔羊、苦菜（Bitter herbs）和無酵餅（未添加酵母的麵餅）等。羔羊是過去會在耶路撒冷聖殿中獻祭的貢品，而苦菜則有辣根（Horseradish）、萵苣等，象徵曾在埃及所受的苦難；無酵母的麵包則象徵以色列人顛沛流離。逾越節宴席中，端上餐桌的每種食物，都有其象徵意義。

逾越節宴席中，還會朗誦〈哈加達〉（Haggadah），這是一本敘述以色列人出埃及的故事書，猶太人透過朗誦記念祖先自奴隸身分中重獲自由。

逾越節宴席「Seder」是整個節慶中最重要的儀式，宴席會一直持續至半夜。

舊約

2章

以應許之地為目標的民族遷徙

摩西誕生的祕密

出處
〈出埃及記〉第1章～第5章第19節

POINT
- 法老王強制以色列人服勞役、做苦力。
- 摩西為保護同胞而殺害埃及人，並因此逃亡。
- 在上帝的命令下，摩西當面要求法老王解放以色列人。

以色列人在埃及淪為奴隸

由於**約瑟**拯救埃及免於饑荒，在其庇蔭下，**雅各**的後裔於埃及蓬勃繁衍，人口大量增加。然而，一代一代過去，約瑟的功績終究還是為埃及人所遺忘。於是，對埃及人而言，暴增的以色列人逐漸變得礙事。**法老王**強制他們服勞役、做苦力。可光是這麼做，還是無法平息埃及人的怨懟，最後法老王下令：「殺死所有以色列男女所生下的男嬰。」

當時，有以色列之**利未一族**（利未支派）的一名男子，與同族女子結婚，兩人生下一名男嬰。出生三個月後，他們眼看無法再藏匿下去，便將男嬰放在蘆葦編成的籃子中，放入尼羅河漂流。

嬰兒最後竟被**法老王的女兒**發現。這位心地善良的公主，便為嬰兒取名**摩西**，雇用以色列人奶媽來養育他。而這位奶媽，正是摩西的親生母親。

因此，摩西不但有公主的保護，還有親生母親的照顧，是個十分幸運的孩子。

摩西追逃羊時，見上帝顯靈

摩西長大後，由於看不下去埃及督工虐待以色列勞工，故將其殺害。他因害怕東窗事發，最後離開了埃及。離鄉背井的摩西，某天為了追回逃羊而來到**何烈山**上，他在這裡看見上帝出現在熊熊火焰中。

上帝說：「去吧，摩西，去埃及吧。將我的子民，將所有以色列之子救出埃及。」見摩西沒有信心，上帝便給了他一根木杖，並承諾他一定會有奇蹟發生。又見摩西膽怯地說「可是我拙口笨舌」，上帝心急之下，就派了辯才無礙的哥哥亞倫與他同行。

摩西和亞倫一同來到埃及後，便直接來到法老王面前，要求法老王讓所有以色列人離開埃及。然而，法老王沒有那麼容易說服。即使摩西施展奇蹟，將木杖變成了蛇，法老王也不屑一顧。法老王認為他們只是想偷懶不做工，故又加重了他們的勞役。

埃及公主撿到摩西

阿布辛貝神殿
（Abu Simbel temples）

摩西的逃亡路線

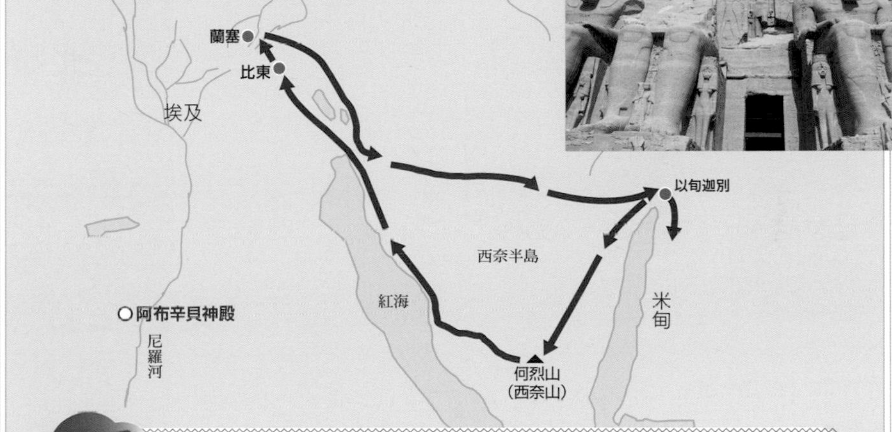
地中海
蘭塞
比東
埃及
以旬迦別
西奈半島
紅海
米甸
阿布辛貝神殿
尼羅河
何烈山
（西奈山）

迷你知識

當時的埃及人與以色列人的記載

聖經中以色列人在埃及淪為奴隸的時期，在阿蒙霍特普四世（Amenhotep IV，在位於西元前1364年～1347年）的宗教改革之下，出現了世界上第一個排他性的一神教。其後的拉美西斯二世（Ramesses II，在位於西元前1290年～1224年）（譯註：Ramesses一詞在合和本聖經中譯為「蘭塞」），則致力於各項建設。蘭塞城的建立正是其中一項建設。於當時的文書中，記載著有一群稱為「Habiru」（或稱Apiru）的工人，負責搬運石頭。一般認為Habiru就是聖經中的希伯來人，換言之，便是指以色列人。

埃及天降十災

出處
〈出埃及記〉
第7章14節～第12章

POINT
- 埃及降下十災。
- 全埃及的長子悉數喪命。
- 法老王答應以色列人離開埃及。

上帝在埃及降下十災

以色列人責怪摩西，因為現在他們得做加倍的苦力。於是，上帝在埃及降下**十災**。

首先，是讓尼羅河的河水變鮮血，讓埃及人的住家中出現大量的青蛙、蚊蚋、蒼蠅，但法老王置若罔聞。接著，讓埃及人和他們的牲口罹患疾病，皮膚長膿瘡，可法老王還是不改其態度。

此時，上帝降下劇烈的冰雹，帶來大批的蝗蟲。許多民眾與牲口都犧牲喪命，法老王才向摩西認錯，並答應讓他們離開埃及。然而，災禍平息後，法老王便出爾反爾。於是，上帝奪去了天上的光明，法老王才說：「只要把牲畜留下來，你們就可以離開。」不過這一點摩西不肯退讓。

法老王束手無策，釋放以色列人

最後，上帝降下的第十災，是讓全埃及的人類及牲口的長子及長畜，全部一命嗚呼。

但其中，以色列人因為在家門口塗上了羔羊血，所以使滅命天使過門不入。

最後法老王終於屈服，懇求以色列人離開埃及。就這樣，摩西率領著浩浩蕩蕩的一行人離開埃及，其中光是成年男子就有**約六十萬**人，另外還要加上女人、小孩和牲畜等，聲勢浩大。

上帝對埃及降下的十災與自然現象

① 河水變成鮮血，魚蝦死亡，河水無法飲用。

（有時，自衣索比亞的高原上沖刷下來的紅土，會將尼羅河染紅。）

② 河中跳出大量青蛙，青蛙漫山遍野地布滿埃及各地。

（河水嚴重混濁，所以青蛙開始移動播遷。）

③ 蚊蚋大量繁殖，進入埃及人的家中。

（洪水退去後，蚊蚋在沼澤地大量繁殖。）

④ 蒼蠅大批出現，對整個埃及帶來了災害。

（洪水退去後，蒼蠅在沼澤地大量繁殖。）

⑤ 埃及人的牲口全數死亡。

（蚊蟲成為散播疾病的媒介，讓動物得到傳染病。）

⑥ 人和動物身上一沾到揚起的炭灰，就長出會流膿的膿瘡。

（蚊蟲成為散播疾病的媒介，讓人和動物得到傳染病。）

⑦ 天上落下冰雹，打傷人和動物，造成所有作物枯萎。

（有時一月前後，會降下十分罕見的冰雹。）

⑧ 蝗蟲布滿全埃及，把作物一掃而空。

（蘇丹和衣索比亞出現大批蝗蟲，這些蝗蟲又來侵襲埃及。）

⑨ 黑暗籠罩全埃及三天三夜。

（大規模沙塵暴來襲。）

⑩埃及的長子全數喪命。

上帝在埃及降下的十災中，前面九災都能透過尼羅河流域的自然現象來說明。

迷你知識

與摩西正面交鋒的法老王

根據建設「蘭塞城」的敘述來看，以色列人「出埃及」時的法老王，應為拉美西斯二世。拉美西斯二世當上法老王時，埃及的勢力已延伸至巴勒斯坦及敘利亞南部，最後與西台接壤，並在卡迭石戰役（Battle of Kadesh）（譯註：Kadesh在和合本聖經中譯為「加低斯」）中短兵相接。此外，拉美西斯二世熱愛建設，其任內留下的神殿建築數量是法老王中之冠，包括阿布辛貝神殿、卡奈克神廟（Karnak Temple）等。

舊約

出埃及 ③

上帝授予子民十條戒律

出處
〈出埃及記〉第14章～第20章

POINT
- 奇蹟發生，以色列人逃出埃及。
- 在嚴峻的環境中，以色列人抨擊摩西。
- 上帝傳授摩西十誡。

奇蹟降臨，蘆葦海一分為二

摩西率領**以色列人**從埃及啟程，前往**應許之地迦南**。但埃及頓失大量奴隸，**法老**與其臣僕愈想愈後悔，於是法老調來了戰車軍隊，去追回以色列人。當摩西一行人抵達**蘆葦海**（譯註：部分考古學家指出，「紅海」為誤譯，日文的《聖經 新共同譯本》已改譯為「蘆葦海」）時，埃及的追兵已追趕在後。

前有蘆葦海，後有埃及大軍。在走投無路的狀況下，以色列人開始責備摩西：「你把我們從埃及帶出來，就是為了讓我們吃這些苦頭嗎？」然而，此時奇蹟發生了。摩西舉起他的木杖，將海水一分為二，海底出現了一條通道。當埃及軍打算跟在他們後面穿越蘆葦海時，海水突然閉合，戰車和騎兵全被淹沒在海底。據說，以色列人親眼見證了奇蹟後，都開始相信摩西，並唱起讚頌上帝偉大的歌曲來。只不過，埃及的古卷中並無對這段歷史的記載，因此至今仍無法確定這段故事與史實的關聯。

上帝傳授摩西十誡

旅途中，摩西一行人在**西奈山**的山腳下紮營。此時，突然雷聲大作，山上煙霧繚繞，代表上帝降臨於此。

民眾都十分畏懼，上帝便召摩西上山。上帝在這時候對摩西說的話，就是「**十誡**」，這是以色列人必須遵守的十項基本戒律。

詳細解說

不只是這件事，以色列人走到哪裡，就批評摩西到哪裡。當他們在曠野中，因飢餓而責備摩西時，摩西終於發怒，並斥責他們：「你們還沒有搞清楚嗎？抱怨我就等於是在抱怨上帝！」

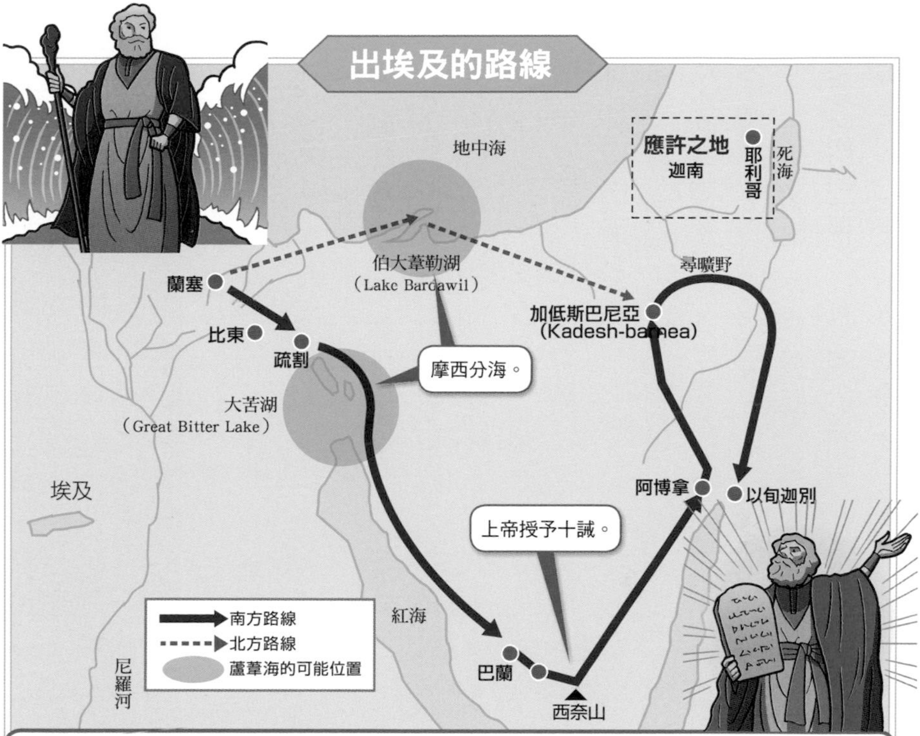
出埃及的路線
地中海
應許之地
迦南
耶利哥
死海
伯大葦勒湖
（Lake Bardawil）
尋曠野
蘭塞
加低斯巴尼亞
(Kadesh-barnea)
比東
疏割
摩西分海。
大苦湖
（Great Bitter Lake）
埃及
阿博拿
以旬迦別
上帝授予十誡。
南方路線
北方路線
蘆葦海的可能位置
紅海
尼羅河
巴蘭
西奈山

十誡

- **第一誡** 除了我以外，你不可有別的神。
- **第二誡** 你不可為自己雕刻偶像。
- **第三誡** 不可妄稱耶和華——你們神的名。
- **第四誡** 當守安息日為聖日。
- **第五誡** 當孝敬父母。
- **第六誡** 不可殺人。
- **第七誡** 不可姦淫。
- **第八誡** 不可偷盜。
- **第九誡** 不可做假見證陷害你的鄰舍。
- **第十誡** 不可貪圖你鄰舍的房屋。

（出自日本聖經協會）

聖經的軼事

【黃金公牛像】

當摩西在西奈山接受上帝的曉諭時，在山下等到不耐煩的民眾，要求亞倫讓他們擁有一個有形象的神。亞倫收集女人的耳飾，製作出一具「黃金公牛像」。但十誡中嚴格禁止人民崇拜偶像，因此摩西回來，看到民眾在那具神像前手舞足蹈時，勃然大怒，並將刻有上帝之言的石板摔破。摩西喊道：「跟隨上帝的子民，都集合到我這裡來！」並且向利未人傳達上帝的指令說：「去殺了自己的女人、兄弟、朋友與鄰舍。」摩西藉此恢復了與上帝的契約，並在新的石板上刻下了律法。

舊約

應許之地 1

派遣偵察部隊

出處
〈民數記〉
第13章～〈申命記〉

POINT
- 摩西為探查迦南的狀況而派出探子。
- 探子們的回報沒有一致的共識。
- 摩西在進入迦南之前死去。

沒有共識的十二探子

摩西率領以色列人來到一個接近應許之地迦南的地方，叫做加低斯巴尼亞（Kadesh-barnea）。摩西從**十二支派**中各選出一名人選，組成偵察隊。他們進行長達四十天的探查，但十二人帶回來的意見卻沒有一致共識。十二人中有十人回報說：「正如上帝所言，那裡是流著奶與蜜的土地。但城鎮外圍著一圈堅固的城牆。當地居民個頭高大，在他們面前，我們形同蚱蜢，根本沒有勝算。」相反地，以法蓮支派的**約書亞**和猶大支派的**迦勒**，則向民眾勸說：「既然是上帝帶領我們前來，我們就一定能得勝。」

摩西與亞倫受上帝懲罰而死

然而，民眾聽不進約書亞和迦勒的意見，把另外十人的報告當了真，開始怪罪於摩西和**亞倫**，並哭喊著：「我們寧可死在埃及。」他們甚至說要殺了約書亞和迦勒，另立新領袖，調頭回埃及。

聽到這場爭論，上帝勃然大怒，打算要毀滅這群人，最後是在摩西的勸說下，才打消念頭，但他告訴摩西：「凡是違抗摩西、迦勒和約書亞的人，都不得進入那塊土地。凡是二十歲以上向我發怨言的人，都必須在曠野流浪**四十年**，直到死亡。」於是，上帝讓約書亞和迦勒以外的十名偵查隊隊員死於瘟疫，並消滅所有造

關鍵詞

◎ **亞倫與利未人**

摩西的哥哥亞倫，出任大祭司之公職，這是祭司中地位最高的位分。亞倫是利未後裔的利未人，爾後祭司的職位，便以世襲制的方式，在亞倫的家族中傳承下去。

反的主謀。即使如此，民眾還是怨聲載道，上帝認為這是領導者的不周，因此降罪於亞倫和摩西。他們受到的懲罰，就是無法進入應許之地迦南。亞倫早一步死去，接著，摩西登上一處山頭，將迦南美地盡收眼底後，便在那裡與世長辭。

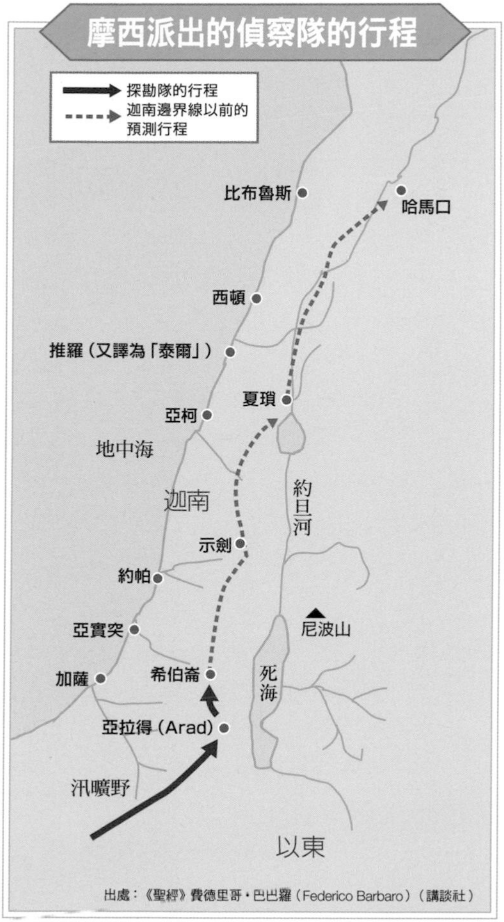

摩西派出的偵察隊的行程
探勘隊的行程
迦南邊界線以前的預測行程
比布魯斯
哈馬口
西頓
推羅（又譯為「泰爾」）
夏瑣
亞柯
地中海
迦南
約旦河
示劍
約帕
尼波山
亞實突
加薩
希伯崙
死海
亞拉得（Arad）
汛曠野
以東

出處：《聖經》費德里哥・巴巴羅（Federico Barbaro）（講談社）

聖經的軼事

｛摩西之死｝

來到接近約旦河的地方時，上帝就下令由約書亞繼承摩西的地位。因為摩西不得渡過約旦河，進入迦南。摩西分別祝福了每一個支派後，便登上尼波山山頂，眺望迦南，在那裡與世長辭。

聖經的舞台

◉ **尼波山**（約旦）

位在約旦的米底巴（Madaba）西方，相距十公里、海拔八百公尺的山上，摩西臨終之地。此處聳立著一座紀念碑，是根據摩西的軼事打造而成。自山上眺望，可將死海與耶路撒冷的街景盡收眼底。

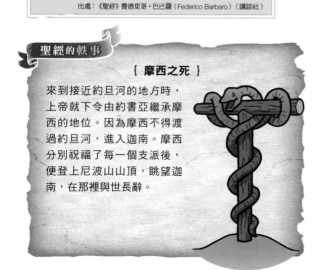

舊約

應許之地 2

攻占耶利哥

出處

〈約書亞記〉第1章～第6章

POINT

◆ 約書亞率領民眾渡過約旦河。
◆ 在上帝力量的幫助下，耶利哥城的城牆坍塌。
◆ 有三種關於以色列民族的入侵說法。

◆渡過約旦河，攻占耶利哥

約書亞繼承摩西的地位後，便帶領民眾，向約旦河西岸的**耶利哥**前進。他們事前派出探子刺探敵情，做好萬全的準備，又得上帝幫助並成功渡河。此時所剩之人，全都是在曠野出生的年輕人，因此約書亞對他們行了割禮，並慶祝逾越節。然後包圍耶利哥，進行突擊。

首先一邊吹響號角，一邊沿著城牆繞行。每天繞行一圈，連續進行六天後，在第七天清晨繞城七圈，且在進入第七圈後，配合約書亞的號角聲一響，軍民就齊聲吶喊。此時城牆突然應聲崩塌，軍隊攻入城中，將城裡的所有人畜趕盡殺絕。

◆歷史上有三種不同說法

關於以色列人入侵迦南的歷史，根據史實上的研究，目前有以下三種不同的說法。

第一種是「軍事征服說」，正如同聖經記載，外來的侵略者民族，征服了當地原住民。第二種是「和平滲透說」，許多逐水草而居的半游牧民族，漸漸定居在沒有國家的山地。最後一種是「造反革命說」，受城邦（City state）統治的人民，因造反起義、撤至山地居住，而逐漸形成部落，並化為以色列民族。

關鍵詞

◎ **割禮**

指將性器的一部分切除或切開的儀式。是一種原始性、巫術性的習慣，主要見於未開化的宗教。但猶太教徒的割禮，則被視為和神立約、歸屬群體之憑據。

約書亞攻陷耶利哥

偵察兵潛入

約書亞先派偵察兵潛入耶利哥城，打探軍情。兩名偵察兵在喇合的藏匿下，躲過盤查。

約櫃登場

以色列人派出七名手持號角的祭司，以及肩扛約櫃（➡P93）的民眾，連續六天在城牆外繞行一周。繞行途中，不停地吹響號角。

城牆崩塌

第七天，肩扛約櫃和手持號角的以色列人，在城外繞行第七周，他們一邊吹著號角，一邊高聲吶喊。此時，城牆突然崩塌，以色列人成功占領耶利哥城。

聖經的軼事

｛唯一的倖存者｝

約書亞派遣兩名探子進入耶利哥城。兩名探子進入名為喇合的妓女家中，收集軍情。當耶利哥王得知有探子入城後，喇合答應藏匿探子，但條件是「絕不可攻擊她和她的家人」。喇合後來與以色列人結婚。大衛王即其後裔，同時也是耶穌的祖先。

聖經的舞台

◉ **耶利哥**（巴勒斯坦自治區〔Palestinian Territories〕）

位於約旦河西岸，巴勒斯坦最古老的城市。透過三次挖掘工作，找到了崩塌的城牆，但也發現城牆的歷史遠比《舊約聖經》的時代更早。實際上，城牆是在西元前約一五五〇年被破壞後，就被棄置了將近兩百年，到了西元前十四世紀，才開始有小規模的住宅興建於此。聖經上記載約書亞征服耶利哥城，是發生在這個時代的不久之後。

舊約

應許之地 ③

征服迦南

出處

〈約書亞記〉
第7章～第11章

POINT

◆ 進攻艾城時，敗陣一回。
◆ 處決背信之人，成功攻下艾城。
◆ 受征服地的人民被趕盡殺絕。

約書亞用計攻破艾軍

攻陷耶利哥後，**約書亞**接著以**艾城**為目標，但第一次的攻打以失敗告終。戰敗的原因是攻陷耶利哥時，有人私藏戰利品，此舉觸怒了上帝。約書亞對那名男子及其家人處以**石刑**，活活用石頭砸死，才得到了上帝的原諒。

第二次進攻時，約書亞祭出策略。他先派三萬人的精銳部隊潛伏在艾城後方，自己率領剩下的整個軍隊前進。當艾城全軍從城門出來時，約書亞的軍隊就向後撤退。艾軍追出城外時，約書亞就送出暗號，讓精銳部隊攻進艾城，放火燒光城鎮，城中無一居民倖免。

將攻陷地區的人民斬草除根

基遍城的領主，則是以巧計蒙騙，取得了和平。約書亞事後知道自己上當後，沒有消滅該城鎮，只是抓他們服勞役。迦南南部的五個王組成聯軍，計畫奪回基遍城，但聯軍被約書亞擊潰，五王遭到處刑。

當地的原住民族中，因對抗以色列而遭約書亞處決的王，多達**三十一人**。

關鍵詞

◎ **律法**

亞割私藏耶利哥城的戰利品，就被人用石頭活活砸死，這是因為他沒有遵守「所有的戰利品都屬於上帝」之規約。這種與上帝定下的契約，就稱為「律法」。號稱出自摩西之手的〈創世記〉〈出埃及記〉等書卷，就是屬於「律法」。這可說是猶太教的根基。

以色列人征服迦南

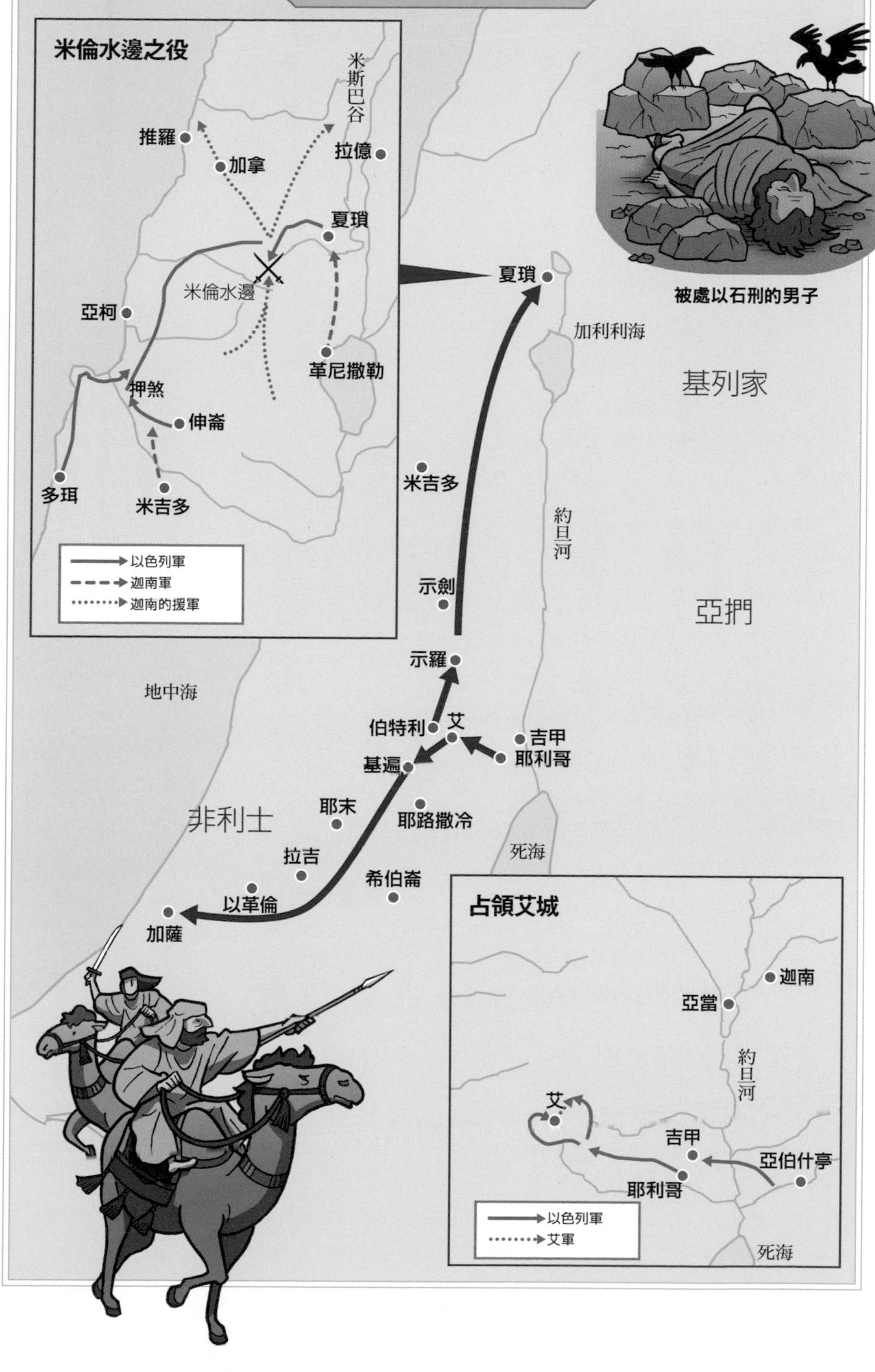
米倫水邊之役
米斯巴谷
推羅
加拿
拉億
夏瑣
米倫水邊
亞柯
革尼撒勒
押煞
伸崙
多珥
米吉多
以色列軍
迦南軍
迦南的援軍
夏瑣
加利利海
基列家
米吉多
約旦河
示劍
亞捫
示羅
地中海
伯特利
艾
吉甲
耶利哥
基遍
耶末
耶路撒冷
非利士
死海
拉吉
希伯崙
以革倫
加薩
占領艾城
迦南
亞當
約旦河
艾
吉甲
亞伯什亭
耶利哥
以色列軍
艾軍
死海
被處以石刑的男子

舊約

應許之地 4

約書亞分配土地

出處
〈約書亞記〉
第12章～第24章

POINT
- 征服的土地分配給十二支派。
- 在各地設置「逃城」。
- 約書亞得到一個小城鎮。

抽籤分配土地

征服迦南**十二支派**的民眾，各自分得不同的土地。

其中，**約旦河**東側的土地，分給流便與迦得，以及一半的瑪拿西支派。流便和迦得是應他們的要求分得廣大的土地，瑪拿西支派則是因他們征服迦南的功績。

約旦河西側的土地，則是分配給攻下該地區有功的支派，如何分配就靠**抽籤**決定。因為根據聖經的教誨，「迦南是上帝為了分配給以色列人而贏來的土地」來看，神的旨意將會透過抽籤中展現。

利未支派的職業是擔任祭司，所以沒有分得領土，取而代之的是，被分配到全國各地的四十八個城鎮。

此外，他們還設置了「**逃城**」，以庇護過失殺人者，讓他們免於受遺族報復。

約書亞滿足於一個小城鎮

十二支派的人民都分得了自己的土地後，最後以色列人將自己的土地中的亭拿西拉城贈予約書亞。約書亞晚年，與留在迦南而沒有遷居埃及的以色列人立下侍奉上帝的盟約，便結

聖經的舞台

◎ **約旦河**

巴勒斯坦最長的河流，全長約三百二十公里。其源頭始於黑門山，經過加利利海，最後注入死海。約旦河原本是約旦和以色列的國境，但一九六七年第三次中東戰爭（又稱以阿戰爭）後，約旦河西岸地區成了以色列的領土。這裡也是聖經中的重要場所，因為約書亞就是渡過這條河才打下迦南的；據說耶穌也在這條河中接受了約翰的施洗。

束了他的一生。

以色列十二支派的土地分配

約書亞征服迦南地後，以抽籤將土地分配給各個支派。瑪拿西支派分配到約旦河東西岸的土地。但支派則分配到與非利士鄰接的土地，後來因受不了非利士的威脅，而開始遷居。

此外，各地還設有「逃城」，並規定過失殺人者在得到公正的審判前，可在此受到庇護，免於遭遺族尋仇。

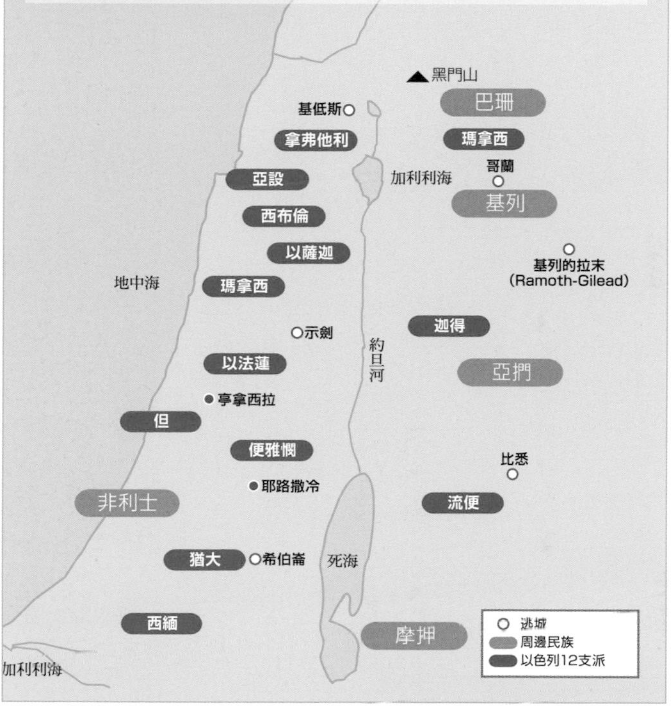

支派族長們的墳墓

許多率領以色列人的族長，最後都長眠於迦南各地。

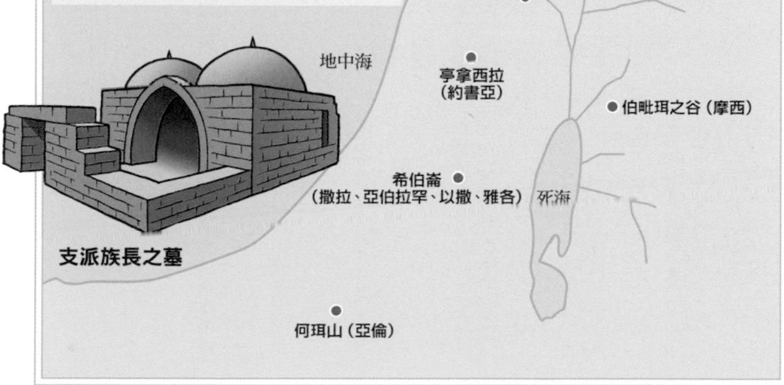

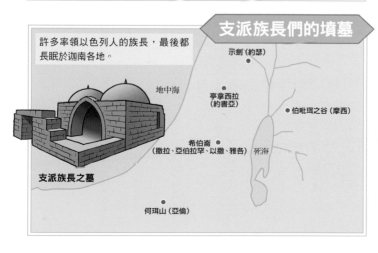

舊約

應許之地 5

以色列入侵前的迦南

POINT

- 人類自古居住於此。
- 因與周圍文明的頻繁交流而進步。
- 西元前兩千年前後，陸陸續續有各民族在此地定居。

由於沒有大河流經因此未產生統一的國家

應許之地**迦南**，是指現在的**巴勒斯坦**全境，加上敘利亞。人類於西元前一萬～八〇〇〇年左右，定居迦南，展開農耕生活。西元前三〇〇〇年的青銅器時代初期，出現了在國家邊境築一圈城牆的**城邦**（譯註：City state，又譯都市國家）。然而，因為沒有大河流經此處，所以一直沒有出現一個將都市國家統一的大國。

青銅器時代中期，位在西北的閃族人（Semites）的游牧民族入侵後，便開始與埃及頻繁交流。

西元前二四〇〇年前後，北敘利亞出現一個神祕的王國——**埃勃拉**。西元前二〇〇〇年的世紀後半，**亞蘭人**進入此地，建立起小規模的城邦。亞蘭所使用的**亞蘭語**，在迦南為後世廣泛使用。

以色列受迦南影響

西元前二〇〇〇年的世紀中期，迦南的城邦組成聯軍，向**西克索人**所統治的埃及開戰，最後戰敗。

此時的居民，除了具有閃族的亞摩利人（Amorite）外，還具有**胡里安人**的血統，兩民族複雜地交融後，

迦南古代史年表表

前七〇〇〇年前後
耶利哥建城。

前三〇〇〇年前後
青銅器時代初期。

前二四〇〇年前後
位在敘利亞的埃勃拉王國繁榮一時。

前二〇〇〇年前後
青銅器時代中期。

各城邦在迦南形成。

前一九〇〇年前後
迦南受到埃及統治。

前一七〇〇年前後
西克索人入侵迦南。

便形成與約書亞交鋒的迦南人。

西元前二〇〇〇年的世紀後半，有一支名為「**哈比魯人**」（Habiru）的集團，反反覆覆地趁著城邦之間發生紛爭之際進行掠奪。哈比魯人一詞與**希伯來人**相通，換言之，也與以色列人相通，因此兩者間說不定存在著某種關係。同一時期，定居在巴勒斯坦的民族，還包括**以東人**、**摩押人**和**亞捫人**。

以色列的周邊民族
腓尼基人
善於航海，因交易而興起的民族。他們所建設的推羅、西頓等城，都經常出現在《舊約聖經》中。
推羅
腓尼基
加利利海
米吉多
約旦河
地中海
示劍
毗努伊勒
亞捫
非利士人
西元前1200年前後，開始定居於迦南沿海。不久後，便開始侵入內陸，使用鐵製武器攻打以色列人。
示羅
伯特利
亞捫人
約於西元前1250年前後，開始定居於迦南。
亞實突
以革倫
（耶路撒冷）
非利士
亞實基倫
迦特
拉吉
加薩
希伯崙
死海
摩押
摩押人
約於西元前1250年前後，開始定居於迦南。
別是巴
以東人
西元前1250年前後，開始定居於迦南。後來希律大帝出現，成為這裡的統治者。
以東

以色列人征服迦南後，與迦南周邊的許多民族，在不停的戰爭與交流中寫下歷史。

前一五五〇年前後
迦南的城邦進入興盛的時代。

前一三五〇年前後
〈阿馬爾奈文書〉（Amarna letters）中，出現撒冷王阿布狄赫帕（Abdi-Hepa）的記載。

前一二五〇年前後
以色列人開始定居於迦南。
摩押人、亞捫人、以東人的國家開始形成。

前一二〇〇年前後
「海上民族」席捲近東。
「海上民族」攻擊埃及，被拉美西斯三世擊退。

前一一五〇年前後
以色列人征服迦南各城市。

前一一〇〇年前後
非利士展開攻勢。

前一〇五〇年前後
撒母耳出現在以色列。

Column

《舊約聖經》的節慶❷

住棚節

慶祝秋收的猶太教三大節慶之一，從猶太曆的提斯利月（Tishrei，9～10月）的15日開始持續7或8天，最後一天會舉行盛大的慶祝活動。

住棚節又有「Chag HaAsif」（收穫祭）之稱，不難由此看出其慶祝秋收的祭典屬性。據信，住棚節是以色列人定居迦南後，將原本盛行於迦南的收穫祭，與他們定居迦南前在沙漠中流浪的生活加以連結所產生之慶典。

西元70年，也就是第一次猶太戰爭以前，住棚節的慶祝方式，一直都是對所有耶路撒冷的聖殿進行巡禮。

然而，現在的慶祝方式已大大改變。快到住棚節時，民眾就會在院子、陽台或頂樓等處，搭建簡易棚子，以草木鋪成棚頂，這種棚子稱為蘇克棚（Sukkah）。並且在蘇克棚中食用三餐，進行禱告。

氣候溫暖的地方，還有人會以蘇克棚為家，整個節慶期間都生活在棚中。這是為了追憶以色列的先人，從出埃及到入迦南地的四十年間，在西奈、內蓋夫（Negev）的曠野中流浪的艱困。

在簡易棚子上，會將棗椰葉、香櫞（香水檸檬）、香桃木枝條、柳樹枝條等秋季收成物從棚頂垂下，並以新鮮的草木、果實做裝飾。

以色列國內，無論一般家庭或公司行號都會搭建蘇克棚，因此從停車場到草地上，都能看到一排排的棚子櫛比鱗次地排列。以色列的軍事基地裡，也會舉辦同樣的慶典。

舊約

3章

帶領人民的英雄之戰

士師記 1

領導民眾的士師是什麼？

出處
〈士師記〉
第1章～第2章

POINT
- 當民眾向異教倒戈後，就遭到異族統治。
- 人民改過自新，解救人民的士師出現。
- 士師的時代是從部落社會演化到王權統治的過渡期。

◆上帝對人民降下的審判與救贖

〈約書亞記〉中表示，約書亞率領以色列人征服了迦南地；但下一卷的〈**士師記**〉記錄的卻是以色列人以支派為單位，在一段漫長歲月中取得土地的複雜過程。

根據近期的研究顯示，後者比較接近史實。換言之，雖說約書亞征服了迦南，但不代表就此控制了所有的土地與異族。因此，以色列人受到當地的**迦南人**影響，而向異教倒戈。

上帝因而發怒，讓周圍的國家攻擊以色列。以色列人改過自新，向上帝求助，於是上帝派遣有「**士師**」之稱的領導人，解救以色列人。

然而，士師死後，民眾又向異教倒戈。這樣的循環在〈士師記〉的時代中，總共循環了**七次**之多。

◆以色列的弱點

就歷史上而言，迦南在西元前一三〇〇年～一二〇〇年前後，因眾多民族入侵而陷入混亂。其背後的原因是**埃及**、**美索不達米亞**等大國的影響力衰退，再加上以色列沒有一個強而有力的中央政府。因此讓人民團結起來的，只有對耶和華的信仰而已。對

關鍵詞

◎ **士師**

從定居迦南到王權制度建立的這段期間，帶領以色列人的領導人。〈士師記〉中總共出現了十二名士師，不過他們未必都是品行端正的人物，其中包括地痞流氓的耶弗他、異常沉溺女色的參孫等等，與其說他們是聖人，不如說是充分表現出人性的英雄角色。聖經中雖然將他們描寫成上帝派來解救以色列的使者，但這十二名士師，似乎有些人年代重疊，還有些是在各地與異國軍抗戰的地方領袖。

周圍各王國而言，這是十分容易進攻的狀態。

受包圍的以色列人

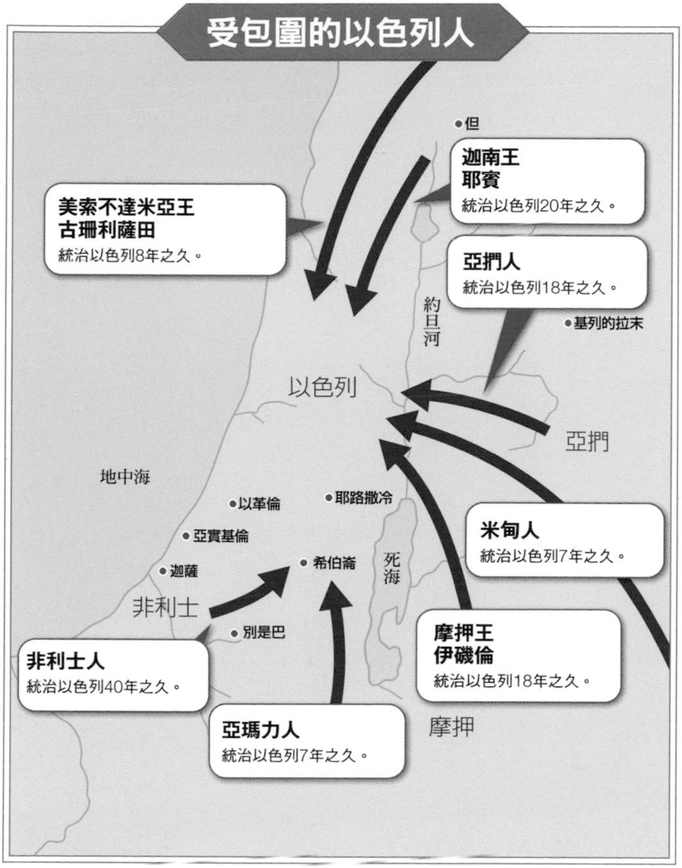

儘管征服了迦南，不過以色列人的周圍還存在著許多敵對民族。於是以色列人反反覆覆地遭到這些民族的入侵。

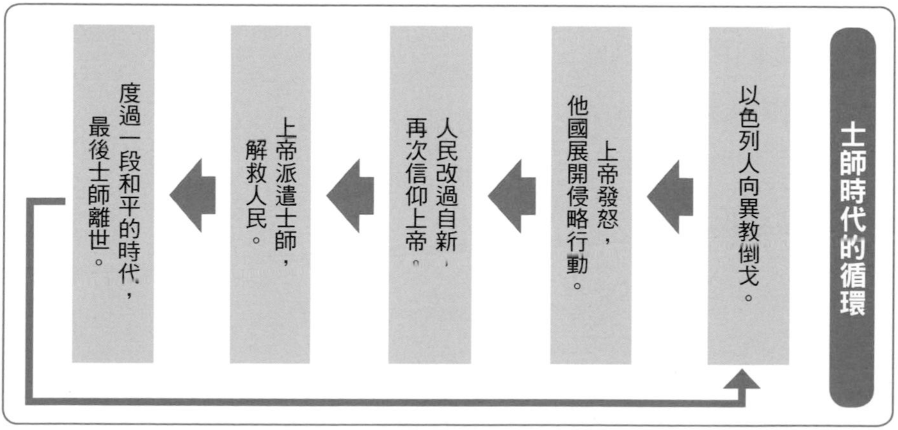

舊約

士師記 ②

底波拉之歌

出處

〈士師記〉第3章～第5章

POINT

- 底波拉對以色列人發號司令。
- 巴拉擊破西西拉率領的迦南軍。
- 西西拉死在雅億手中。

人民向轉達上帝語言的女性求救

以色列人多次背叛自己的神，崇拜其他神明，於是他們被迦南王**耶賓**統治了二十年之久。人民再也無法承受苦難，開始尋求救贖。而他們求救的對象，是一位名叫**底波拉**的女士師。

底波拉叫來**拿弗他利支派**的**巴拉**，對他下令：「率領一萬拿弗他利人和**西布倫人**上**他泊山**去。」巴拉允諾道：「你跟我去，我就去。」將軍**西西拉**所率領的耶賓軍聞知此事，便出動九百輛鐵戰車，在山腳下的谷地嚴陣以待。

雅億的背叛成為解放的關鍵

來到兩軍交鋒的時刻，底波拉一聲令下，以色列軍便一口氣衝下山。此時天降豪雨，耶賓軍因陷於泥濘之中動彈不得而兵敗如山倒。將軍西西拉也拋下戰車，落荒而逃。

險些喪命的西西拉，最後逃到同胞希百的帳篷裡。受希百之妻**雅億**的熱情款待，西西拉安心地沉沉睡去。雅億便趁此時拿起木樁，朝西西拉的太陽穴釘下去，讓他一命嗚呼。我們並不知道雅億背叛西西拉的理由。總

聖經的舞台

◎ **他泊山**（以色列）

以色列北部有一座城市拿撒勒，在距離這座城市東南方約十公里的平原上有一座山，標高五百八十八公尺。據信，這裡就是底波拉和巴拉打敗西西拉的古戰場。此外根據古基督教的傳說，「耶穌顯聖容」的故事，也是在這座山上發生的。故事是說，某天耶穌帶著他的門徒彼得、雅各，以及雅各的弟弟約翰來到一座山上後，就突然在他們面前改變了容貌，並開始與摩西、以利亞談話。

之，巴拉和底波拉看到西西拉的屍體後，就高唱著勝利之歌，成功地擺脫了耶賓的統治。

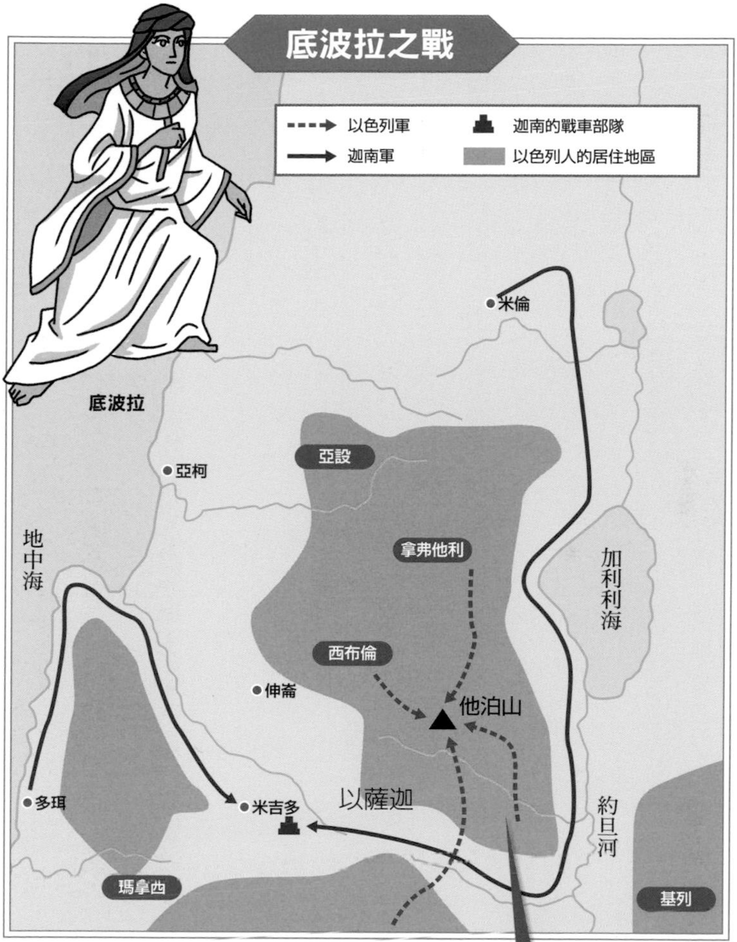
底波拉之戰
以色列軍
迦南的戰車部隊
迦南軍
以色列人的居住地區
底波拉
米倫
亞設
亞柯
地中海
拿弗他利
加利利海
西布倫
伸崙
他泊山
多珥
米吉多
以薩迦
約旦河
瑪拿西
基列

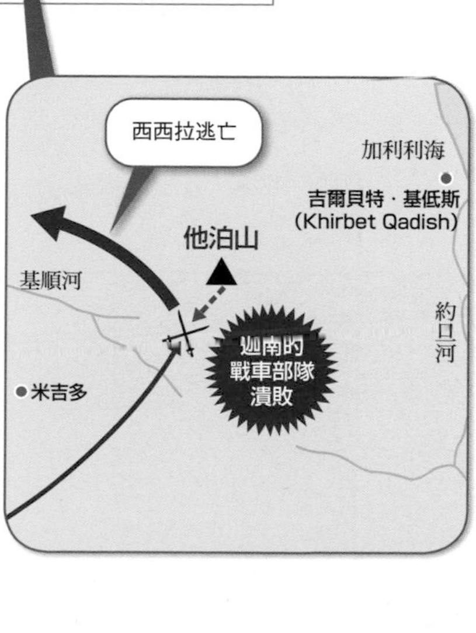
西西拉逃亡
加利利海
吉爾貝特·基低斯
(Khirbet Qadish)
他泊山
基順河
約旦河
米吉多
迦南的
戰車部隊
潰敗

聖經的軼事

【俄陀聶與以笏】

俄陀聶是最早出現的士師，當美索不達米亞王古珊利薩田侵略以色列時，就是他解救了以色列的危機。第二位士師是左撇子的以笏。便雅憫支派被摩押王伊磯倫統治時，以笏騙伊磯倫說：「我有件機密的事要告訴你。」讓他支開臣僕後，就用左手殺死了伊磯倫。他順利地逃出來，並將一萬名敵人殲滅，解救了便雅憫支派。

舊約

基甸

婉拒登基為王的虔誠領導人

出處

〈士師記〉
第6章～第9章

POINT

- 基甸拆毀巴力的祭壇。
- 以少數精銳部隊擊敗米甸人。
- 基甸拒絕登基為王。

上帝懲罰再次犯罪的子民

在底波拉的帶領下，以色列維持了四十年的和平，但底波拉過世後，以色列人又再次向異教倒戈。上帝發怒，這次他讓以約旦河東岸為據點的**米甸人**，前來掠奪以色列的領土。

不堪其擾的以色列人，再次向上帝求助。上帝這次所選的士師是瑪拿西支派的**基甸**。

某天晚上，上帝的使者出現在基甸面前，傳達上帝之命。基甸受命後，便來到大街小巷中，拆毀異教的神明**巴力**（Baal）的祭壇。其中還包括他父親搭建的祭壇。

祭壇遭到破壞，民眾害怕巴力降怒，而打算殺了基甸。此時，基甸的父親醒悟，便站出來替兒子說話：「巴力若要發怒的話，會自己發怒的。」

以少數精銳士兵擊退米甸人

米甸人如往常一般，越過約旦河入侵。基甸帶著三百名士兵組成的精銳部隊，趁夜晚奇襲。

以色列軍一齊吹響號角，手持火炬，高喊「主之劍、基甸之劍」，讓敵軍自亂陣腳。米甸軍在混亂中自相

關鍵詞

◎ **巴力神**

古代敘利亞、巴勒斯坦地區所信仰的暴風雨之神，也被視為農耕神。巴力神信仰認為，巴力與女神的性交能帶來豐饒，由於以色列人民也深受這種觀念的影響，因此受到耶和華信徒的強烈批判。

殘殺，最後敗逃。

失去士兵後，米甸王也跟著逃竄，基甸趁勝追擊。途經**疏割**和**毗努伊勒**時，基甸向當地人求糧遭拒。於是，基甸咬緊牙關，繼續進軍，並在加各一舉攻下在此休息的敵軍。基甸在敵陣中過關斬將，最後手刃米甸王。接著，他懲罰了疏割居民，並摧毀毗努伊勒城。

基甸完成豐功偉業，以色列人懇求他登基為王，但基甸婉拒說：「只有上帝才能統治人民。」之後，以色列維持了四十年的和平。

基甸挺身對抗米甸人

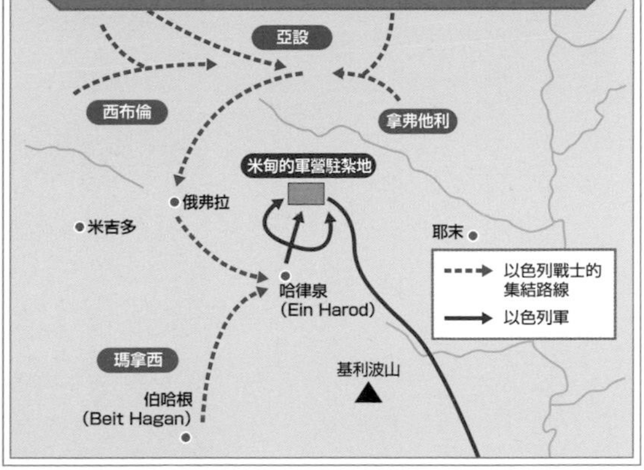
亞設
西布倫
拿弗他利
米甸的軍營駐紮地
俄弗拉
米吉多
耶末
以色列戰士的集結路線
以色列軍
哈律泉
(Ein Harod)
瑪拿西
基利波山
伯哈根
(Beit Hagan)

聖經的軼事

｛曾打算成王的男人．亞比米勒的故事｝

基甸的七十個兒子中，其中一個是他和住在示劍的側室所生，名叫亞比米勒的男子。他要求登上基甸婉拒的王位，還打算殺害所有兄弟。只有么子約坦潛逃出來，他向示劍的人民宣稱，亞比米勒是個非常危險的人物。然而，亞比米勒還是掌控了示劍，並且自稱以色列王。不久之後，當示劍的眾首長打算脫離亞比米勒時，亞比米勒就將這些造反者一網打盡。接著又進攻示劍東北的提備斯，但此時他也氣數用盡。一名躲在塔中的女子，將石磨扔下時，不偏不倚地砸破了亞比米勒的頭。最早的「以色列王」的統治，只持續了三年之久。

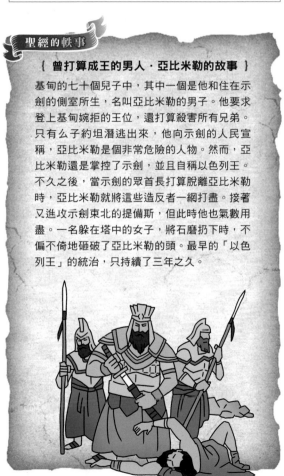

舊約

參孫

對抗非利士人的士師

出處
〈士師記〉第13章～第16章

POINT
- 參孫在各地殺害非利士人。
- 非利士人打探參孫的弱點。
- 參孫被擒後，為殺非利士人而犧牲性命。

◆難過美人關的英雄參孫

在**非利士人**統治下的以色列，一名男嬰誕生了。當他還在母親腹內，就被上帝揀選為**拿細耳人**，之後長成了一名精悍的年輕人。

這名男子正是士師**參孫**，一個力大無窮的英雄，同時也是一個難過美人關的男人。他的人生中有兩個關鍵人物，分別是兩名女子。

首先是成為他的妻子的非利士女性。婚宴上，參孫以上等的衣服為賭注，向三十名非利士的賓客出了一道謎題。賓客們解不出謎題，便威脅他的妻子。妻子就央求參孫：「如果你愛我，就告訴我答案。」讓參孫說出了解答。這個答案立刻傳開，謎題被破解，衣服也到了賓客的手中。但參孫立刻知道自己受騙上當，因此殺了三十名非利士人。

◆賭上性命的最後復仇

後來，參孫藉由神授之超人般的巨大蠻力，接二連三地克服種種挑戰，卻又因第二名女子**大利拉**，使他走向了毀滅。

在非利士人提出的一千一百舍客勒銀兩的誘惑之下，大利拉數度向參孫打探他的弱點，卻一直無法如願。在大利拉的死纏爛打之下，最後參孫

關鍵詞

◎ **拿細耳人**

意指上帝所揀選出來的人，不過並非指特定的家族或民族。雖能一輩子擁有巨大蠻力，但被禁止做以下三件事：飲烈性飲品或吃釀酒的原料——葡萄、剪髮、靠近屍體。

詳細解說

其他靠著巨大的蠻力，化解危機的故事包括：參孫在亭拿遭獅子攻擊，反而徒手撕裂了那隻獅子；他被猶大的民眾交出去給非利士人時，反而用驢子的下顎骨殺死了一千名非利士人等等。

終於說出祕密，他只要剪掉頭髮，就會失去力量。

知道了這個祕密，大利拉便趁著參孫睡著時，剪去他的頭髮，奪去他的力量。

於是參孫被擒，並被帶往**迦薩**，挖去雙眼，銬上腳鐐，做推磨的苦力。

某天，迦薩舉行慶典時，把參孫找來當成餘興節目。此舉讓參孫得到了復仇之機。因為，他的頭髮已開始長長，力量也逐漸復甦了。

參孫抓住建築物的支柱，一邊向上帝禱告，一邊使出渾身解數，將建築物扳倒。他自己犧牲了性命，同時也讓一大群非利士人跟著他一起喪命。

參孫時代之非利士人的擴張
猶大人與非利士人的邊境
約帕
基色
米斯巴
非利士
以革倫
地中海
耶布斯
（耶路撒冷）
但支派的軍營駐紮地
亞實突
迦特
伯示麥
伯利恆
猶大
亞實基倫
參孫在大袞的神殿中喪命
拉吉
希伯崙
迦薩
參孫將獅子撕裂

舊約

路得記

對婆婆不離不棄的外邦妻子

出處
〈路得記〉

POINT
- 路得跟隨拿俄米前往伯利恆。
- 心靈純潔的路得與波阿斯共結連理。
- 路得的家譜延續至大衛。

為婆婆拾穗的路得

在猶大的**伯利恆**村中，住著一個富裕的人家，那是**以利米勒**和他的家人。伯利恆發生饑荒時，他們一家遷居至**摩押**，可沒多久後，以利米勒便突然死亡。其妻**拿俄米**和兩個兒子為討生活而努力工作，最後兒子們和摩押的女子結婚。大媳婦名叫**路得**，二媳婦名叫俄珥巴。

不過由於兩個兒子的身體原本就不健壯，因此相繼死亡。喪子的拿俄米決心回到伯利恆，而與兩名媳婦討論未來的去留。兩名媳婦聞言，都說要跟隨婆婆，但拿俄米苦勸她們回娘家。俄珥巴百般不捨地答應了，可路得不聽勸，最後跟著拿俄米一同向伯利恆出發。

兩人抵達伯利恆時，正好遇上收割大麥的時節。路得為了做麵包給年紀老邁的婆婆吃，就努力在麥田裡**拾穗**。她無意間走進了**波阿斯**的田裡，而波阿斯正是拿俄米的親戚。波阿斯聽聞路得的人品後十分感動，便命令收割大麥的人多留一點麥穗在田中。

得知親戚波阿斯對路得懷有好感的拿俄米十分開心，並設法讓兩人結為連理。

路得與波阿斯結婚，成為耶穌的祖先

路得雖為外邦人，但依歸了以色列的上帝，也贏得了身邊眾人的喜愛。因此能與路得結婚，對波阿斯而言也是一件可喜可賀之事。波阿斯買回以利米勒過去擁有的土地後，便向路得求親。路得答應了這樁婚事，兩人之間便生下了名為**俄備得**的男孩。俄備得又生下**耶西**，而耶西的兒子是**大衛**，大衛的後裔就是**耶穌**。

換言之，追溯彌賽亞的祖先，就會找到心地善良的摩押人路得。

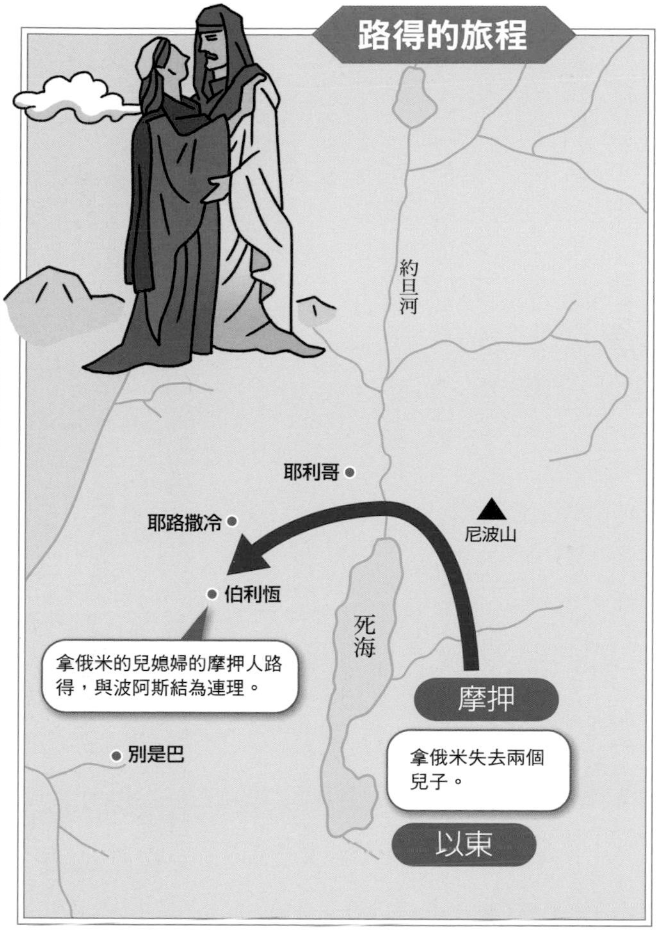
路得的旅程
約旦河
耶利哥
耶路撒冷
尼波山
伯利恆
死海
拿俄米的兒媳婦的摩押人路得，與波阿斯結為連理。
別是巴
摩押
拿俄米失去兩個兒子。
以東

從藝術看聖經

◆拾穗

貧窮人家或外邦的居留者有權利在收割結束後，進入田裡撿拾掉落的麥穗。這其實是摩西為窮人所定下的其中一項律法。過去，田地的主人不得撿拾田地裡落下的麥穗。收藏在法國奧塞美術館的米勒的著名畫作《拾穗》，就是在描寫這樣的情景。

詳細解說

為了使波阿斯與路得結為連理，拿俄米要路得悄悄潛入波阿斯的寢室。波阿斯看到路得突然出現時，儘管十分驚訝，但兩人還是共結連理，並從此產生出延續至大衛、耶穌的家譜。

但支派的遷徙與便雅憫支派的暴行

出處

〈士師記〉第18章～第21章

POINT

- 受不了非利士人的威脅，但支派遷徙至他地。
- 但支派放火燒拉億城，並定居此地。
- 便雅憫支派的男人因施暴而遭到討伐。

攻入拉億城，改其城名

因為住在地中海沿岸地區的非利士人不斷對**但支派**造成威脅，所以長期以來，但支派是唯一沒有固定領土的一族。士師時代末期，他們看上了**拉億**這塊土地。

首先，但支派選出五名勇士，組成偵察隊，潛入拉億城。他們回報說：「拉億土地上的居民，安居無憂，且土地遼闊，一切俱全。」但支派便派出六百名武裝士兵進攻拉億城。

他們沿路上搶奪神像和祭司，又放火燒城。之後，加以重建、定居，並為該城取了一個新名稱——「**但**」。

瀕臨滅族危機的便雅憫支派

另一方面，一個住在**以法蓮**山腳下之利未支派的男子，對**便雅憫支派**懷著強烈的恨意，因為他的妻子就是被便雅憫支派的人徹夜凌辱後死去的。

他將妻子的遺體切成十二塊，送去請以色列十二支派的人公斷。眾人得知這樁慘案後，便組成聯軍，攻打便雅憫支派，將該族消滅到只剩最後六百名逃兵。後來，聯軍開會決定，各族都不再將女兒嫁給便雅憫人，這就代表以色列的十二支派中，將有一個支派消失。

雖說犯下了大罪，但聯軍還是不希望讓同胞滅族。於是，他們攻打沒有參戰的**基列雅比城**，從城中帶回四百名年輕女子，將她們送給便雅憫人當妻子。之後，又准許便雅憫人在一年一度的慶典上，從跳舞的年輕女子中選出妻子，帶回自己的土地。於是他們就逃過了其中一個支派被滅族的危機。

但支派的遷徙

西頓
推羅
瑪迦
拉億
亞柯
米吉多
約旦河
基列雅比
示劍
約帕
但支派的宿軍營駐紮地
基列耶琳
亞實突
耶路撒冷
伯利恆

但支派的人受不了非利士人的侵略，而從迦南南部一口氣北上。此次遷徙對但支派後世的命運，產生了絕大的影響。

對抗便雅憫之戰

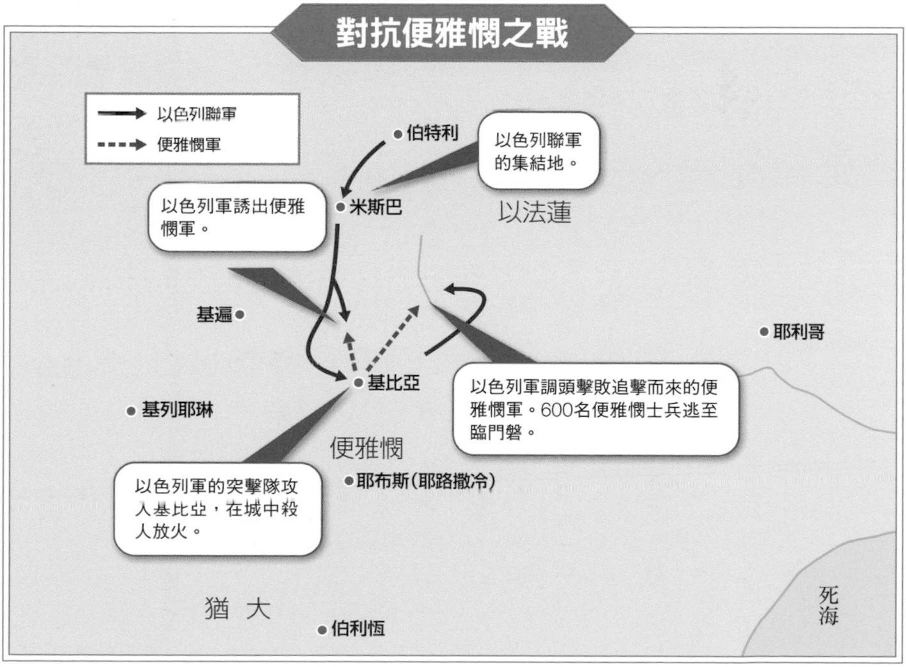
以色列聯軍
便雅憫軍
伯特利
以色列聯軍的集結地。
以色列軍誘出便雅憫軍。
米斯巴
以法蓮
基遍
耶利哥
基比亞
以色列軍調頭擊敗追擊而來的便雅憫軍。600名便雅憫士兵逃至臨門磐。
基列耶琳
便雅憫
耶布斯(耶路撒冷)
以色列軍的突擊隊攻入基比亞，在城中殺人放火。
猶 大
伯利恆
死海

舊約

撒母耳記

降臨以色列的先知

出處

〈撒母耳記上〉
第1章～第6章

POINT

- 撒母耳三歲時，被託付於示羅的聖所。
- 撒母耳聽見上帝的聲音。
- 約櫃被非利士人奪去。
- 撒母耳成為著名的先知。

獻給上帝的哈拿之子

西元前一一〇〇年前後，**哈拿**前往敬拜中心地的**示羅**，向上帝祈禱：「若能賜我一個兒子，我就將他獻給上帝。」哈拿的聲音上帝聽見了，後來他生下的男孩取名為**撒母耳**。撒母耳三歲時，哈拿依照約定，帶著兒子到示羅。撒母耳在那裡成為大祭司**以利**的徒弟。

以利也有兩個兒子，他們盡做些背棄上帝的事，但以利只有輕微地加以斥責。於是上帝憤怒地做出懲罰，讓兩個兒子死去，使以利家再也沒有後繼之人能出任祭司。

某夜，撒母耳聽到有人在呼喚他，便來到以利面前。以利說他沒有呼喚撒母耳，並告訴撒母耳那是上帝在對他說話。從此以後，撒母耳就得到了與上帝對話的能力。

終於從非利士手中奪回領土

當時，以色列人受到非利士人的統治，生活苦不堪言，因此想起了過去曾製造奇蹟，讓耶利哥城牆坍塌的「**約櫃**」，並以「約櫃」為頭陣，對非利士人進行反擊。卻還是打不過團結合作的非利士軍，甚至連「約櫃」也被對方奪去。以利聽聞此事，震驚得跌了一跤，結果因摔斷頸骨而亡。

另一方面，「約櫃」落入非利士人的手中後，在所到之處引發災禍。非利士人因無法承受，而將「約櫃」放在母牛的拖車上，並觀察母牛的去向。結果，母牛一路朝著以色列前進。「約櫃」在相隔七個月後，回到以色列人手中。

二十年後，撒母耳成為遠近馳名的先知，並召集士兵，企圖攻打非利士。非利士察覺他們的行動、展開突擊，但因為上帝製造雷鳴，讓非利士軍陷入混亂而潰敗。最後以色列終於收復領土。

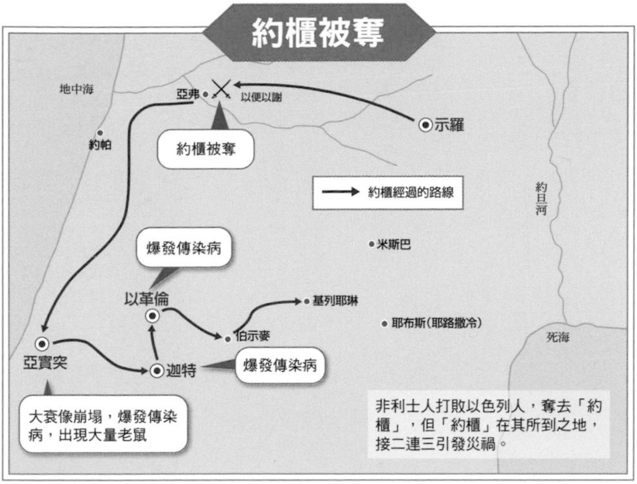
約櫃被奪
地中海
亞弗
以便以謝
示羅
約帕
約櫃被奪
約櫃經過的路線
約旦河
米斯巴
爆發傳染病
以革倫
基列耶琳
伯示麥
耶布斯(耶路撒冷)
死海
亞實突
迦特
爆發傳染病
大袞像崩塌，爆發傳染病，出現大量老鼠
非利士人打敗以色列人，奪去「約櫃」，但「約櫃」在其所到之地，接二連三引發災禍。

迷你知識

約櫃與其下落

據傳，「約櫃」是一個木製的長方形箱子，裡面放著刻有十誡的石板。但在頻頻發生的混亂之中遺失，至今仍不知去向。關於「約櫃」的下落眾說紛紜，有人說被先知耶利米藏在尼波山上，有人說是藏在梵蒂岡的地下，還有人說被搬運到衣索比亞去了。

約櫃

先知

關鍵詞

◎ 先知

向眾人傳達上帝的旨意，或向上帝傳達眾人的想法。上帝與人類之間的仲介者。一般認為，撒母耳是第一位先知。先知傳達的內容十分多樣化，從日常的事務到國家的未來，無所不包。以色列史上，每每遇到國政危機時，都一定會有先知出現，對人民提出警告。

第一個國王掃羅

出處
〈撒母耳記上〉第9章～第12章

POINT
- 應人民的要求，而產生國王。
- 掃羅被揀選為第一代的國王。
- 掃羅因擊退非利士人而得到民眾信賴。

在動亂的以色列中誕生的第一個國王

撒母耳有兩個兒子，但他們不同於父親，是收受賄賂的惡人。因此，有愈來愈多的長老，開始要求要另立國王。撒母耳相信只有上帝才是唯一而絕對的，因此拒絕這項要求，但上帝告訴他：「順著他們所說的去做吧。」

於是，上帝選出的國王是比誰都高大、比誰都俊美之**便雅憫支派**的青年，他名叫**掃羅**。掃羅接受撒母耳的「**膏立**」儀式，成為國王。

一部分的人民並不承認掃羅，掃羅生性寬大而謙遜，也就沒有強迫他們。就在此時，約旦河東岸的城市，遭**亞捫人**包圍。亞捫人提出要求：「只要將所有居民的右眼挖出來，就給你們和平的生活。」掃羅聽了十分憤慨，因此率三十三萬大軍，擊敗了亞捫人。自此之後，再也沒有人質疑掃羅的實力。

人民要求王權統治的真正原因

據說，以色列人希望王權統治的真正原因，是不堪**非利士人**的威脅。非利士人屬於「**海上民族**」的其中一派，他們先是攻擊埃及，而後定居在

關鍵詞

◎ **膏立**
古代以色列任命國王、先知、祭司等人選時，所舉行的儀式。在頭上淋上橄欖油，以表示上帝賜予其特別的力量。

◎ **海上民族**
自西元前十三世紀末至十二世紀，為尋找移居地，而攻擊埃及等地中海沿岸各國之多個東地中海種族的總稱。雖然他們攻打埃及失敗，但西台等王國卻在他們所引發的混亂中崩解。他們原本的居住地區位在小亞細亞西部，此地區所發生的飢荒，應該就是使他們出兵的直接原因。這些海上民族中的其中一個民族，就是非利士人，後來他們定居於迦南沿岸，並慢慢往內陸推進。

迦南沿岸。他們使用鐵製武器，侵入內陸。以色列若想與之對抗，就必須擁有中央集權的政治體制與軍人組織，因此非得走入王權統治不可。

王權統治的利弊

弊處

- 王位會提高至與上帝相同的高度。
- 人民會化作國王的奴隸。
- 國王施行暴政時，即使人民抗議，國王也不會放在眼裡。

利處

- 有一個可向所有支派發號司令的人物，因此能編列出有組織且強大的軍隊。

→能對抗非利士人。

撒母耳任命
掃羅為王

非利士人留下的痕跡

定居於迦南沿岸一帶的非利士人，開始手持鐵製武器，侵略以色列人居住的土地。
非利士人
但
夏瑣
亞柯
多珥
阿富拉(Afula)
帖爾・洗羅
(Tell Zeror)
米吉多
貝特謝安(Beit She'an)
地中海
約旦河
德阿拉(Deir Alla)
卡西勒(Qasile)
伊茲貝・查爾塔(Izbet Sartah)
亞弗
約帕
亞索(Azor)
伯特利
帖爾・安納斯貝(Tell en-Nasbeh)
摩爾(Mor)
基色
耶路撒冷
亞實突
以革倫
伯示麥
死海
亞實基倫
拉吉
阿捷勒(Ajjul)
迦薩
代爾巴萊赫
(Deir al Balah)
迦特
■ 非利士人的主要城市
● 留下非利士人文化痕跡的主要遺跡

舊約

掃羅 2

掃羅逐漸失去民心

出處

〈撒母耳記上〉
第13章～第27章

POINT

- 掃羅不等撒母耳到來，就擅自進行儀式。
- 掃羅因不服從上帝而造成人心叛離。
- 掃羅開始對大衛感到嫉妒。

◆撒母耳對於掃羅的不順從上帝感到失望

原本為人謙遜的**掃羅**，在累積愈來愈多的戰績後，逐漸生出傲慢之心，且失去了對上帝的虔誠。**密抹之役**時，以色列軍與非利士軍派出的三萬戰車和六萬騎兵對峙。因**撒母耳**姍姍來遲，以色列軍紛紛逃走，最後只剩六百人。掃羅擔心士兵繼續減少，故不等撒母耳前來主持，就擅自獻祭。幸好有信仰虔誠的**約拿單**在戰役中大顯身手，才奇蹟式地贏得勝利。但撒母耳也因此開始對掃羅感到不信任。後來，掃羅又無視於「將**亞瑪力人**殲滅」的上帝命令，這次的行為讓撒母耳徹底感到失望，並自他身邊離去。

正當撒母耳感到沮喪之際，上帝告訴他已經找到掃羅的繼承人了。撒母耳按上帝所言，前往**伯利恆**，拜訪那裡的領主**耶西**。耶西有七個兒子，而上帝指名由牧羊的么子**大衛**為王。當撒母耳對大衛進行膏立時，上帝突然顯靈，大衛身上開始發出光芒。

◆掃羅因嫉妒大衛而企圖殺害

至於掃羅，則是由於失去了上帝的眷顧，因此變得身心恍惚，精神不

從藝術看聖經

◆大衛與歌利亞

歌利亞是一個身高達三公尺，巨大無比的非利士男人。大衛只拿著木杖、甩石機弦，以及溪中撿來的五顆石子，就前來與他決戰。歌利亞一靠近，大衛僅僅用甩石機弦，擲出了一顆石子，那顆石子就打穿了歌利亞的額頭，使大衛贏得勝利。米開朗基羅著名的《大衛像》，就是在刻劃他當時的姿態。

《大衛像》米開朗基羅

濟。臣僕擔心掃羅，故召請「彈琴高手」來宮中演奏。琴手的演奏讓掃羅的心靈得到療癒，不過這名琴手其實就是大衛。大衛以音樂治療師的身分受雇於宮中，與約拿單成了摯友。

某天，大衛打倒個頭高大的非利士人**歌利亞**，一夕之間成為英雄。掃羅因見大衛的人望高升而感到嫉妒，最後下令殺之而後快。但掃羅的女兒**米甲**已是大衛之妻，且在千鈞一髮之際助大衛脫困。

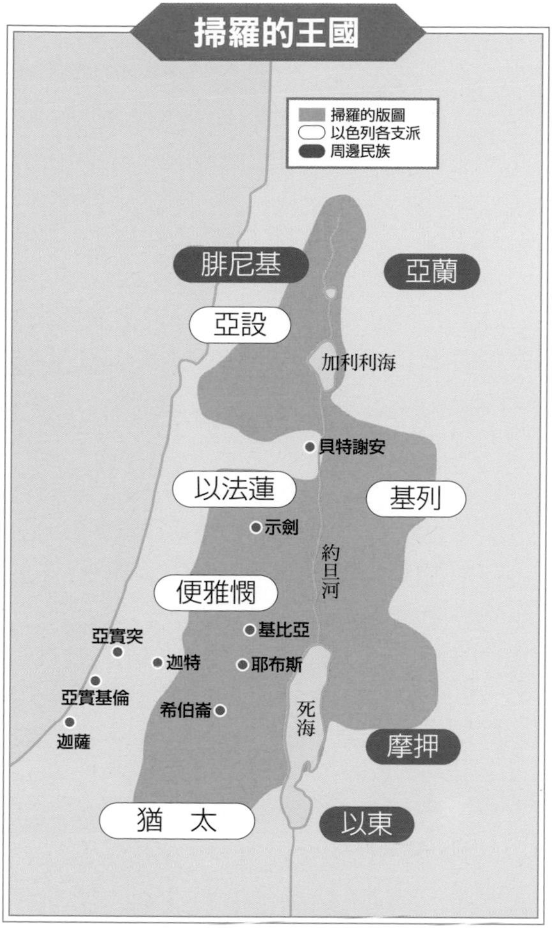
掃羅的王國
掃羅的版圖
以色列各支派
周邊民族
腓尼基
亞蘭
亞設
加利利海
貝特謝安
以法蓮
基列
示劍
約旦河
便雅憫
亞實突
基比亞
迦特
耶布斯
亞實基倫
希伯崙
死海
迦薩
摩押
猶 太
以東

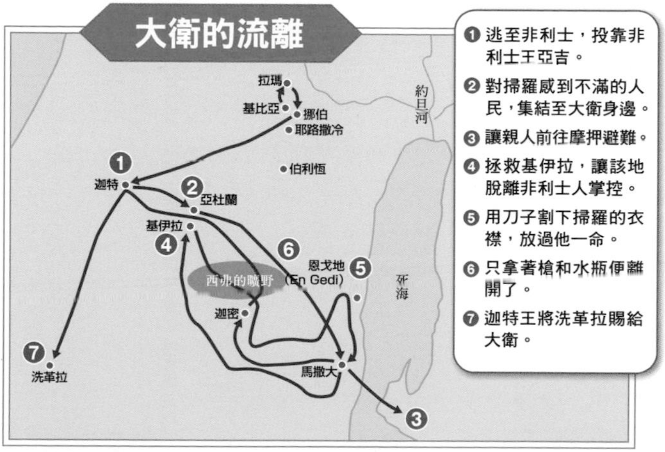
大衛的流離
拉瑪
基比亞
挪伯
耶路撒冷
約旦河
伯利恆
迦特
亞杜蘭
基伊拉
恩戈地
西弗的曠野
(En Gedi)
死海
迦密
洗革拉
馬撒大
❶ 逃至非利士，投靠非利士王亞吉。
❷ 對掃羅感到不滿的人民，集結至大衛身邊。
❸ 讓親人前往摩押避難。
❹ 拯救基伊拉，讓該地脫離非利士人掌控。
❺ 用刀子割下掃羅的衣襟，放過他一命。
❻ 只拿著槍和水瓶便離開了。
❼ 迦特王將洗革拉賜給大衛。

大衛透過米甲的幫助，在千鈞一髮之際逃離掃羅，但接下來也因掃羅的追殺而不停四處流亡。

掃羅的悲慘下場

出處
〈撒母耳記上〉第28章～
〈撒母耳記下〉第1章

POINT
- 大衛為了逃避掃羅，而流亡至非利士。
- 掃羅戰死。
- 大衛在猶大受封為王。

大衛因得到敵人庇護而存活下來

大衛為了躲避**掃羅**，轉而投靠非利士王**亞吉**。亞吉收留了「被掃羅追殺」的大衛，又將**洗革拉城**贈予他。

亞吉還打算帶著大衛上戰場，對抗以色列人。但因其他非利士人不信任大衛而反對此事，才讓大衛不必與以色列軍交戰，避開了同胞自相殘殺的局面。

掃羅悲慘的下場

另一方面，掃羅在上戰場與非利士對抗前，曾向上帝祈禱，可卻沒有得到任何回答。他又找上女靈媒，於是撒母耳顯靈，告訴他：「上帝已離你而去。你和你的兒子都會在明天戰死，以色列將敗給非利士。」

正如此言，第二天以色列大敗。包括長子**約拿單**的三名王子都戰死沙場，掃羅也身負致命重傷，在被追到無路可逃時，舉劍自盡。非利士人將他曝屍在**貝特謝安**的城牆上。最後是**基列雅比**居民因曾受掃羅幫助，而替他收屍、埋葬。

以色列失去了國王後，大衛和掃羅的支持者互相展開了內戰。大衛向上帝祈禱，上帝便指引他前去**希伯**

聖經的舞台

◎ **貝特謝安**（以色列）

位在迦南北部的城市。附近還有西拖波利（Scythopolis）的遺跡。非利士人在基利波山上打倒掃羅後，便在他們征服的這個地方，將掃羅及其兒子們曝屍於城牆上，以儆效尤。

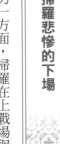

崙。希伯崙的人民熱烈歡迎大衛，並立他為**猶大**的王。

基利波山之役

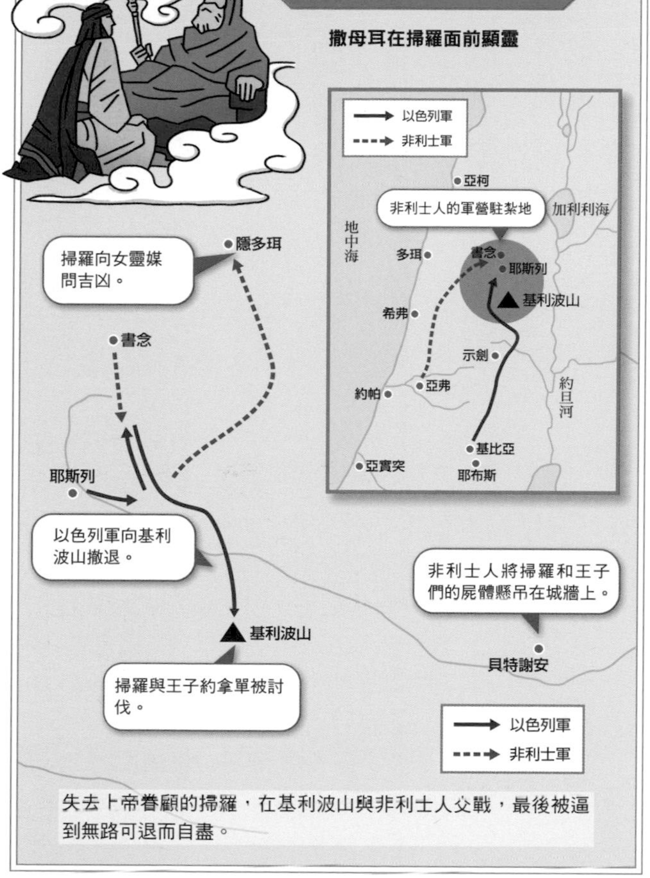
撒母耳在掃羅面前顯靈
以色列軍
非利士軍
亞柯
非利士人的軍營駐紮地
加利利海
地中海
多珥
書念
耶斯列
基利波山
希弗
示劍
約旦河
約帕
亞弗
基比亞
亞實突
耶布斯
掃羅向女靈媒問吉凶。
隱多珥
書念
耶斯列
以色列軍向基利波山撤退。
非利士人將掃羅和王子們的屍體懸吊在城牆上。
基利波山
貝特謝安
掃羅與王子約拿單被討伐。
以色列軍
非利士軍

失去上帝眷顧的掃羅，在基利波山與非利士人交戰，最後被逼到無路可退而自盡。

迷你知識

掃羅王權崩壞的實情

掃羅成為以色列的第一代國王後，為了方便統治，而設置了一個與國王有特別關係的新階級，並分封土地給他們。但新階級的成員盡是他的家人和族人，當時以色列人民對於這樣的變化，似乎頗為抗拒。表面上我們所看到的是掃羅與撒母耳之間的不睦，不過換個角度來看，其實就是打破以往統治體制、奠定集權專制的國王，與意圖阻止此舉的傳統領導權力之間的對立。大衛成功地在這樣的對立之中，見縫插針，奪得地位。

掃羅自盡

舊約

大衛 1

大衛一統南北江山

出處
〈撒母耳記下〉第2章～第5章第16節

POINT
- 押尼珥向大衛投誠。
- 伊施波設被殺，大衛成為國王。
- 大衛攻占耶路撒冷，將其設為首都。

大衛軍因將軍背叛而得到優勢

伊施波設是掃羅唯一活下來的兒子，於是他繼承了王位。然而，伊施波設的將軍**押尼珥**投奔敵營，使得情勢急轉直下。**大衛**開出條件，只要押尼珥為他帶來過去的妻子**米甲**，他就雇用押尼珥。大衛打算和掃羅的女兒米甲再婚，藉此成為正式的王位繼承人。雖然押尼珥答應了，但由於率領大衛軍的司令官**約押**，對曾經殺了他弟弟的押尼珥懷恨在心，因此使用誘騙的手段殺了押尼珥。大衛勃然大怒，可約押是在「逃城」殺人，所以無法加以懲治。

大衛成為以色列全境的王

伊施波設軍隊裡的人，都害怕大衛的力量，兩名想要巴結大衛的男人，殺了伊施波設。他們帶著伊施波設的首級前去見大衛，反而遭到大衛嚴厲處罰。

不過總之，掃羅的兒子都不在人世，大衛便成為統治以色列全境的王，並將首都設在南部猶大和北部以色列之間的**耶路撒冷**。上帝答應讓大衛的王朝流傳千古。後來，大衛率領的以色列軍征服了迦南各地。

迷你知識

耶路撒冷的攻城法

耶路撒冷原本是耶布斯人的城邦，以固若金湯的城牆為自豪。當時建有從山丘上連結到城市中的地下水道，以提供居民用水。據說，大衛在攻打此城時，就是讓士兵們從山丘上的地下水道入侵該城，並加以占領。到了希西家的時代，這個地下水道被改建，用來在戰爭中保衛城市。

大衛出征的南征北討
以色列王國
附屬領地
聯合王國
攻打瑣巴王哈大底謝，將前來救援的亞蘭人一併打倒。
哈馬
塔德莫（Tadmor）
腓尼基
比布魯斯
亞蘭
地中海
征服大馬士革，重整部隊。
西頓
大馬士革
推羅
約旦河
基列的拉末
大破亞捫人，強制他們做苦力。
徹底剷除非利士人的勢力。
約帕
以色列
亞捫
亞實突
耶路撒冷
非利士
迦薩
希伯崙
死海
洗革拉
摩押
打敗摩押人，抓來當奴隸。
埃及
以東
在鹽谷打敗以東人。
大衛軍出征

大衛成為統一以色列的國王，讓周邊的民族一一臣服，逐漸擴大統治版圖。

舊約

大衛 2

拔示巴事件

出處

〈撒母耳記下〉第11章～第12章

POINT

- 大衛侵犯身為有夫之婦的拔示巴。
- 大衛設計讓烏利亞戰死。
- 大衛破戒律，受上帝懲罰。

大衛使身為有夫之婦的美人懷孕

大衛雖是上帝揀選的國王，為以色列向各地出征，不過他在此時也犯下了重罪。**拔示巴**是個美麗的有夫之婦，她出浴時被大衛看見。大衛對拔示巴動心，就與她共度春宵，使她懷有身孕。當時拔示巴的丈夫**烏利亞**正在戰場上打仗，大衛召他回來，想遣他回妻子身邊，好隱瞞自己犯下的罪。

因大衛的計策而殞命的烏利亞

但烏利亞不從，大衛便下令，要讓他於戰場上的最前線戰死。烏利亞死後，大衛便娶拔示巴為妻。

大衛因違反十誡而遭上帝嚴懲

上帝不可能允許這麼無法無天的作為。因為十誡中，大衛就犯下了「不可殺人、不可姦淫、不可偷盜、不可做假見證、不可貪圖」的五誡。上帝告訴他，為了懲罰他，他即將出世的兒子將在出生後立刻死亡。大衛禁食、睡在土壤上，懇求上帝寬恕，可上帝不肯原諒，因此生下來的兒子在七天後就夭折了。

聖經的軼事

遭到利用的米甲

掃羅因大衛打倒歌利亞，才心不甘情不願地將女兒米甲賜給大衛作為獎賞。米甲深愛大衛，但大衛想要的只是她身為公主的血統。後來，大衛將再嫁他人的米甲帶回到自己身邊，也是為了自己的利益。證據就在於，大衛即位後便徹底迴避米甲。最後米甲一直未能生下一兒半女，一個人孤獨死去。

拔示巴事件與上帝的制裁

①即將出世的兒子必定夭折。
→和拔示巴所生的兒子，一生下來就立刻死亡。

②家庭中將接二連三發生刀光劍影的災禍，紛爭得不到平息。
→兒子押沙龍殺害兄長，之後又叛變，讓大衛王族陷入混亂。

③大衛的妻妾將被近親奪去，並遭到公然侵犯。
→押沙龍占領耶路撒冷，侵犯大衛的后妃們。

拔示巴沐浴

大衛家族

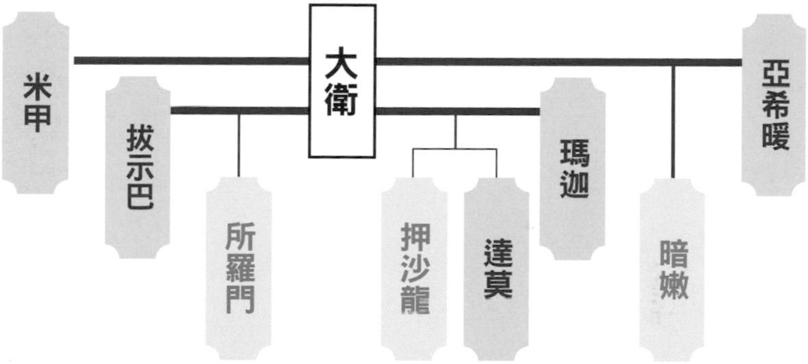
大衛
米甲
拔示巴
所羅門
押沙龍
達莫
瑪迦
暗嫩
亞希暖

聖經的舞台

◎ **大衛塔**（以色列）

據傳，這裡就是走在王宮屋頂上的大衛，見到拔示巴沐浴的地方。〈雅歌〉中描繪道「你的頸項好像大衛建造收藏軍器的高臺」。但實際上，這座塔興建於中世紀，很遺憾地和大衛毫無關係。據說是因為拜占庭時代的基督徒為它取了這個名稱，才讓此處有了關於拔示巴的傳說。

押沙龍的叛變

出處
〈撒母耳記下〉第13章～第18章

POINT
- 押沙龍因妹妹被侵犯而進行報復。
- 押沙龍意圖篡奪王位，發動叛變。
- 大衛敗退，逃出耶路撒冷。
- 大衛打倒押沙龍後，重返王位。

◆大衛一家發生的三大罪

上帝對**大衛**降下的**懲罰**還沒有結束，他有大約十個妻子、四十個兒子，其中長子**暗嫩**因愛上同父異母的妹妹**達莫**而強行侵犯她。而且侵犯後就熱情退去，轉而產生恨意，冷漠以待。親哥哥**押沙龍**得知此事，就殺了暗嫩復仇，並逃亡到基述。近親相姦、強姦、殘殺手足的三項大罪，都發生在大衛家中。

◆將間諜送入敵軍，與兒子抗戰

三年後，大衛原諒押沙龍，將他叫回耶路撒冷。卻不知道押沙龍意圖篡奪王位，且已花了四年時間做好打倒父親的準備。某天早上，押沙龍動身前往希伯崙。押沙龍是一名美貌的青年，因此得到了眾人的支持，一到希伯崙就宣布即位。並率領傭兵攻占耶路撒冷，大衛也不得不逃出都城。大衛軍元氣大傷，便派出名為**戶篩**的男子潛入押沙龍的軍隊。戶篩讓押沙龍相信了他的假忠告，藉此為大衛爭取到時間。因此，大衛才能先逃到安

關鍵詞

◎ **大衛軍**

大衛軍中，雅朔班、以利亞撒、沙瑪，合稱「三勇士」。「三勇士」之下還有一個稱為「三十勇士」的組織，這個組織是由約押的兄弟亞比篩所率領，約押則是軍隊的司令官。這些人就是大衛軍團中的核心成員。

聖經的軼事

{ 掃羅的子孫 }

大衛得知以色列王國之所以發生饑荒，是因為掃羅所犯下的過錯，便按照上帝的律法，將掃羅的七名子孫交給基遍人。據說，大衛將七人被處決後的骨骸，埋葬在掃羅的墓中。但實情似乎是大衛一邊除去了心頭大患的掃羅後裔，一邊把表面工夫做得面面俱到。

全地帶，重整軍隊，以萬全的態勢向押沙龍應戰。出戰時，大衛下令不得殺害押沙龍，但軍隊司令官**約押**無視此令，殺了押沙龍。得知押沙龍已死後，押沙龍軍全數潰逃，大衛軍獲得勝利。大衛再次成為統治以色列全境的王。

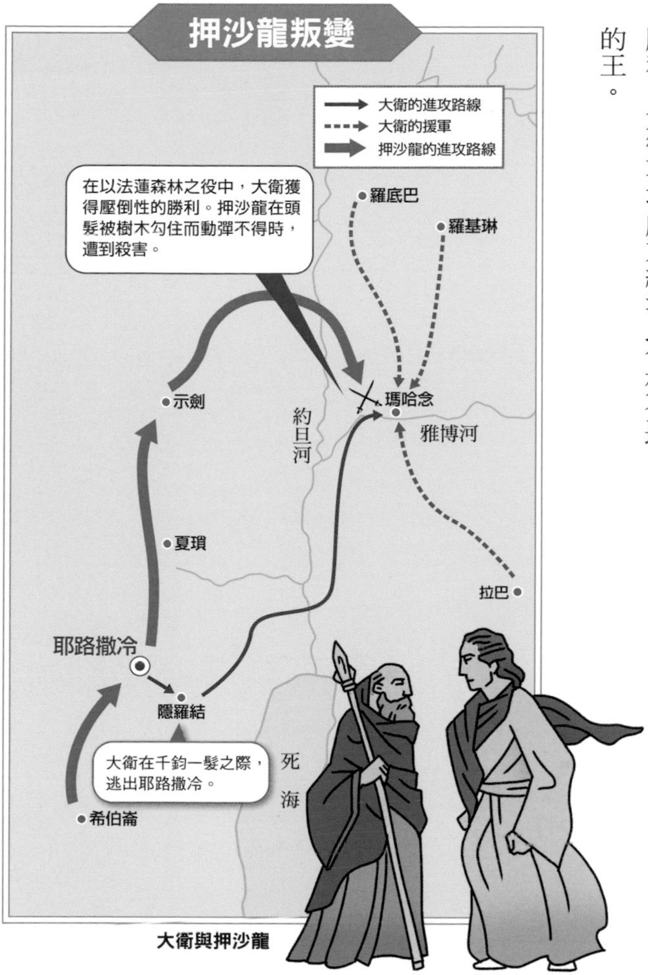
押沙龍叛變
大衛的進攻路線
大衛的援軍
押沙龍的進攻路線
在以法蓮森林之役中，大衛獲得壓倒性的勝利。押沙龍在頭髮被樹木勾住而動彈不得時，遭到殺害。
羅底巴
羅基琳
示劍
瑪哈念
約旦河
雅博河
夏瑣
拉巴
耶路撒冷
隱羅結
大衛在千鈞一髮之際，逃出耶路撒冷。
死海
希伯崙

大衛與押沙龍

聖經的舞台

◎ **大衛城**（以色列）

耶路撒冷舊城的遺跡，據說是由大衛所興建。一九七〇年和八〇年代所進行的考古調查，挖掘出了階梯式的建築物。曾有一說指出，這個建築是大衛時代所建。此外，如今已知從初期的迦南時代開始，就已有人居住在此地。

◎ **押沙龍紀念碑**（以色列）

位於橄欖山（Mount of Olives）山腳的紀念碑，有著狀似小矮人尖頂帽的屋頂。押沙龍被視為違抗父親之子的象徵，據說現在的父母會帶著不聽話的孩子來這裡，一邊向紀念碑投擲石頭，一邊告訴孩子，小時候不聽話，長大就會變成這樣。

舊約

所羅門 1

所羅門登場

出處

〈列王記上〉第1章～第2章

POINT

- 亞多尼雅想繼承大衛的王位。
- 亞多尼雅召集親信，舉行登基宴會。
- 所羅門正式受封為王後，肅清了亞多尼雅派系的黨羽。

亞多尼雅意圖繼承大衛之王位

大衛老後，是由美麗的處女**亞比煞**來服侍照料。後來，大衛連蓋著毛毯仍嫌冷，任誰都能感受到國王的死期已近。此時，浮上檯面的正是王位繼承的問題。大衛在世的兒子中，最年長的是**亞多尼雅**，他表現出一副自己就是王位繼承人的樣子，而大衛也沒有駁斥。

某天，亞多尼雅召集了五十名親信、和他關係良好的將軍約押，以及祭司**亞比亞他**，為自己舉行國王登基的宴會。而這場宴會並沒有邀請先知**拿單**、祭司**撒督**等大衛身邊的人。

所羅門王誕生，大衛長眠

然而，事實上還有另一位國王候選人，那就是大衛與**拔示巴**所生的**所羅門**。寵愛拔示巴的大衛，其實曾口頭答應過拔示巴，要立所羅門為下一任的國王。

先知拿單找來拔示巴，讓她去要求大衛讓所羅門即位。在拔示巴的請求和拿單的勸說之下，大衛也同意了此事。於是，先知拿單和祭司撒督為所羅門進行膏立儀式，以色列全境的新國王就此誕生。亞多尼雅在宴會中得知此事後怕所羅門降罪，便向他求饒。

當下所羅門原諒了亞多尼雅，可當亞多尼雅說出他想將服侍照料大衛的亞比煞討來做妻子時，所羅門就殺了亞多尼雅，又處決將軍**約押**，流放祭司亞比亞他。經過這一連串的肅清，所羅門拔除了所有的威脅。不久之後，大衛過世，結束了他在希伯崙七年、耶路撒冷三十三年，合計四十年的統治生涯。

聖經的舞台

◉ **所羅門的馬棚**（以色列）

〈列王記〉和〈歷代志〉中記載，所羅門在整頓軍事制度時，有許多用來栓戰車用的馬匹的馬棚。各地也發現了許多類似馬棚的遺跡，彷彿能證明聖經中的記載，但目前還無法確定這些遺跡是不是設於所羅門時代。

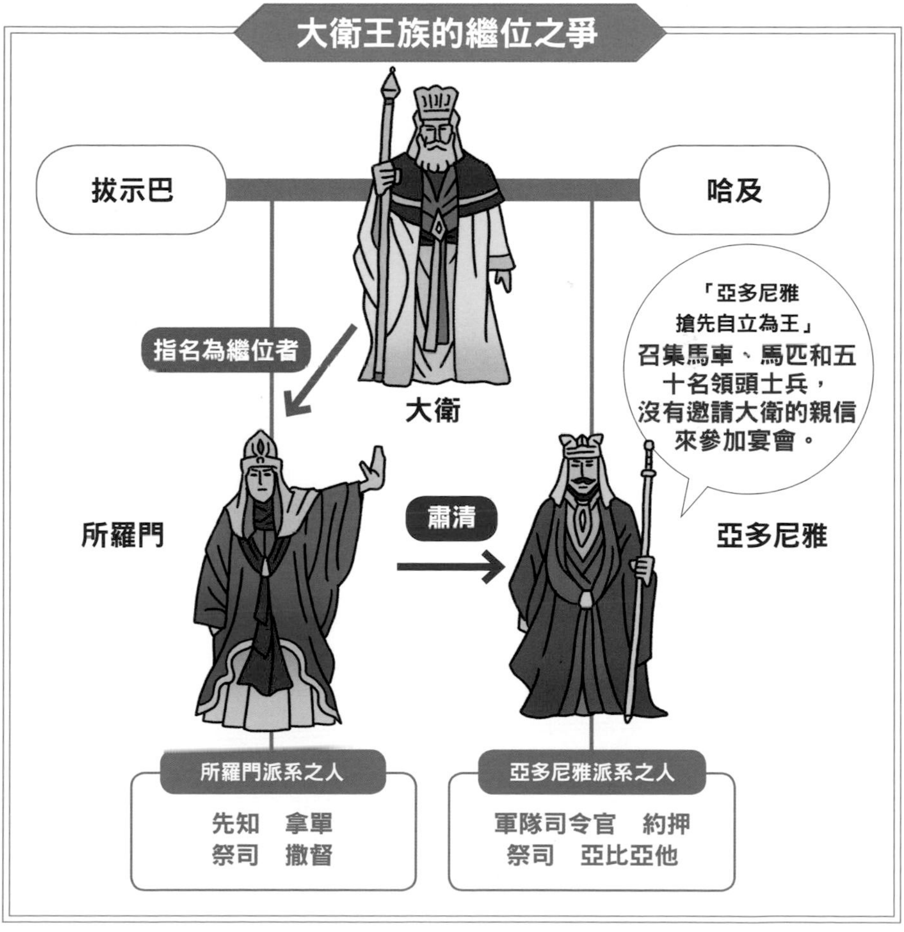
大衛王族的繼位之爭
拔示巴
哈及
大衛
指名為繼位者
「亞多尼雅搶先自立為王」
召集馬車、馬匹和五十名領頭士兵，沒有邀請大衛的親信來參加宴會。
所羅門
肅清
亞多尼雅
所羅門派系之人
先知　拿單
祭司　撒督
亞多尼雅派系之人
軍隊司令官　約押
祭司　亞比亞他

舊約

所羅門 ②

所羅門的智慧

出處

〈士師記〉第1章～第2章

POINT

◆所羅門得到上帝賜予的智慧。

◆示巴女王來訪以色列王國。

◆所羅門在耶路撒冷建造聖殿，因此得到上帝應許的繁榮。

所羅門的智慧來自上帝授予

所羅門繼承大衛之位後，先是娶埃及法老王的女兒為妻，與埃及締結友好關係。並根據大衛的遺言，遵從摩西的律例、誡命，服侍上帝，行上帝的正道。上帝見到所羅門的虔誠，便出現在所羅門的夢中，對他說：「不管你求什麼，我都能給你。」所羅門答道：「請賜給我**智慧**，讓我能明辨善惡，為主的子民做出公正的判決。」上帝一聽大為滿足，答應讓他成為一位賢明的君王。據說，所羅門來自上帝的智慧，勝過了自古以來擅長科學與天文的東方人及埃及人。出自所羅門之口的箴言高達三千句，詩歌高達一千零五首。

各國聽說傳聞後，紛紛派遣使節來到所羅門王的面前，其中還包括阿拉伯半島西南部的王國中的**示巴女王**。她帶著許多寶石、黃金、香料等奢侈品，前來試探他。所羅門將她迎入王宮後，辯才無礙地回答了她所出的各種難題。女王十分讚賞所羅門，將帶來的寶物全數獻上。所羅門也給了女王所有她想要的東西，做為回報。

詳細解說

一般認為的所羅門興建聖殿的地點，原本稱為俄斐勒山（Ophel），建設聖殿後才有了「聖殿山」的稱呼。

所羅門與示巴女王

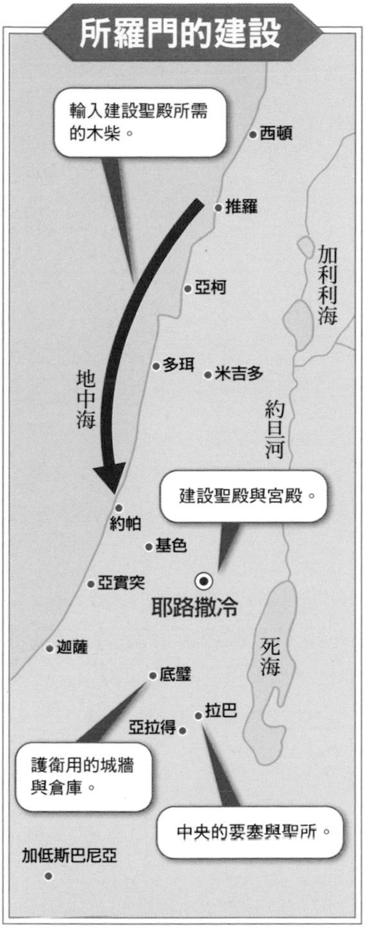
所羅門的建設
輸入建設聖殿所需的木柴。
西頓
推羅
亞柯
加利利海
多珥
米吉多
地中海
約旦河
建設聖殿與宮殿。
約帕
基色
亞實突
耶路撒冷
迦薩
死海
底壁
拉巴
亞拉得
護衛用的城牆與倉庫。
中央的要塞與聖所。
加低斯巴尼亞

建設聖殿，成為極為繁榮的王國

此外，所羅門耗費七年時間，建築大衛夢想中的聖殿，又耗費十三年建設王宮。建設出來的都是用黎巴嫩雪松所打造之裝飾豪華、色彩繽紛的氣派建築物。準備好所有的祭祀器具後，就將「**約櫃**」移至此處來安放，並舉行了盛大的儀式。上帝對此十分歡喜，便告訴所羅門他的心將常駐於此。

上帝答應，只要所羅門行的是正道，王國就能永垂不朽。以色列獲得上帝的祝福後，便得到了前所未有的發展與繁榮。

示巴女王之國
腓尼基
夏瑣
耶路撒冷
幼發拉底河
以色列
以旬迦別
埃及
阿拉伯
示巴女王的行經路線。
衣索比亞的憲法中明確記載，其國王為所羅門的後裔，但根據考古學上的推測，當時示巴女王的國家，應該位於阿拉伯半島南部，在現今的葉門附近。

聖經的軼事

｛嬰兒的審判｝

所羅門的智慧裡，包含了深刻的洞察力與判斷力。某次，有兩名婦人來請求所羅門裁決，兩人堅持她們帶來的那名嬰兒是自己的兒子。這時，所羅門突然舉起劍，說要將嬰兒一刀兩斷，分給她們一人一半。於是，其中的一名婦人哭喊著說要把嬰兒讓給對方。所羅門便做出了裁決：「這名婦人才是真正的母親。」據說，自此民眾對所羅門王更加敬佩了。

Column

《舊約聖經》的節慶3

七七節

七七節與逾越節、住棚節合為猶太教三大節期，希伯來文中則稱之為「Shavuot」（字意為星期之複數）。時間訂於逾越節隔天開始算起之第七週的日子。

七七節原為感謝麥子收成的節日，從大麥的收割開始，一直慶祝到七週後小麥收割之時。因為正好是從逾越節算起的第五十天，所以中文又譯作「五旬節」，希臘文則譯為「Pentecost」。

據說這個節日最初的起源，是農村裡的人向各地的大城鎮集中，將第一批收成的作物運送至聖殿裡。因為Shavuot也具有農業節的意義，所以要將最初收成的新鮮穀物和水果，帶到聖殿去供奉。

此外，根據口傳律法，這一天也是摩西在西奈山上獲得神授的妥拉（意即律法）的日子。

在耶路撒冷聖殿的西牆遺跡的「哭牆」前，會有群眾聚集，舉辦盛大的慶典。年滿二十歲的男子，就會前往耶路撒冷慶祝。

在猶太教堂中，會朗誦〈路得記〉。路得是猶太人最敬愛之大衛王的曾祖母。據說她本是摩押人，對以色列而言是個外邦女性，但她後來信從以色列的上帝，隨著婆婆前往伯利恆，在當地撿拾落下來的麥穗，並因這個機緣而嫁給後來的丈夫。傳說，大衛王就是在七七節這天出生，也是在這天過世。

舊約

4章

大國入侵下的王國興衰

舊約

王國分裂

以色列王國的分裂與南北王國的成立

出處

〈列王記上〉第12章～第16章

POINT

- 所羅門時代的民眾爆發不滿。
- 羅波安的統治失敗，造成王國南北分裂。
- 南北之間的衝突達兩世紀之久。

所羅門死後爆發內亂

全盛期的國王所羅門一死，以色列王國就爆發了內亂。大衛家族享盡榮華富貴，卻對民眾課以沉重的負擔，讓人民產生了不滿。

人民因為不信任繼承所羅門王位的**羅波安**，而召開集會討論。此時，曾經服侍所羅門，但因造反而流亡埃及的**耶羅波安**，也出席了這次集會。於是，他代表民眾要求國王減輕對人民的勞役。

幫助所羅門治國的老臣們，也勸諫國王傾聽民眾的聲音，可羅波安不肯採納建議，還放話說：「誰不滿，誰就得做更多的苦力，誰不服，誰就得接受懲罰。」

結果，只有**猶大**和**便雅憫支派**願意追隨羅波安，其他**十個支派**則占領了王國的北半部，決定自行獨立。於是大衛和所羅門的王國，就分裂成了北方的**以色列王國**和南方的**猶大王國**。

兩國間長達兩個世紀的衝突

其後長達兩世紀以來，兩國間的衝突不斷。北方的以色列王國內亂頻仍，加上長期受到外邦攻擊，最後於西元前八世紀後半，被**亞述王國**所滅。而南方的猶大王國，則在所羅門後裔的統治下，綿延了約三百五十年之久，最後為**新巴比倫王國**所征服。

聖經的舞台

◉ **示劍**（以色列）

位於耶路撒冷以北六十公里處的山谷城市。位處迦南的中央地帶，因此具有高度重要性，曾經是以色列王國的首都，而有過繁榮的發展。據信，亞伯拉罕來到迦南時，也曾在此建立祭壇，可說是一個十分重要的城市。

以色列王國的分裂

西頓
大馬士革
推羅
但
亞蘭
腓尼基
加利利海
亞捫
地中海
米吉多
基列的拉末
約旦河
撒馬利亞
約帕
以色列
耶路撒冷
非利士
迦薩
死海
希伯崙
別是巴
摩押
猶大
加低斯巴尼亞
以東

在羅波安統治的時期，以色列王國分裂成南北兩國。北方的以色列王國領土沒有比較大，而南方的猶大王國擁有絕對的首都耶路撒冷，最後比以色列王國屹立了更長的時間。

羅波安課重稅

埃及法老王示撒的侵略

埃及法老王的戰車

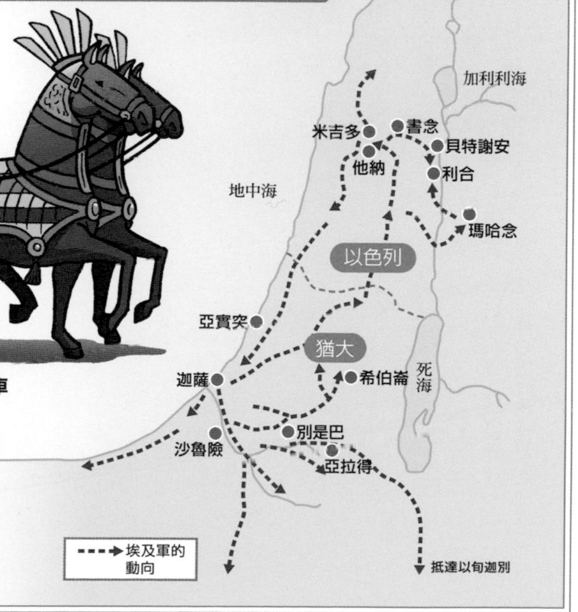
加利利海
米吉多
書念
貝特謝安
他納
利合
地中海
瑪哈念
以色列
亞實突
猶大
迦薩
希伯崙
死海
別是巴
沙魯險
亞拉得
埃及軍的動向
抵達以旬迦別

聖經中記載王國分裂後，埃及法老王示撒曾攻打過來。聖經中所說的示撒，一般認為是埃及第二十二王朝的舍順克一世（Sheshonk I）。

舊約

以利亞 1

禁止偶像崇拜

出處

〈列王記上〉第17章～第19章

POINT

- ◆耶洗別嫁至北國。
- ◆亞哈崇拜巴力神。
- ◆以利亞勸諫偶像崇拜。
- ◆以利亞殺光巴力的先知。

◇亞哈祭拜異教的巴力神

以色列王國內亂不斷，王位不停更迭，而第七個繼位的國王是**亞哈**。

亞哈娶了**西頓王謁巴力**的女兒**耶洗別**為妻。這門婚事為以色列王國帶來了龐大的財富，但同時也將對異教神**巴力**的祭祀帶入以色列。

以色列王國自耶羅波安以來，便開始了十誡所禁止的**偶像崇拜**，供奉的是黃金公牛像，亞哈也不例外地犯下了同樣的錯。

亞哈甚至順著耶洗別的意思，在各地為異教的偶像神巴力興建神殿。

◇先知以利亞禁止偶像崇拜

當亞哈也開始敬拜異教神時，先知以利亞現身，並宣稱上帝將降下乾旱作為懲罰。

乾旱造成的饑荒進入第三年時，以利亞與所有巴力的先知們，進行了一場祈雨的對決。巴力的先知們祈雨失敗，但以利亞卻成功地使天降大雨。民眾看到這一幕時，都開始對以利亞下跪膜拜。於是，以利亞便逮捕了巴力的先知們，將他們全數殺害。耶洗別得知此事後，下令殺死以利亞。以利亞立刻動身逃亡，好不容易

聖經的舞台

◎ **撒馬利亞**（以色列）

西元前八七六年，北國以色列建都於撒馬利亞，而使此地發展蓬勃。然而，西元前七二二年，遭到亞述軍占領，撒馬利亞的居民被強行帶走，其他地方的人被遷居至此地。此後，猶太人便將撒馬利亞人視為外邦人的後裔，但撒馬利亞人則主張，他們是自摩西以來的信徒的後裔，兩方因此產生了對立。

關鍵詞

◎ **偶像崇拜**

指崇拜具有人格形象的雕像，例如神像等。在古代以色列，這是十誡的其中一誡，可見他們對此種行為的強烈禁止。

才來到了「上帝之山」的**何烈山**，但上帝卻命令他原路折返。折返途中，一個名叫**耶戶**的人，膏立他為以色列王，又膏立**以利沙**為先知，命令他接替以利亞的職位。

以利亞的事蹟

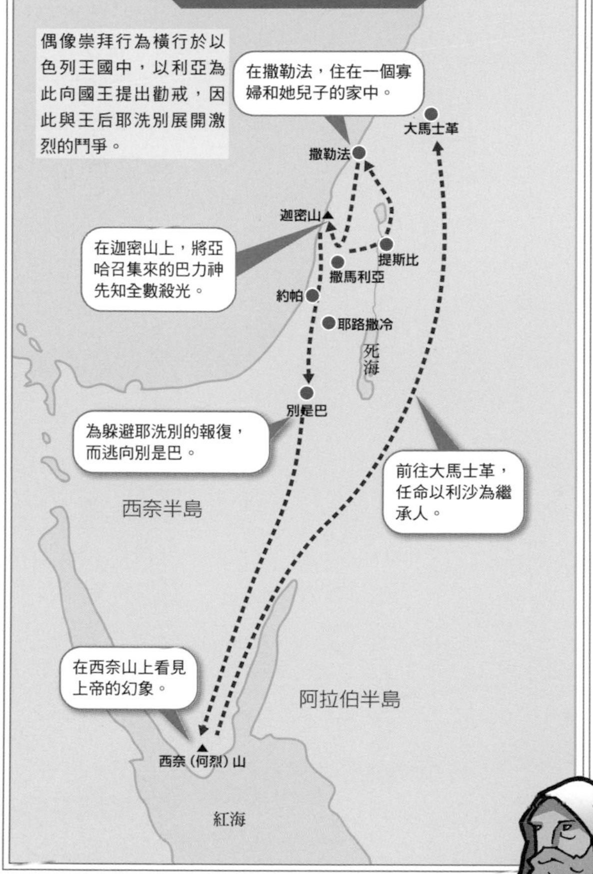
偶像崇拜行為橫行於以色列王國中，以利亞為此向國王提出勸戒，因此與王后耶洗別展開激烈的鬥爭。
在撒勒法，住在一個寡婦和她兒子的家中。
大馬士革
撒勒法
迦密山
在迦密山上，將亞哈召集來的巴力神先知全數殺光。
提斯比
撒馬利亞
約帕
耶路撒冷
死海
別是巴
為躲避耶洗別的報復，而逃向別是巴。
前往大馬士革，任命以利沙為繼承人。
西奈半島
在西奈山上看見上帝的幻象。
阿拉伯半島
西奈（何烈）山
紅海

聖經的軼事

{ 以利沙的先知之路 }

以利亞離開何烈山後，途中認識了以利沙。此時，以利沙正趕著排成一排的十二隻牛耕田。當以利亞披上披風時，以利沙就停止工作，追著以利亞而去，並成為其門徒。後來，他親眼見證了師父升天的場面，並成為先知，創造出各式各樣的奇蹟。

以利亞

舊約

以利亞 ②

亞哈王改過自新，以利亞升天

出處
〈列王記上〉第20章～〈列王記下〉第10章

POINT
◆ 面對上帝的制裁宣言，亞哈改過自新。
◆ 以利亞乘著火焰戰車升天。
◆ 門徒以利沙繼承以利亞之位。

◆ 亞哈王終於在上帝面前悔改

以色列王國在以利亞展開逃亡時，開始被亞蘭王便哈達攻打。兩軍交戰的結果是亞哈大勝。在便哈達求饒下，亞哈放過了他。但此舉並不見容於上帝。

另外，因拿伯有一葡萄園與王宮比鄰，亞哈要求拿伯將葡萄園出售給他。

但拿伯說那是祖先代代相傳的土地，無法轉讓，而拒絕亞哈。**耶洗別**知道此事，便將拿伯殺害。

亞哈與耶洗別連連犯罪，上帝便派遣先知以利亞，宣告上帝將做出懲罰。

此時，亞哈終於認罪悔改。上帝便原諒他，不降災於亞哈所治理的土地上。

◆ 以利亞在讓位以利沙後升天

讓亞哈改過自新後，以利亞知道他自己不久後即將蒙主寵召。於是，他帶著門徒**以利沙**前往約旦河。

在那裡，**火焰戰車**從天而降，接以利亞升天。當以利沙對空呼喊，以利亞的披風便自空中飄落。於是以利沙披上披風，繼承了以利亞的能力。

聖經的軼事

〔耶洗別的下場如預言一般〕

亞哈改過自新後，不久便在對抗亞蘭的戰爭中喪命。但耶洗別並未悔改，在那之後依舊不改其惡行惡狀。可耶洗別最後還是為此付出了代價。繼承了以利亞之位的以利沙，對耶戶進行了膏立儀式，耶戶便發動政變。耶洗別在宮殿中被耶戶逼到無路可退後，從窗口被推落而喪命。他的屍體被狗啃食，只剩下了一部分的頭和手腳。其實，過去以利亞就曾經預言，耶洗別會被狗啃食，預言果然成真。

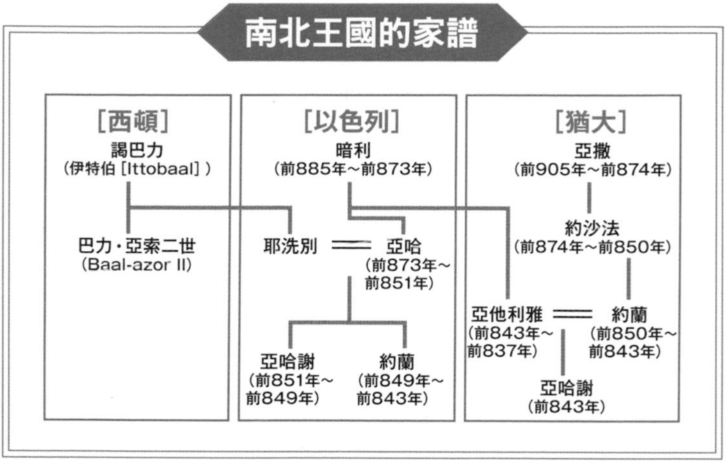
南北王國的家譜
[西頓]
謁巴力
（伊特伯 [Ittobaal]）
巴力·亞索二世
(Baal-azor II)
[以色列]
暗利
（前885年～前873年）
耶洗別
亞哈
（前873年～前851年）
亞哈謝
（前851年～前849年）
約蘭
（前849年～前843年）
[猶大]
亞撒
（前905年～前874年）
約沙法
（前874年～前850年）
亞他利雅
（前843年～前837年）
約蘭
（前850年～前843年）
亞哈謝
（前843年）

在以色列的暗利王朝統治下，南北兩國選擇和解。

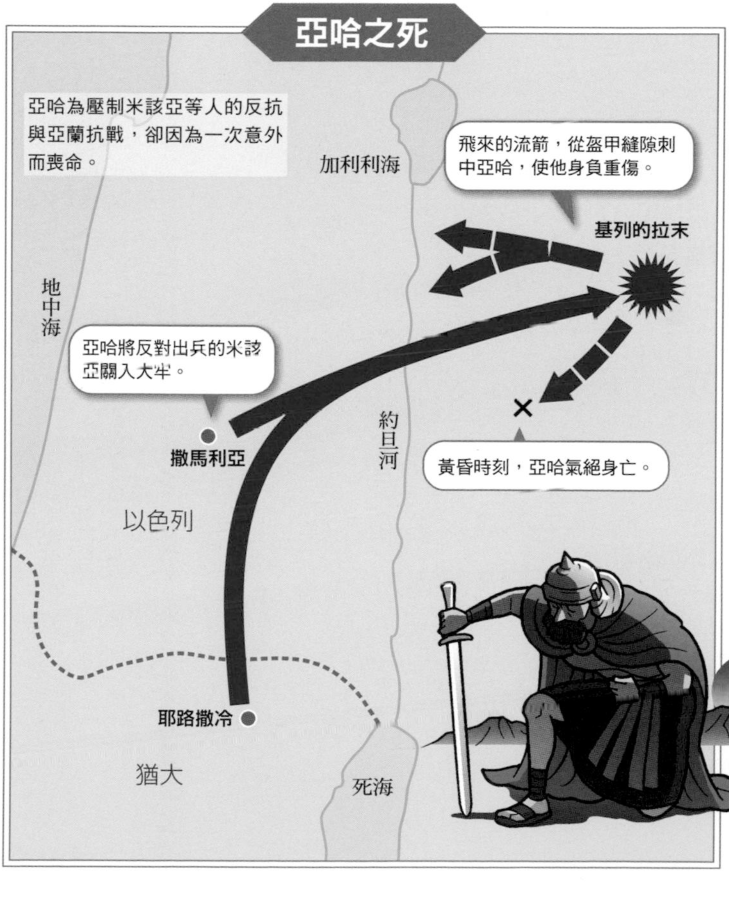
亞哈之死
亞哈為壓制米該亞等人的反抗與亞蘭抗戰，卻因為一次意外而喪命。
加利利海
飛來的流箭，從盔甲縫隙刺中亞哈，使他身負重傷。
基列的拉末
地中海
亞哈將反對出兵的米該亞關入大牢。
約旦河
撒馬利亞
黃昏時刻，亞哈氣絕身亡。
以色列
耶路撒冷
猶大
死海

舊約

北國滅亡

撒馬利亞淪陷

出處
〈列王記下〉
第15章～第17章

POINT
- 先知預言以色列王國的滅亡。
- 何細亞王因反抗亞述而遭到攻擊。
- 以色列王國降伏被滅。

阿摩司與何西阿預言北國的滅亡

第十三代國王**耶羅波安二世**在位時，**以色列王國**的繁榮到達巔峰。先知**阿摩司**就是出現在此時期。因為這個時代的社會，只有富人在歌頌繁榮。對此，阿摩司提出批判，並進一步預言以色列將會滅亡。這個不吉祥的預言成真，耶羅波安二世死後，以色列的國運不斷衰退，權力鬥爭使國家陷入混亂。

先知**何西阿**繼阿摩司之後出現，他在上帝的命令下，娶了淫婦為妻，以救贖不貞的妻子。另一方面，他也對以色列王國曉以大義，勸人民改過向善，但依舊無人悔改。最後，何西阿下達了來自上帝的滅亡預告。

以色列遭亞述滅國

以色列的末代國王，是第十九代的**何細亞**。他雖然是在**亞述**的支持下，登上王位，但兩國間的摩擦日益增加。以色列得到埃及的支持，加上亞述的王位更替，讓何細亞停止了對亞述的朝貢。這一點激怒了亞述。

亞述包圍了以色列首都**撒馬利亞**，三年後的西元前七二二年，以色列終於向亞述投降。以色列王國兩百年的歷史，就此落幕。

迷你知識

亞述

西元前2000年的100年間，亞述在美索不達米亞的北方興起。西元前八世紀，提革拉毘列色三世（Tiglath Pileser III，又譯為「提格拉特帕拉沙爾三世」）在位期間進行改革，使國家日益強盛。鼎盛時期的版圖，東至伊朗西部，西達埃及本土的全境，其威勢持續了約140年之久。

以色列歷代的國王與先知

國王	在位（西元前）	先知	
耶羅波安一世	924～903		
拿答	903～902		
巴沙	902～886		
以拉	886～885		
心利	885		
暗利	885～873		
亞哈	873～851	以利亞	對亞哈王的偶像崇拜提出勸戒。
亞哈謝	851～849		
約蘭	849～843	以利沙	對耶戶進行膏立，實現了王朝的交替。
耶戶	843～816		
約哈斯	816～800		
約阿施	800～785		
耶羅波安二世	785～745	阿摩司	預言以色列王國的滅亡。
撒迦利雅	745		
沙龍	745		
米拿現	745～736	何西阿	和妓女結婚，解救犯下姦淫罪的女子，同時也預言了以色列王國的滅亡。
比加轄	736～735		
比加	735～732		
何細亞	732～723		

被擄走的以色列人民

西元前722年，2萬7290名以色列人被迫遷離。
亞述
尼尼微
哈馬
亞馬他
幼發拉底河
底格里斯河
米底亞
撒馬利亞
耶路撒冷
巴比倫
組成以色列王國的北部十個支派被消滅，消失無蹤。
埃及
波斯灣
紅海
以色列人俘虜
巴比倫人和敘利亞人俘虜

亞述將以色列人民擄走，讓其他的受征服地之人民，遷移到以色列領土上。

舊約

猶大的興衰 1

南國猶大的先知

出處

〈列王記上〉
第14章～第15章
〈列王記下〉
第2章～第21章
〈以賽亞書〉
〈彌迦書〉

POINT

- 大衛的血統在猶大王國傳承下來。
- 隸屬於亞述。
- 希西家強化耶路撒冷城，向亞述揭竿起義。
- 耶路撒冷信仰的誕生。

亞哈斯時代隸屬於亞述

南國猶大的歷史比較穩定。曾有一段時期，**亞他利雅**當上了女王，但她並非大衛血統的繼承人。不久之後，亞他利雅被推翻，大衛家族的血統也延續了下來。

雖說如此，但**猶大王國**只是一個小國，因此要存活下來極為困難。**亞哈斯王**的時代，猶大王國與周圍各國為該不該加入組成反**亞述**同盟的問題產生對立，造成亞哈斯陷入困境。此時，亞哈斯竟然向亞述求援，對亞述俯首稱臣。可亞述畢竟是侵略同胞**以色列王國**的敵國，所以當時先知**以賽亞**也勸說亞哈斯不該如此，但被亞哈斯當作耳邊風。

耶路撒冷險遭征服

希西家王的時代，北國以色列滅亡的消息傳來，猶大王國表面上對亞述效忠，但私底下則是想伺機獨立。

希西家循序漸進進行著鞏固**耶路撒冷**城池的工作，例如開鑿**西羅亞水道**（Siloam tunnel，又稱「希西家水道」）等等。最後，他們終於揭竿起義。

然而，猶大各城市紛紛被攻陷。猶大王國的起義以失敗告終。不過，唯獨耶路撒冷沒有被攻陷，這使得他們更加認為耶路撒冷有上帝的庇護，因此對這個不落的上帝之都，信仰也愈來愈深厚。

人物

【亞他利雅】 從以色列嫁至猶大，以色列王暗利的女兒。她的兒子在繼承王位後被暗殺，於是她自立為王。

【希西家】 猶大王國第十三代的國王。《舊約聖經》記載，他靠著上帝之助，大破十八萬五千人的亞述軍。

亞述的擴張
安那托利亞
(Anatolia)
迦基米施
尼尼微
亞述
哈馬
亞述城
亞馬他
幼發拉底河
敘利亞
地中海
大馬士革
底格里斯河
撒馬利亞
巴比倫
耶路撒冷
拉吉
【希西家對亞述的反抗】
・補強耶路撒冷的城牆。
・開鑿改建耶路撒冷的水道。
・攻擊反對起義的城市。
・聯繫以法蓮與加利利。
波斯灣
埃及
前800年前後的亞述
前730年前後的亞述
帝國版圖最大之前650年前後的亞述

聖經的軼事

{ 以賽亞與彌迦 }

古以色列先知之一的以賽亞，據說是耶路撒冷的名門出身，活躍於猶大王國。他批判貴族階級對農民的剝削，勸誡人民信賴亞述等大國，就等於是不信任對治理世界有著絕對性的上帝。

然而，當時的國王亞哈斯和希西家，都將他停止信賴大國的再三進言，當作耳邊風。

另一方面，彌迦和以賽亞一樣，也是希西家的先知，據說出生於耶路撒冷西南方的摩利沙村。他嚴厲批判耶路撒冷統治階級的專橫暴虐，並預言上帝將使耶路撒冷衰微。

彌迦
以賽亞

舊約

猶大的興衰 ②

約西亞重建王國

出處

〈列王記下〉第21章～第23章
〈歷代志下〉第33章～第35章

POINT

- 約西亞堅決實行宗教改革。
- 收復舊以色列王國的領土。
- 約西亞的死，使王國的重建無疾而終

◆猶大王約西亞進行宗教改革

一世紀多以來，**希西家**開鑿的**西羅亞水道**，保護**耶路撒冷**免於外敵的攻陷。到了**約西亞**的時代，**猶大王國**終於擺脫了**亞述**的壓力，達成經濟上的復興。

約西亞當上國王後，一邊收復舊以色列領土，一邊排除異教，堅決實行宗教改革，並推行**耶和華**敬拜儀式的純正化。他又廢除地方上的聖所，限定敬拜儀式只能在耶路撒冷的聖殿進行。

◆約西亞死後，猶大開始式微

約西亞重建王國的時代，正好與亞述的衰退期重疊。埃及主張獨立，巴比倫不但獨立成功，還開始對亞述形成威脅。最後，亞述連首都**尼尼微**也淪陷。在亞述繼續抵抗之時，**埃及**的法老王**尼哥二世**挺身救援。

約西亞成為反方勢力，試圖在**米吉多**近郊阻攔埃及軍，但他在第一戰中就因身負重傷而戰死。隨著約西亞的殞落，猶大王國也開始步向衰退一途。約西亞所立下的猶大獨立與舊以色列領土收復的功績，也在不久之後化為烏有。

接下來的時代，猶大王國便存活在埃及與**新巴比倫**這兩大強國的環伺之下。

聖經的舞台

◉ **米吉多**（以色列）

約西亞戰死之地，米吉多位於美索不達米亞通往埃及之路的途中，是所謂的交通要衝。從西元前四世紀起到《新約聖經》的時代，這裡屢次成為戰爭的舞台。

侵入猶大王國的外邦人與異教文化

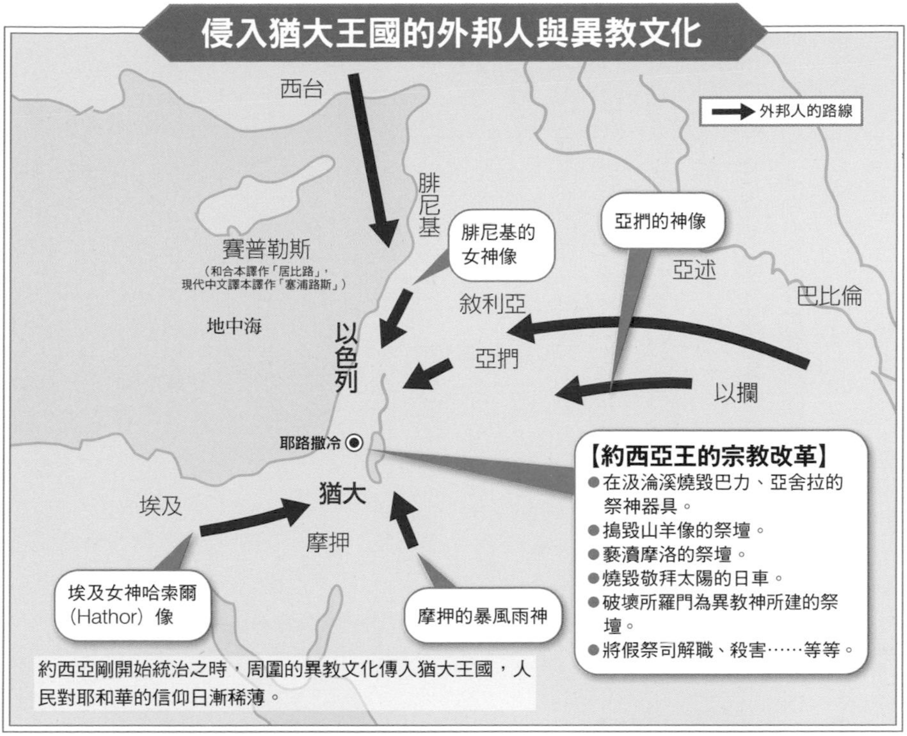
外邦人的路線
西台
腓尼基
賽普勒斯
（和合本譯作「居比路」，現代中文譯本譯作「塞浦路斯」）
地中海
腓尼基的女神像
亞捫的神像
亞述
巴比倫
敘利亞
以色列
亞捫
以攔
耶路撒冷
猶大
埃及
摩押
埃及女神哈索爾（Hathor）像
摩押的暴風雨神
【約西亞王的宗教改革】
●在汲淪溪燒毀巴力、亞舍拉的祭神器具。
●搗毀山羊像的祭壇。
●褻瀆摩洛的祭壇。
●燒毀敬拜太陽的日車。
●破壞所羅門為異教神所建的祭壇。
●將假祭司解職、殺害……等等。

約西亞剛開始統治之時，周圍的異教文化傳入猶大王國，人民對耶和華的信仰日漸稀薄。

尼哥二世的入侵

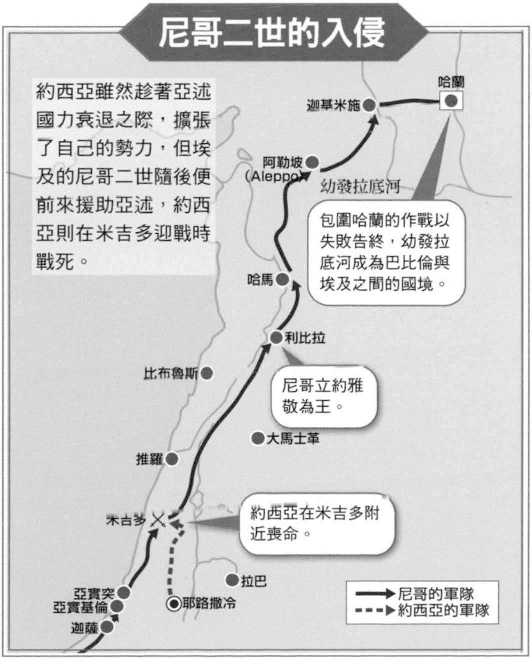
哈蘭
迦基米施
阿勒坡（Aleppo）
幼發拉底河
包圍哈蘭的作戰以失敗告終，幼發拉底河成為巴比倫與埃及之間的國境。
哈馬
利比拉
比布魯斯
尼哥立約雅敬為王。
大馬士革
推羅
米吉多
約西亞在米吉多附近喪命。
拉巴
亞實突
亞實基倫
耶路撒冷
迦薩
尼哥的軍隊
約西亞的軍隊

約西亞雖然趁著亞述國力衰退之際，擴張了自己的勢力，但埃及的尼哥二世隨後便前來援助亞述，約西亞則在米吉多迎戰時戰死。

約拿的旅程

被大魚吞沒的先知

出處

〈約拿書〉

POINT

- 約拿受命前往尼尼微。
- 約拿想逃避上帝的命令，卻遭遇暴風雨，被大魚吞沒。
- 約拿在大魚的胃中悔改。

約拿因違背上帝，而被捲入暴風雨中

舊約聖經中還出現過因太過虔誠而展現出排他姿態的先知，那人就是**約拿**。

某天，上帝命令先知約拿，前去**亞述人**的城市**尼尼微**。但那裡是異教徒的城市，約拿因太過厭惡異教徒而違背上帝旨意，打算往尼尼微的反方向，逃到**他施**。

約拿在海上航行的途中，遭暴風雨侵襲，他發現這是自己違背上帝的報應，故要求船員們將他投入海中。船員試圖往陸地折返，可暴風雨愈來愈劇烈，只好將約拿投入海中。

約拿在海中被大魚吞沒，他持續祈禱了三天三夜，才終於得到上帝的赦免。

上帝告誡約拿要保持寬容

約拿遵從上帝的指示，前往尼尼微，向那裡的人民宣告，若不悔改，這座城市將會在四十天後毀滅。驚慌的人民便開始相信上帝。上帝見到人民改過自新後，就改變了心意，未對城市降下災難。

但亞述人一直以來都是宿敵，因此約拿無法接受亞述人因改過自新而得救之事。

上帝見狀，便利用一株蓖麻樹開導約拿，讓他明白即使是外邦人，只要改過自新，都應得救。

詳細解說

約拿為了確認尼尼微的人民是否已真心悔改，便在豔陽高照之時，搭一個棚子，坐在棚中觀察尼尼微城。上帝給了他一顆蓖麻樹當作庇蔭，但第二天就讓樹枯死。約拿受到日頭的強烈照射，便向上帝抗議。對此，上帝告訴約拿，既然他會憐憫一株自己沒有親手照顧過的樹，那麼自己怎麼可能不對尼尼微的人民感到憐惜。

約拿的冒險

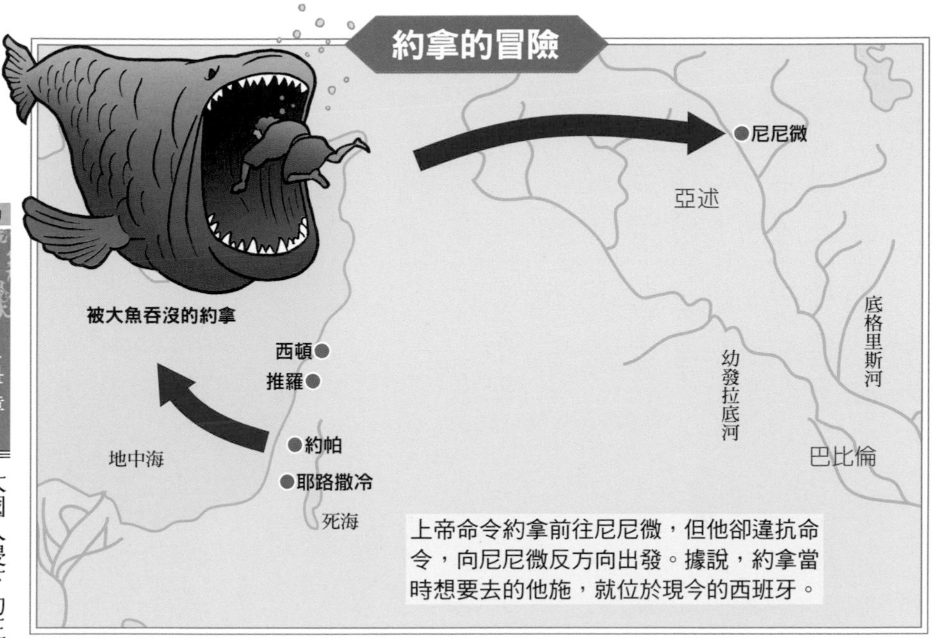
被大魚吞沒的約拿
尼尼微
亞述
底格里斯河
幼發拉底河
巴比倫
西頓
推羅
約帕
耶路撒冷
地中海
死海

上帝命令約拿前往尼尼微，但他卻違抗命令，向尼尼微反方向出發。據說，約拿當時想要去的他施，就位於現今的西班牙。

聖經的軼事

【小木偶與約拿書】

聽到約拿在大魚肚內待了三天三夜，大家很可能會想到的是義大利兒童文學名著《木偶奇遇記》。薛貝特老伯伯用木頭製作出來的小木偶皮諾丘，雖然是木偶，卻像人類的小孩一樣會動、會說話，而且十分頑皮。他一下被賣到馬戲團，一下被變成驢子，一邊冒險一邊克服種種危機。後來，他被大鯨魚一口吞入肚內。好不容易逃出來後，皮諾丘終於和薛貝特老伯伯重逢，並對過去的作為感到懺悔，開始努力工作。某一天，上帝將改過自新的皮諾丘，變成了真正的人類……

迪士尼根據卡洛·科洛迪（Carlo Collodi）的這部創作，製作出長篇卡通，使《木偶奇遇記》變成家喻戶曉的故事。約拿的故事和小木偶的故事，都是在告訴我們克服自己脆弱面的重要性。

聖經的舞台

◎ **尼尼微**（伊拉克）

留存在伊拉克北部的亞述首都之遺跡。西元前七〇〇年前後，由西拿基立王（Sennacherib，又譯為「辛那赫里布」）所建立，直到西元前六一二年傾覆。根據《舊約聖經》記載，約拿前往的時期，那裡是一座超過十二萬人居住的大城。該城市由一堵城牆環繞，城牆共開了五座城門。城南處有一座宮殿遺跡，傳說那裡是約拿的葬地。

舊約

巴比倫被擄 1

耶利米的預言被漠視

出處

〈列王記下〉第23章～第24章
〈歷代志下〉第36章
〈耶利米書〉

POINT

- 受埃及的壓迫而產生王位的更替。
- 國王對耶利米的預言置若罔聞。
- 約雅敬背叛新巴比倫。
- 猶大王國的人民被擄至巴比倫城。

猶大的約雅敬王對先知置若罔聞

猶大王國的約西亞死後，由**約哈斯**登上王位。對埃及採反抗態度的約哈斯，成了埃及法老王**尼哥二世**的眼中釘。於是，尼哥二世將約哈斯俘虜至埃及。在此期間，由約哈斯的哥哥**以利亞敬**登基為王。以利亞敬向尼哥二世效忠，並被改名為**約雅敬**。

西元前六〇五年，埃及在**迦基米施**之役中，敗給**新巴比倫王國**，猶大因此受到新巴比倫王國的統治。

此時，先知**耶利米**讓別人將他所寫下的預言，念給前來聖殿的民眾聽。其中也包含猶大將被巴比倫破壞的預言。但約雅敬對這個預言絲毫不放在眼裡，還燒了那些寫有預言的書卷。

約雅敬趁著埃及的勢力崛起，在西元前六〇一年，向新巴比倫王國發動叛變。此舉激怒了新巴比倫，西元前五九八年，新巴比倫的皇太子**尼布甲尼撒**包圍耶路撒冷，約雅敬就在此時逝世。

第一次的巴比倫被擄，人數多達一萬

約雅斤繼約雅敬成為猶大的國王，但他的治理期間只有被巴比倫軍

關鍵詞

◎ **巴比倫被擄**

新巴比倫王國將猶大王國的人民擄往巴比倫城的事件，稱為「巴比倫被擄」（Babylonian Captivity，又譯為「巴比倫之囚」）。西元前五九八年第一次被擄，之後又發生過數次。後來的「巴比倫被擄」演變成一次抓走大量在職人士的代名詞。一三〇九年，羅馬教廷被遷至法國的亞維儂（Avigno）的事件，被稱為「教皇的巴比倫被擄」（Babylonian Captivity of the Papacy），就是以這場以色列的悲劇為比喻。

包圍之短短三個月。耶路撒冷在新巴比倫王國發動攻擊前開城。一開城，以約雅斤為首的政府高官、士兵、乃至城中的工匠，就被俘虜至首都巴比倫城。這就是**第一次巴比倫被擄**。據說，此時的被擄者人數高達一萬人。

直到西元前五六〇年，約雅斤才獲得釋放。從被擄到獲釋，他被巴比倫當局囚禁了三十六年之久。

猶大歷代的國王與先知

國王	在位（西元前）	先知	
羅波安	924前後～907前後		
亞比央	907～906		
亞撒	905～874		
約沙法	874～850		
約蘭	850～843		
亞哈謝	843		
亞他利雅	843～837		
約阿施	837～800		
亞瑪謝	800～791		
烏西雅	不明		
約坦	不明～742	以賽亞	一再批判國王的治理方式，反對與大國結盟的政策。
亞哈斯	742～727		
希西家	727～698	彌迦	預言新的統治者將在伯利恆出現。
瑪拿西	697～642		
亞們	642～640	西番雅	對信仰的不堅定發出警告。
約西亞	640～609		
約哈斯	609～608	耶利米	認為新巴比倫王國的尼布甲尼撒，是上帝所派之人，提出向新巴比倫臣服的諫言。
約雅敬	609～598		
約雅斤	598～597	以西結	看到許多幻象，向被擄的人民宣告，苦難即將結束。
西底家	597～587		

舊約

巴比倫被擄 ②

外交失敗導致滅亡

出處

〈列王記下〉
第24章第18節～25節
〈歷代志下〉
第36章第11節～21節
〈耶利米書〉

POINT

- 不理會耶利米的預言，對巴比倫發動叛變。
- 耶路撒冷遭破壞，西底家被擄。
- 發生第二、三次的巴比倫被擄。

猶大王國的崩壞與第二次巴比倫被擄

國王被擄後，**西底家**登基為王，勉強地保住猶大王國身為一個獨立國的顏面。最初西底家遵從**耶利米**的預言，認為「**新巴比倫王國**的**尼布甲尼撒**，是上帝為了懲罰猶大人民所派遣而來的」，因此向新巴比倫王國俯首稱臣。但好戰派的壓力日漸高升，到了西元前五八八年，西底家仰賴埃及的力量，對新巴比倫王國發動叛變。

新巴比倫王國的尼布甲尼撒二世攻打猶大，包圍耶路撒冷。耶路撒冷死守了幾乎一年半之久，可埃及的援軍不到，最後部分的城牆坍塌，耶路撒冷城也瞬間被攻陷。

西底家在打算逃亡時被敵人捉住，不但雙眼被挖去，還被遣送至**巴比倫城**。同時，猶大的許多有權有勢者也被擄至巴比倫，只留下貧窮的農民。

火燒耶路撒冷城

省長基大利被暗殺後的巴比倫被擄

新巴比倫軍徹底搗毀耶路撒冷城，甚至放火燒毀聖殿。統治以色列人近五百年的大衛王朝，就此崩壞。

征服猶大後，新巴比倫為治理之便，就命猶大支派出身、親巴比倫派的**基大利**擔任傀儡省長，不過基大利卻遭到反巴比倫的人士暗殺。

新巴比倫王國對猶大的侵略

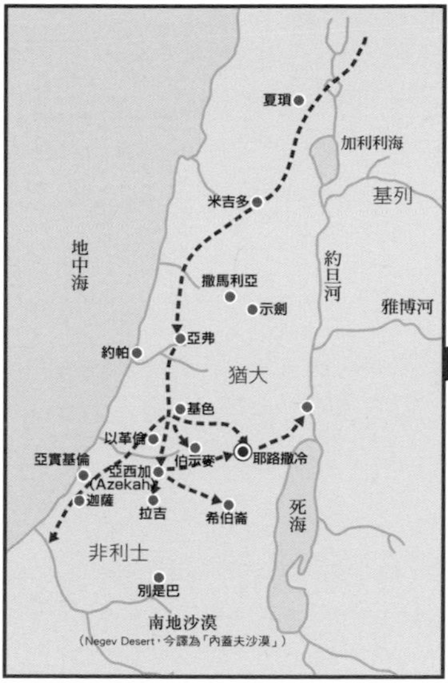

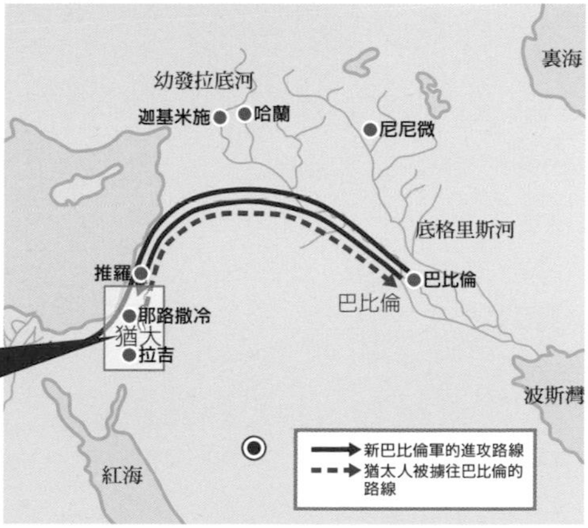

新巴比倫軍被西底家的叛變激怒，北上繞過沙漠，進攻猶大。撤軍時，被擄的猶大民眾隊伍迤邐綿延。

聖經的軼事

【耶利米的後續】

耶路撒冷淪陷後，發生第二次巴比倫被擄時，先知耶利米差點也被帶走，但由於他是一名真正的先知，因此獲得了自由的保障，免去被俘虜之災。耶利米留在猶大，許多同樣逃過一劫的民眾聚集至他身邊，為破敗的王國進行重建。然而，堅決反對巴比倫的派系，暗殺了省長基大利之後，耶利米的命運也有了翻天覆地的轉變。人民害怕遭巴比倫報復，而帶著耶利米逃亡至埃及。據傳，最後耶利米在異地被人投擲石頭殺害。

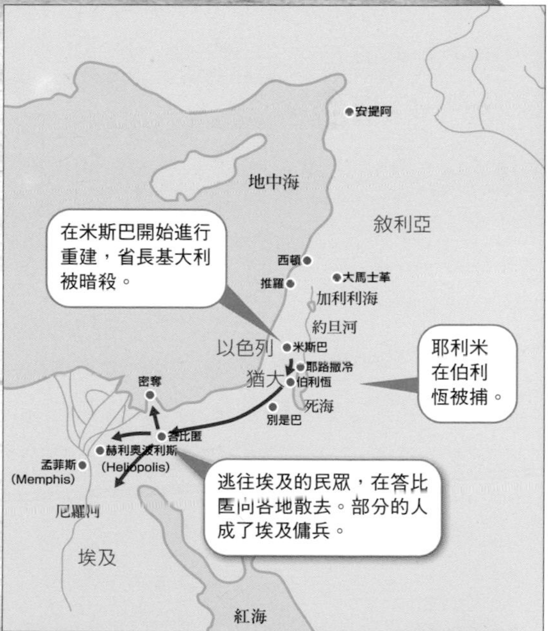

舊約

巴比倫被擄 3

被擄的民眾與俘虜生活

POINT

◆在相對自由的巴比倫過著擄囚的生活。
◆猶太人的概念在此時生成。
◆為守護信仰而產生特有的文化。

有「猶太人」之稱的民族誕生

南北王國的人民都被強制遷居，征服國各有不同的遷居政策，這也決定了人民後續的命運。首先，**亞述**消滅了北國以色列，亞述的遷居政策，是將受征服國的人民分散至各地。因此，**以色列王國**的人民散落各地，逐漸與當地的異族同化。

另一方面，**新巴比倫王國**征服南國**猶大**，他們則是將猶大王國的居民集中遷徙至巴比倫近郊，因此猶大王國的人保留住了民族的一致性，逃過了民族消滅的命運。之所以會產生「**猶太人**」這個民族概念，可說是此一遷居政策的結果。

孕生出猶太人獨有的文化

被遷居的民眾究竟過著什麼樣的生活呢？從「**被擄**」一詞來看，或許大家會想像成類似奴隸般的生活，但據傳猶太人在巴比倫過的生活，雖然受到監視，不過其實是**相對自由**的。

先知們能自由自在地發言，也能舉行集會。還有一些猶太人能自由選擇職業，進而累積屬於自己的財產。

真正造成猶太人痛苦的，反而是宗教上的因素。聖地遭破壞，加上人

人物

【尼布甲尼撒二世】 新巴比倫的國王。在父王那波帕拉薩爾（Nabopolassar）的晚年，以皇太子的身分率領新巴比倫軍出征。繼承父親的王位後，他在西元前六〇一年的戰役中被埃及軍大破。但在西元前五九八年，他圍攻耶路撒冷，將當地人擄至巴比倫，也就是第一次的巴比倫被擄，並因此而成功地提高國勢。又在西元前五八六年，毀壞耶路撒冷城，迫使猶大王國滅亡，並再次俘虜當地人，發生了第二次巴比倫被擄。

詳細解說

遵守安息日、割禮、飲食禁忌等的規範，能將猶太人與其民族加以區別，因此變成具有民族認同意義的重要儀式。

民被擄，這些現實都讓人民對自己的宗教產生了懷疑，**耶和華信仰**因而陷入了危機。

在這樣的危機狀況中，出現了**以西結**、**第二以賽亞**等的先知，竭盡全力地守護耶和華信仰。此時，他們開始進行以口頭祈禱為主的禮拜，並演變成往後的**猶太教堂**。

巴比倫的伊什塔爾城門（Ishtar Gate）

巴比倫被擄前後的人民

●約雅斤
被擄的人民視其為重要人物，而有許多人前去拜訪。同時也是猶太人的團結象徵。

●以西結
與約雅斤一起被擄。他預言說：雖然耶路撒冷遭到毀壞，但人民最後還是會回到耶路撒冷，重建聖殿。其預言為人民帶來希望。

●以賽亞（第二）
倡導人民說：被擄所受的苦，其實正是在懲罰過去所犯下的罪，總有一天，上帝的統治會以祝福的形式，降臨人世。其倡導為人民帶來希望。

●哈該與撒迦利亞
協助所羅巴伯所帶領的耶路撒冷重建工程，讓原本中斷的工作重新展開。

●以斯拉與尼希米
在波斯王的命令下回到耶路撒冷，分別進行了宗教改革與政治改革。

●一般民眾
得到某種程度的自由保障，出乎意料的是，也有人得到了富裕的生活。然而，在精神面與宗教面上，陷入了民族的自我認同危機。

迦基米施
亞述
尼尼微
米底亞
新巴比倫王國
・約雅斤
地中海
大馬士革
猶大
耶路撒冷
巴比倫
尼布
書珊
波斯
巴比倫
・哈該
・撒迦利亞
・以斯拉
・尼希米
波斯灣

舊約

歸回 1

猶太人回歸耶路撒冷

出處

〈以斯拉記〉第1章～第5章

POINT

- 新巴比倫被波斯的阿契美尼德王朝所滅。
- 被擄的人民獲釋，開始重建耶路撒冷。
- 重建耶路撒冷的聖殿。

◆新巴比倫王國淪為波斯的一個省

新巴比倫王國征服了猶大王國，但這個國家的鼎盛期，只有**尼布甲尼撒二世**在位的短短四十年。其實在尼布甲尼撒統治的末期，獲得各種利益的神官團，和具有經濟實力的商人們之間的對立，已浮上檯面。尼布甲尼撒死後，他的兒子**以未米羅達**想打壓神官團的勢力，結果卻被暗殺。後來，王國陷入極大的混亂，而使國勢逐漸衰弱。就在此時，波斯的**阿契美尼德王朝**（Achaemenid Empire）崛起。

最候，波斯王**居魯士二世**（和合本譯為「古列」，現代新譯本譯為「塞魯士」）征服了新巴比倫。**巴比倫**城無血開城，新巴比倫王國的歷史畫下句點。囚虜猶太人的巴比倫王國，成了波斯帝國的一個省。

◆耶路撒冷建立新的聖殿

西元前五三八年，居魯士二世釋放了巴比倫的**囚民**。

波斯的統治政策與新巴比倫不同，他們希望受征服地的人民能在當地服從他們。接獲釋放令後，**設巴薩**所率領回歸的猶太民眾，都獻上了聖

人物

【居魯士二世】波斯的阿契美尼德王朝之創建者。西元前五五〇年，打敗米底亞王國（Median dynasty，和合本譯為「瑪代王國」），在伊朗高原（Iranian plateau）上確立霸權。西元前五三九年，攻打新巴比倫王國，使其滅亡。此外，他釋放了被擄至巴比倫的猶太人，因而獲得尊敬。

迷你知識

撒馬利亞人是誰？

原本住在北國以色列首都撒馬利亞的人。他們被擄至亞述的其他地區居住，與猶太人有著類似的背景。但猶太人是以耶路撒冷聖殿為中心地，撒馬利亞人則是以基利心山為聖地。如今，世上僅存數百名撒馬利亞人，不過他們仍堅守信仰地生活著。

殿的寶物，朝**耶路撒冷**出發。

回到耶路撒冷後，設巴薩立刻著手建造新聖殿，但這時他們卻遇上了不得不中斷建設的事態。根據聖經的記載，中斷的原因是受到**撒馬利亞人**的阻礙，但這似乎並不符合史實。**大流士一世**（Darius I，和合本譯為「大利烏」，現代中文譯本譯為「塞魯士」）在位時，重啟了聖殿的重建工程。先知**哈該**和**撒迦利亞**負責鼓舞激勵人民，繼承大衛家族血脈的省長**所羅巴伯**，以及大祭司**耶書亞**，則是負起了率領人民之責。

這項重建工程也得到了波斯的認可，工程進行了五年左右，於西元前五一五年終於落成，並舉行了盛大的奉獻儀式與慶典。此後，猶太歷史進入了第二聖殿時代。

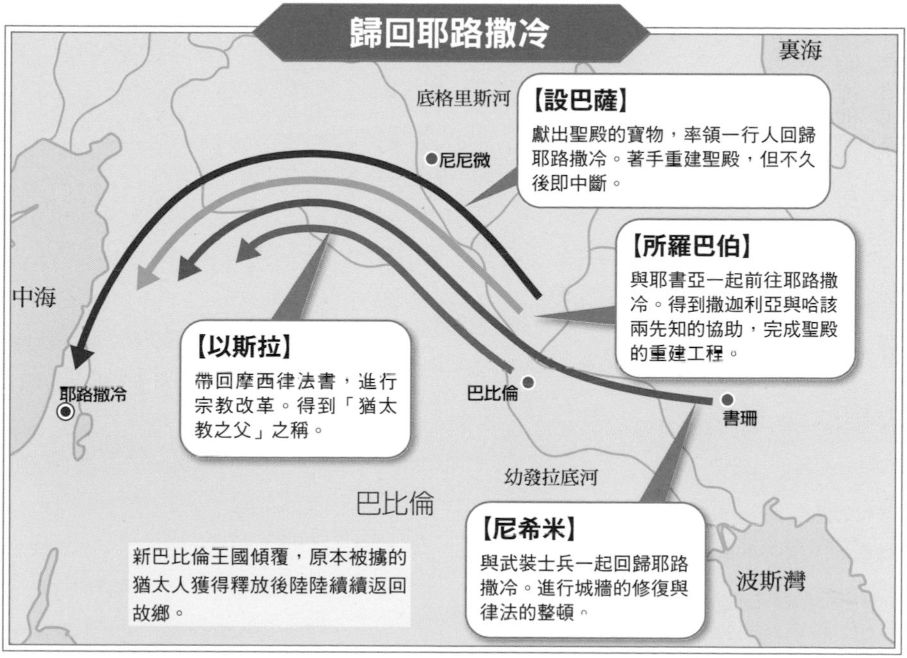
歸回耶路撒冷
裏海
底格里斯河
尼尼微
【設巴薩】
獻出聖殿的寶物，率領一行人回歸耶路撒冷。著手重建聖殿，但不久後即中斷。
【所羅巴伯】
與耶書亞一起前往耶路撒冷。得到撒迦利亞與哈該兩先知的協助，完成聖殿的重建工程。
中海
【以斯拉】
帶回摩西律法書，進行宗教改革。得到「猶太教之父」之稱。
耶路撒冷
巴比倫
書珊
幼發拉底河
巴比倫
【尼希米】
與武裝士兵一起回歸耶路撒冷。進行城牆的修復與律法的整頓。
波斯灣
新巴比倫王國傾覆，原本被擄的猶太人獲得釋放後陸陸續續返回故鄉。

歸回 2

城牆的重建與宗教改革

出處
〈以斯拉記〉
第6章～第10章
〈尼希米記〉

POINT
- 祭司以斯拉因對耶路撒冷的狀況感到哀傷，而進行宗教改革。
- 尼希米回歸耶路撒冷，完成城牆的建設。
- 禁止與異族間的婚姻。

祭司以斯拉被派遣至耶路撒冷

以斯拉也是在波斯王的命令之下回歸耶路撒冷的人之一。他是留在巴比倫城的猶太人後裔，出身於**大祭司**之家，曾擔任宮廷裡的**書記官**。以斯拉回到耶路撒冷後看到的現狀是，猶太人的虔誠只存在於口號中，人民失去了作為一個民族的團結性與生存之道，例如忘記上帝的教誨，不顧以色列的血統，娶異教徒的女子為妻。

以斯拉哀嘆人民的不虔誠

以斯拉悲傷地在聖殿中流下淚來。以色列人看到這一幕時，不禁對自己的行為感到羞恥。於是，他們遵從以斯拉的指示，解除了與異族之間的婚姻。

尼希米重建市街、進行改革

尼希米身在**波斯帝國**的首都**書珊**，但也聽到了耶路撒冷民眾的種種。得知耶路撒冷的悲慘狀況，尼希米向波斯王毛遂自薦，表示想親自重建耶路撒冷。得到了波斯王的允諾後，他帶著波斯王的親筆書信，前往耶路撒冷。抵達後，他先悄悄地在城中四處巡視，再定出有效率的重建計畫。尼希米召集民眾，只花了五十二天就將**城牆建設完畢**，接著便強化警備，以守衛市街。

詳細解說

根據《舊約聖經》記載，以斯拉活躍於耶路撒冷的時期，比尼希米早十年以上，但從種種跡象來看，其真實性十分啟人疑竇，例如為何兩個人一前一後，卻同樣下達了與異教徒結婚的禁令。到底是誰先來到耶路撒冷，還是兩人同時攜手重建耶路撒冷，關於這個問題，由於可參考的史料太少，因此一直在研究之者間形成爭論。

在那之後，尼希米也傾聽民眾的聲音，提出各式各樣的改革，讓猶太人的居住地恢復正常的社會秩序。他還實行負債的免除，以及土地或財產的歸還，以救濟貧民。另外，又重整聖殿的祭祀制度，並禁止與異教徒之間的婚姻。他還致力於民眾教育，向民眾講解以色列之上帝賜予摩西的律法，使大眾理解。

耶路撒冷的變化

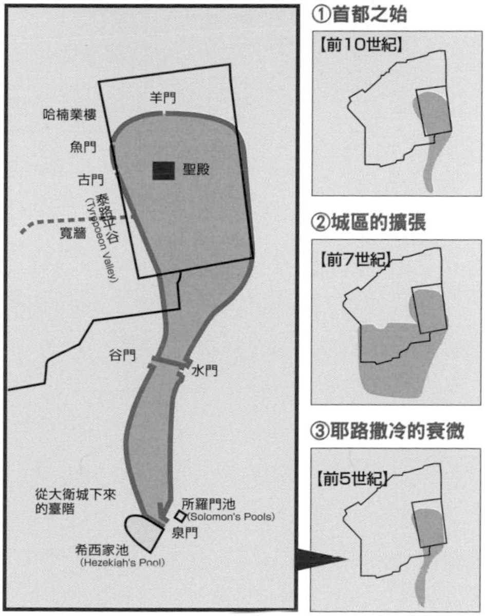
羊門
哈楠業樓
魚門
聖殿
古門
泰路平谷
(Tyropoeon Valley)
寬牆
谷門
水門
從大衛城下來的臺階
所羅門池
(Solomon's Pools)
泉門
希西家池
(Hezekiah's Pool)
①首都之始
【前10世紀】
②城區的擴張
【前7世紀】
③耶路撒冷的衰微
【前5世紀】

①首都之始
大衛的時代。城市範圍只有聖殿山和以南的一小塊區域，人口也只有2000人左右。

②城區的擴張
希西家、約西亞等猶大王活躍的時代，城市範圍大大地向西拓展。

③耶路撒冷的衰微
尼希米、以斯拉回歸後的時期，城市範圍縮小甚多，成為自大衛王以來最小的時期。

關鍵詞

◎ **猶太教堂**

猶太教做禮拜的場所，稱為「猶太教堂」（Synagogue，又譯為「猶太會堂」）。其起源不詳，一般認為是產生自猶太王國滅亡後的巴比倫被擄時代，因應人民需要，代替聖殿的祈禱場所而生。與聖殿不同的是，聖殿的禮拜是以獻祭為主，猶太教堂則是以解說聖經與講道為主，有時也會作為審判、教育或住宿之用，在猶太人社會中具有十分重要的作用。後來的耶穌，也是在猶太教堂中講道。

人物

【以斯拉】波斯宮廷的書記官，也是猶太人的祭司。率領回歸的民眾來到耶路撒冷。在耶路撒冷要求民眾改過自新，命令民眾解除與異教徒之間的婚姻。又朗讀長期以來為人所遺忘的〈律法書〉，並定下遵守安息日、繳聖殿稅等規定，為今日的猶太教打下基礎。

哈斯蒙尼王朝

遭受大國擺布的猶太

出處

〈馬加比一書〉第1章

POINT

◆ 猶太之地的統治權轉移至敘利亞手中。
◆ 希臘文化傳入猶太之地。
◆ 安條克四世開始進行迫害。

◆ 猶太人在亂世中受大國擺布

西元前三三六年，希臘的**亞歷山大大帝**開始東征，轉眼間就征服了**波斯帝國**，建立起一個西起希臘，東至印度西部的龐大帝國。然而，這個帝國仍舊因大帝的死去而分崩離析，眾家將領相互鬥爭，時局進入亂世。猶太夾在**埃及的托勒密王朝**（Ptolemy Dynasty）與**敘利亞的塞琉古王朝**（Seleucid Empire）兩個大國之間，不但被捲入紛爭，同時也面臨被希臘化的危機。不過猶太人民即使在這樣的狀況中，仍守住了他們自己的文化。

◆ 安條克四世迫害猶太人

猶太的統治者從托勒密王朝轉至塞琉古王朝，一直到了安條克四世（Antiochus IV）為王的時代，出現一個名為**耶遜**（Jason）的人物，他以卑劣的手段當上大祭司，並積極地接受希臘文化。然而不久之後，**米尼老**（Menelaus）賄賂塞琉古王朝的國王，從耶遜手中奪去了大祭司的寶座。

憤怒的耶遜在耶路撒冷開戰，雖然逼退了米尼老，但見有機可趁的**安條克四世**，就在此時以武力制伏了耶路撒冷。

到了西元前一六七年，安條克四世開始**迫害猶太人**，並在耶路撒冷的聖殿中打造宙斯神像，又禁止猶太人例行的祭祀與安息日。

關鍵詞

◎ **宙斯**

出現在希臘神話中的古希臘至高無上的天神。在希臘化時代（Hellenism）下，獲得廣大民眾信仰的神祇，羅馬的人民也將其與當地的最高天神朱庇特（Iuppiter），視為同一神祇。

西元前200年左右的西亞

馬其頓的安提柯王朝
(Antigonid dynasty)
黑海
裏海
巴克特里亞(Bactria)
安提阿
帕提亞
巴克卓(Baktra)
地中海
敘利亞的塞琉古王朝
赫卡通皮洛斯(Hecatompylos)
亞歷山卓
(Alexandria)
大馬士革
耶路撒冷
西流基(又譯為「塞琉西亞」)
印度河
埃及的托勒密王朝
波斯灣
波斯波利斯(Persepolis)
孔雀王朝
(Maurya Empire)
紅海
阿拉伯半島

亞歷山大大帝死後，手下的將領間引發了繼位之爭，造成帝國分裂。猶太人的居住地也被捲入這場戰爭，一下被埃及的托勒密王朝統治，一下被敘利亞的塞琉古王朝統治，統治者不停更迭。

塞琉古王朝與暴虐的安條克四世

大臣希流多路（Heliodorus）

他闖入聖殿，掠奪寶物，但上帝派眾天使將其擊退。

安條克四世

- 占領耶路撒冷後，掠奪神殿的財寶。將耶路撒冷的聖殿，改成宙斯神殿。
- 禁止安息日與割禮，強制人民吃律法禁止食用的豬肉與內臟。
- 侮辱律法學者以利亞謝（Eleazer），並將其處決。又將遵守律法的七兄弟及他們的母親處決。

聖經的軼事

【七兄弟】

聖經中為了傳達塞琉古王朝迫害猶太人的情形，而有一段七兄弟的故事。有七兄弟被逼迫背棄猶太教，不過他們始終沒有放棄信仰，並以殉教的形式離開人間。他們七人由大至小接受拷問，但個個都從容就義。安條克四世被他們的堅定嚇到，就對他們的母親說，只要放棄律法，就饒么子不死，結果母親表面假裝勸說，實際上依舊要兒子效仿兄長們，最後自己也從容赴義。

詳細解說

關於迫害的理由，有幾種不同的說法，包括受到祭司米尼老麾下的希臘化主義者之煽動、安條克四世將他在羅馬學到的宗教政策帶回來實行，以及為了鎮壓帶有宗教色彩的暴動等等。

人物

【亞歷山大大帝】馬其頓王國的國王。他在父親腓力遭暗殺後繼位為王，並在西元前三三四年春大進攻阿契美尼德王朝波斯領域，從此展開東征。經過西元前三三三年的伊蘇斯戰役（Battle of Issus）、西元前三三一年的高加米拉戰役（Battle of Gaugamela），順利地打敗波斯，使其滅亡。西元前三二七年，進攻印度的西北部，但西元前三二三年時卻突然因病驟世。亞力山大大帝的東征，促使東西文化發生活潑的交流，也因此創造出了希臘化文化。

《舊約聖經》的節慶4

普珥日

波斯統治時代，以斯帖與她的養父末底改，曾拯救猶太人免於被屠殺。普珥日就是為了頌揚他們而過的猶太教節日。

以斯帖是波斯王的王后，她隱瞞了自己是猶太人的身分。王宮裡的大臣哈曼強迫人民對他行跪拜禮，但末底改說他只向以色列的神下跪，而拒絕要求。哈曼被激怒，因此企圖屠殺所有猶太人，以斯帖賭上自己的性命，阻止哈曼的毒計，並將其消滅。

據說，此節日取「普珥」（Purim，抽籤之意）為名，是因為當時哈曼是透過抽籤來決定屠殺猶太人的日子。

普珥日訂於猶太曆的亞達月（Adar，2～3月）的14日和15日，這個月分被視為是「一年中最幸福的月分」，也是因為有這個節慶的緣故。

此節慶到了猶太被敘利亞的塞琉古王朝統治時，似乎已變成記念猶太人自巴比倫解放的日子。

因為普珥日有這樣的起源，所以節慶期間，會在猶太教堂中將〈以斯帖記〉從頭到尾朗誦一遍。雖說如此，這個儀式卻不是在莊嚴肅穆的氛圍中進行，而是當壞人哈曼的名字一出現，兒童們就會齊聲鼓譟，帶給人十分熱鬧的印象。

這個節慶還有另一個習慣，能展現出這種熱鬧的氣氛。在普珥日，無論大人、小孩都會變裝在街上遊行，家家戶戶都會舉辦派對，民眾到處歡樂嬉戲。

舊約

5章

古今通用的人生訓示書與智慧書

舊約

約伯記

關於一個接受撒旦試探的男人

出處

〈約伯記〉

POINT

◆撒旦提議要測試約伯對神的信心。
◆各種災難降臨在約伯身上。
◆約伯與朋友們爭論災難降臨的原因。

這部書卷是透過一個信仰虔誠的人**約伯**，描寫無論遭遇任何苦痛或災難，都對上帝毫不懷疑，並勇敢面對的故事。

故事是從一場上帝與撒旦的爭論開始說起——上帝說，約伯是這世上最正直的人；撒旦則反駁道，若奪去約伯的財產，他一定會詛咒上帝。撒旦得到測試約伯的許可後，便奪去他兒子們的性命，又讓他的牲畜被敵人奪走。

不僅如此，撒旦還讓約伯患上皮膚病，遇上各種災難。有一天，約伯和三個朋友開始爭論起來。約伯堅稱，上帝降下了不公正的處罰在他身上，容許邪惡得到彰顯。**以利戶**是一個比他們四人年輕的男子，他聽到了四人間的對話，便批評約伯，並向他們陳述上帝的正義。

此時，上帝終於對約伯做出回應，約伯才明白了上帝的行事之道，是超越人類所能理解的。於是，約伯改變自己的想法，並重新讓他的人生欣欣向榮。

詳細解說

故事完成的年代已不可考，但一般通常認為，很可能是完成於以色列王國步向沒落的時期。

關於約伯遇到的災難的爭論

【約伯的朋友】

提幔人以利法 … 全然地信任上帝吧。

書亞人比勒達 … 因為約伯的兒子們對上帝做了惡事。

拿瑪人瑣法 … 一定是約伯自己有什麼不對。

●**約伯答說，自己沒有做任何不對的事。**

以利戶 … 敦促約伯專心地向上帝禱告。

●**苦痛是具有教育意義的。**

舊約

詩篇

來自大衛的信仰之歌

POINT
◆讚美與悲嘆的詩歌占多數。

創作詩篇，是為了使用於禮拜與獻祭儀式中。**〈詩篇〉**蒐集了從古以色列王國時代到巴比倫被擄為止，長達一千年以上的時間中所產生之宗教詩。其中多數為讚美與悲嘆的詩歌，有著強烈的信仰以及超越時代的祈禱，歌頌著喜悅與絕望等人類所能體驗到的各種心情。在一百五十篇詩篇中，七十三篇標有〈大衛的詩篇〉之標題，但並不一定都是出自大衛之手。正確的解釋應該是這些詩篇是為大衛而寫，或者以大衛之名所寫，實際的作者很可能是**宮廷詩人**、**先知**、祭司或書記官。

舊約

雅歌

所羅門寫下的愛之歌

POINT
◆據說是所羅門年輕時期所寫下的情歌。

〈雅歌〉是一部收錄了愛之歌的書。書名意為歌中的雅歌，也就是最上乘的歌、優雅出眾的歌之意。以男女互訴衷曲的形式詠唱。一般的理解，多為〈雅歌〉說明了上帝認同男女之間的愛。

〈雅歌〉來自**所羅門**王的時代，據說是所羅門年輕氣盛、充滿熱情的時期所寫下的作品。不過，〈雅歌〉同樣沒有證據能證明是出自所羅門之手。故事的主角，據說是鄉下的年輕姑娘與她的情人。〈雅歌〉透過他們，詠唱出相愛的人之間情感豐富的讚美與思慕。

對於〈雅歌〉的詮釋，現在以「**讚美男女間的愛情**」為主流。但十九世紀以前的解釋則是宗教性的，認為〈雅歌〉的真正意義，是用男女之愛來譬喻人類對上帝的思慕。

舊約

但以理書

鼓勵民眾的文學作品

出處

〈但以理書〉

POINT

◆但以理信仰忠誠的朋友被投入火中，仍毫髮無傷。

◆但以理被丟入獅子穴中，但在神的加護下平安無事。

◇培育優秀青年的巴比倫宮廷

巴比倫被擄的時代，巴比倫的宮廷中，存在一種教育制度——只要是優秀者，不論其出身、階級，都能接受特別教育。

這項制度也有挑選出猶太族的人，包括**但以理**、哈拿尼雅、米沙利、亞撒利雅。

有一次，**尼布甲尼撒**下令製作他的雕像，並要官員們對此膜拜。然而，和但以理一同入選的其他三名猶太人，都因為對以色列的神有著虔誠信仰，而拒絕膜拜。

國王一怒之下，將其他三人丟入火中，結果三個猶太人非但沒被燒死，還毫髮無傷。

國王大驚，不僅稱讚他們的神，還為三人加官進爵，讓他們成為省中的高官。

◇但以理受歷代君王寵愛

但以理在四人中特別優秀，因為他會替當時的國王尼布甲尼撒解夢，所以深得信任。即使在新巴比倫王國的時代結束，**波斯**時代來臨後，他也依舊是國王的重臣。

不過後來出現了一群看不慣但以理的人，他們結夥陷但以理入罪，讓他被關進養獅子的柵欄裡。然而，但以理得到了上帝的加護，獅子在他面前也變得十分溫馴。最後他平安無事地生還。

人物

【但以理】原本是猶太族民間傳說中的英雄。猶太族曾因哈斯蒙尼家族的活躍，帶起了群眾的民族主義，但以理的故事似乎就是出現在這個時期。

但以理書的架構

但以理書分成故事部分和啟示文學部分。
故事部分描述活躍於巴比倫被擄時之先知的一生。

但以理的三個朋友拒絕膜拜巴比倫王的雕像，因而被投入火中，不過在上帝的守護下，毫髮無傷。

但以理長得一表人才又才華洋溢，他兩度為尼布甲尼撒二世解夢。

但以理侍奉波斯王，可卻遭大臣們嫉妒，被放進獅子穴中。但在上帝守護下，獅子沒有動他一根寒毛，因此平安生還。

於伯沙撒王的筵席中，但以理解出牆上所寫的文字之意。他的解釋在伯沙撒王死後，以王國分裂的形式成真。

但以理外傳（Additions to Daniel）

蘇撒拿與兩名長老	美女蘇撒拿（Susanna）被兩名長老誣告，說看到她在沐浴時與年輕男子幽會。因為蘇撒拿已嫁作人婦，所以被宣判死刑。此時但以理出現，分別詢問兩名長老：「他們是在什麼樹下幽會的？」結果兩人的答案不同，但以理也藉此向眾人揭穿了他們的謊言。
但以理與貝爾神	巴比倫王國的民眾認為，他們所敬拜的貝爾（Bel）神像每天都會吃供品。不過但以理主張「貝爾並非活生生的神祇」，因此激怒了國王。於是，但以理便悄悄在供品四周灑灰，第二天發現灰上面出現無數個腳印，才揪出其實是祭司們在偷竊供品。

此處收錄了多篇關於但以理的故事，且未記載於〈但以理書〉中。

詳細解說

〈但以理書〉的前半，是講述被擄至巴比倫的猶太人的活躍表現，以及陷害猶太人的人遭到報應的故事。後半則文風一變，變成啟示文學的內容。這部書卷被認為是在猶太人遭到敘利亞之塞琉古王朝迫害的時代所寫，撰寫的目的是為了激勵生活在水深火熱之中的猶太人。

關鍵詞

◎ **啟示文學**

猶太教、基督教中，帶著濃厚末日論色彩的文書，就稱為啟示文學。其特色為經常使用動物或自然現象，來表達象徵性的含意。此外，還有一種寫作形式，是借用《舊約聖經》中著名人物的名字，描述那個人看見了什麼樣的幻象。〈但以理書〉的後半部分，也是以此種形式寫成，內容中暗示出迫害猶太人的國王，並預言其王國的滅亡。

舊約

箴言

關於人生的智慧

POINT

◆記載著許多關於人生的教訓。

據信是出自所羅門之手，內容蒐集了各種對於生活的忠告與智慧。以格言體裁寫成，收錄統治階層的後輩必須學習的教訓，但並非只能用在王宮官員與精英的培育上。

〈箴言〉中有七個標題，分成七個部分，分別完成於不同時代。第一部分最新，寫成於亞歷山大大帝剛征服後的時期，第二部分提到了國王，可推斷出是於以色列王國的時代撰寫而成。

第三部分中，出現了與埃及學校教科書《阿門內莫普教誨》（Instruction of Amenemope）內容相似的部分。第五部分被認為是猶太王希西家留下的話語。第六和第七部分則被認為是瑪撒王利慕伊勒的話語。

舊約

傳道書

每個人都難逃一死

POINT

◆講述人類社會的荒謬、矛盾與虛無。

本書卷開宗明義提到這是「傳道者的語言」，「傳道者」原本是指對與會的群眾說話的人，中文將這部書卷譯為「傳道書」。內容是以面對死亡為主題，記載了人類社會的荒謬與矛盾，以及對於虛幻人生的洞察與見解。經文中指出作者是所羅門，但實際如何並不明朗。

書中一針見血地道破人間現實，講述人生無常，生命就像隨著破曉消散的霧氣一般，而死亡也會平等降臨在正直的人和不正直的人身上。

接著指出人生是短暫的，只有上帝與上帝創造的秩序才是永恆不朽的，並建議大家接納一切、享受人生。因為自己的存在，就是一種上帝的恩賜。

新約

1 章

以莊嚴傳說烘托出的救世主之誕生

聖誕之前 1

安提帕特家族的崛起

POINT

- 羅馬趁哈斯蒙尼家族內亂，占領猶太之地。
- 猶太人的領土被大幅縮減。
- 安提帕特家族崛起。
- 希律成為猶太之地的統治者。

龐培趁亂占領猶太之地

哈斯蒙尼王朝末期，哈斯蒙尼家族因王位繼承的問題，產生了內部鬥爭。**羅馬**的將軍**龐培**見有機可趁，便占領**耶路撒冷**，奪得了猶太之地的掌控權。他對猶太人進行政治報復，大幅縮小**猶太**人的領土。

不僅如此，猶太人在被羅馬統治以前，大祭司同時擁有宗教權力和政治權力，但政治上採用了羅馬共和國的**共和制**後，大祭司就逐漸失去其世俗性的權力。

哈斯蒙尼王朝末期，**以土買**出身的**安提帕特**（Antripater）**家族**崛起，取得了猶太的掌控權。安提帕特先是接受龐培的庇護，龐培被**凱撒**（Caesar，和合本譯為「該撒」）打敗後，便臣服於凱撒。

希律討好掌權者，累積財富

西元前四十四年，凱撒被暗殺後，哈斯蒙尼家族中的少數倖存者**瑪他提亞・安提哥納斯**（Mattathias Antigonus），在**帕提亞帝國**（又譯作「安息帝國」）的援助下，奪回了耶路撒冷，並宣告猶太獨立。

安提帕特（Antripater）的兒子**希律**見此，便請求羅馬軍協助。希律打敗了安提哥納斯軍，奪回耶路撒冷。於是，希律取代了哈斯蒙尼家族，在羅馬的支持下，成為猶太的統治者。

詳細解說

哈斯蒙尼王朝統治猶太地區的末期，羅馬的勢力在地中海地區愈來愈強盛，並取代了希臘人。此時，羅馬正處於共和制（非由特定的個人或社會階層所統治的政治形態）末期，龐培崛起，但之後又敗給了當上獨裁官的凱撒，羅馬正逐漸走入君主制。

猶太人的領地

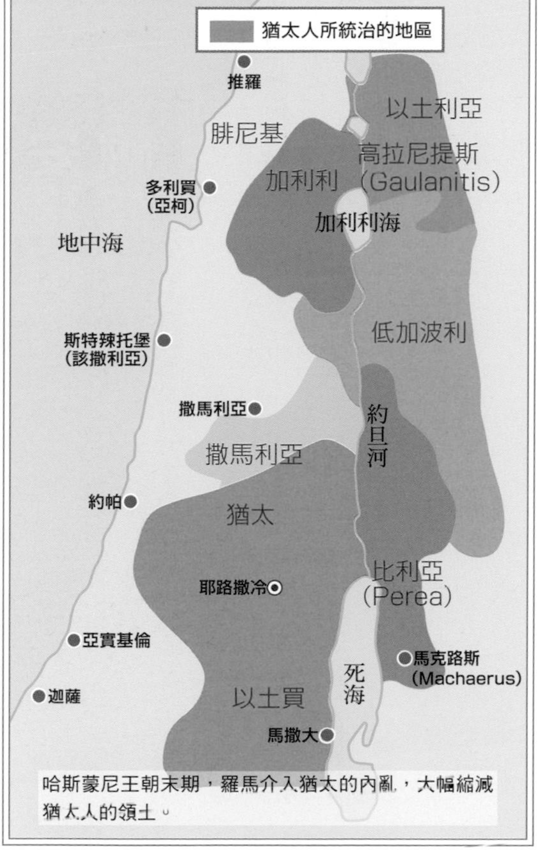
猶太人所統治的地區
推羅
腓尼基
以土利亞
高拉尼提斯
(Gaulanitis)
加利利
多利買
(亞柯)
加利利海
地中海
低加波利
斯特辣托堡
(該撒利亞)
撒馬利亞
約旦河
撒馬利亞
約帕
猶太
比利亞
(Perea)
耶路撒冷
亞實基倫
馬克路斯
(Machaerus)
死海
迦薩
以土買
馬撒大

哈斯蒙尼王朝末期，羅馬介入猶太的內亂，大幅縮減猶太人的領土。

猶太王國的統治者

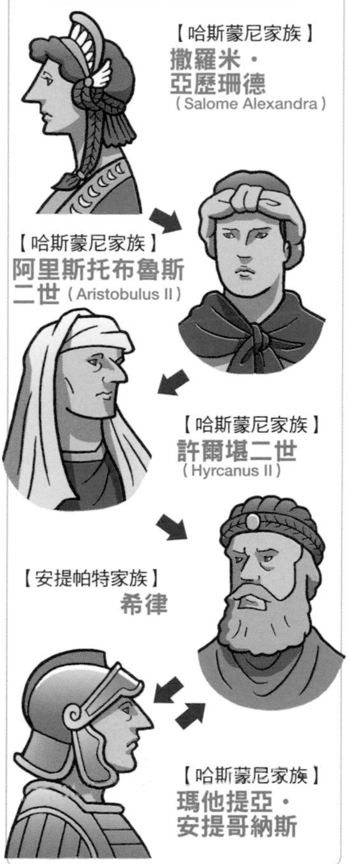
【哈斯蒙尼家族】
撒羅米・亞歷珊德
(Salome Alexandra)
【哈斯蒙尼家族】
阿里斯托布魯斯二世(Aristobulus II)
【哈斯蒙尼家族】
許爾堪二世
(Hyrcanus II)
【安提帕特家族】
希律
【哈斯蒙尼家族】
瑪他提亞・安提哥納斯

哈斯蒙尼家族與安提帕特家族

亞歷山大・楊紐 (Alexander Jannaeus) ＝ 撒羅米・亞歷珊德 (Salome Alexandra)

- 許爾堪二世 → 王位繼承之爭 ← 阿里斯托布魯斯二世
- 許爾堪二世 — 亞歷珊德 ＝ 亞歷山大（阿里斯托布魯斯二世之子）
- 阿里斯托布魯斯二世 — 亞歷山大、安提哥納斯
- 賽普勒斯 (Cyprus) ＝ 米利暗
- 安提帕特 ＝ 希律大帝

迷你知識

羅馬與猶太

對羅馬而言，猶太地方是攻打當時統治美索不達米亞之帕提亞的重要堡壘。因此，他們需要直接統治此地，或擁立忠於羅馬的國王當成魁儡政權。後來羅馬大力支持效忠於羅馬之希律的理由，就在於此。

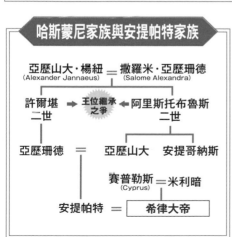

新約

聖誕之前 ②

希律大帝統治猶太王國

POINT
- 希律迎娶哈斯蒙尼家族的公主，想藉此掌握民心。
- 向羅馬宣誓效忠，以延續猶太王國的命脈。
- 希律在各地留下著名的建築。

希律迎娶哈斯蒙尼家族的公主之目的

希律以**羅馬**為靠山，成為猶太王國的統治者。然而，希律出身自**以土買**，又趕走了**哈斯蒙尼家族**，因此對猶太人民來說，他只是個空降的外邦人。

因此，希律迎娶哈斯蒙尼家族的公主**米利暗**，試圖藉此掌握民心。

另一方面，羅馬因希律的徹底效忠，而對他信任有加，賜給他大片領土。雖然希律受到人民唾棄，但也因他與羅馬結盟，進而擴大領土，才使得猶太繼續獨立了長達一百年之久。

希律推動大規模建設

此外，希律效仿羅馬，將耶路撒冷打造成一座羅馬風的都市。在他的統治期間，還進行了堡壘、宮殿、競技場等的擴建及興建。

不僅如此，希律又借用了羅馬的技術，在各地推動大規模的建設，例如，在**馬撒大**、**希律堡**和**該撒利亞**建港，**對耶路撒冷聖殿進行修復**等等。

年輕時的希律王

詳細解說

據說，希律坐上王位後，為了掌握權力，而對猶太教領導者階層進行整頓。宗教領導者的力量因而減弱，所以在政治問題上，幾乎毫無介入。

希律的王國與建設

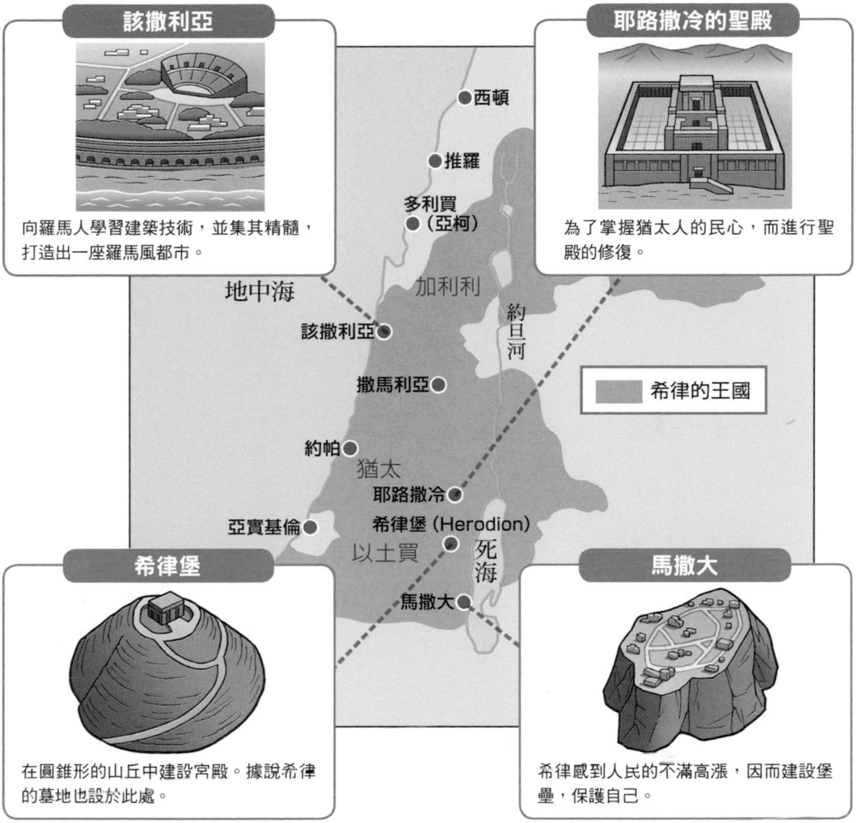
該撒利亞
向羅馬人學習建築技術，並集其精髓，打造出一座羅馬風都市。
耶路撒冷的聖殿
為了掌握猶太人的民心，而進行聖殿的修復。
西頓
推羅
多利買（亞柯）
地中海
加利利
約旦河
該撒利亞
撒馬利亞
希律的王國
約帕
猶太
耶路撒冷
亞實基倫
希律堡（Herodion）
以土買
死海
馬撒大
希律堡
在圓錐形的山丘中建設宮殿。據說希律的墓地也設於此處。
馬撒大
希律感到人民的不滿高漲，因而建設堡壘，保護自己。

人物

【希律】希律留下許多知名建築，使猶太社會更進步發達，是一名優秀的政治家，可同時也因疑心病重，而處決了多名心腹。他不但對王后米利暗冠上通姦罪，將其殺害，又因懷疑亞歷山大、亞里多布兩名王子圖謀暗殺，而將他們處決。據說，希律死於西元前四年，他的領土依據他的遺囑，分成三份由兒子們繼承。

聖經的舞台

◎ **希律堡**（以色列）

被認為是希律所有建設中最壯觀的希律堡，是將人工山丘的頂峰闢為圓形，並將碉堡皇宮建於此處。山腳下也設有許多建築，包括讓王公貴族度假的行宮等。一般認為，希律的墳墓也設於希律堡中，目前尚未發現。

猶太的宗教背景

POINT
- 猶太教處於分裂狀態。
- 撒都該黨與法利賽派對一般大眾具有影響力。
- 愛色尼派過著遠離俗世的生活。

撒都該黨與法利賽派

這個時期，**猶太教**分裂成四大團體：**撒都該黨**（和合本譯作撒都該人）、**法利賽派**（和合本譯作法利賽人）、**愛色尼派**和**奮銳黨**。

首先，撒都該黨認為，在**律法**上只有〈**摩西五經**〉是具有約束力的，其餘的說法都比不上〈摩西五經〉。

撒都該黨是由貴族、地主階層所構成，他們與**哈斯蒙尼家族**的**統治者**們，有著緊密的合作關係，握有**統治**猶太社會的**權力**。另外，他們雖然在宗教上態度保守，但對**希臘化文化**的影響卻保持開放性態度。

法利賽派要求信徒不僅在聖殿獻祭儀式上，還得在生活各方面都嚴格遵守律法。除了〈摩西五經〉外，也承認有威望的律法學者的口傳律法。法利賽派普遍受到**一般大眾及部分祭司**的支持。

聖經的舞台

◎ **馬撒大**（以色列）

位於死海西岸之猶太曠野接近中央一帶的一座菱形陡丘。希律因怕猶太人造反，而在這個要衝處建立碉堡皇宮。希律死後，羅馬軍駐紮在此。但第一次猶太戰爭中，奮銳黨等的群眾所組成的猶太反抗軍攻下此處，並死守城池，與對方展開激烈抗戰。周圍還留存著羅馬軍的陣地，以及羅馬軍進攻用的坡道等遺跡。

猶太教的分裂

撒都該黨	主要成員為耶路撒冷的貴族祭司階層、猶太的地方貴族和地主。過去，此黨一直在猶太教最高會議中占有多數，並掌握了宗教上和社會上的治理權，直到西元70年羅馬軍攻陷並占領耶路撒冷後才有改變。
法利賽派	此派主張在日常生活中，也必須貫徹耶路撒冷聖殿祭司所定下的種種規定。以律法學者占主導地位。西元70年羅馬軍占領耶路撒冷後，他們便成為猶太教的排他性領導階層。在〈福音書〉中，以耶穌的主要論敵之姿出現，經常強烈批判耶穌。
愛色尼派	過著類似後世修道院中的共同生活，成員有義務遵守團體內的各種規律。他們使用固有的年曆，每天的生活都要按部就班地依照規範，進行祭祀儀式、律法研究、農事工事和共同用餐等的活動。
奮鋭黨	西元6年，當猶太地方成為羅馬的直轄省時，於加利利的猶大的帶領下，發起反羅馬武力抗爭的激進派團體。他們認為只有上帝才是以色列的主，並且拒絕向羅馬納稅，刻有羅馬皇帝像的貨幣也因被視為偶像而拒絕使用。

更嚴格的愛色尼派與激進的奮鋭黨

愛色尼派對於律法的遵守，比法利賽派更嚴格，形成了一個封閉性的社會空間。他們**反對當時的聖殿獻祭**，並在財產共有制度下，過著自給自足、貫徹禁慾主義的生活。其中的一支就是在**昆蘭**過著與世隔絕的生活，並留下**死海古卷**的那一群人。

至於奮鋭黨，則是一支政治色彩濃厚的激進宗教派系，他們主張不服從羅馬，以獨立為目標，持續抗戰，因此展開了**對羅馬的武力抗爭**。猶太教的分裂與各派系的成長，可說是以斯拉進行的宗教改革促成的。因為他寫下了訓示民眾的典章律法，留下相關書卷，才產生了各門各派的詮釋。

關鍵詞

◎ **希臘化文化**

因為亞歷山大大帝的向東遠征，使希臘人往東遷居，也將其文化往東方傳播。最後，希臘文化與東方世界的文化相互融合，而昇華成另一種新的文化。這就是所謂的希臘化文化。

迷你知識

猶太人當時的職業觀

當時的猶太人社會中，充斥著各行各業的人士。他們都同樣被課以繳稅的義務，但稅金卻是交到羅馬手中，人民對此所產生的不滿日益累積。這也是為什麼會有人要耶穌回答：「向羅馬皇帝納稅，是不是違背我們的律法？」此外，在這個時代也存在著職業上的歧視，例如，有錢人將體力勞動視為奴隸的工作，而加以輕視；還有些猶太人瞧不起替羅馬徵收稅金的稅吏等等。

新約

天使報喜 1

施洗約翰的誕生

出處
〈路加福音〉第1章第5節～80節

POINT
- 為耶穌施洗的約翰誕生。
- 對上了年紀的以利沙伯進行「天使報喜」。
- 撒迦利亞不相信妻子會懷孕。
- 約翰長大後離開家門，過著修行生活。

施洗約翰的誕生告知

提到「**天使報喜**」，一般都會想到聖母**馬利亞**被告知**耶穌**即將誕生的故事，但在這之前還有過另外一次「天使報喜」，這次降生的嬰兒，爾後在《新約聖經》中將成為十分重要的角色。

住在猶大的祭司**撒迦利亞**，已屆高齡卻膝下無子。

他的妻子**以利沙伯**也上了年紀，因而放棄了生子的念頭。但某天，撒迦利亞在聖殿祈禱時，天使**加百列**突然出現在他眼前。加百列告知撒迦利亞，以利沙伯將產下男嬰，並指示他為男嬰取名為**約翰**。

約翰誕生後，撒迦利亞便得到赦免

但撒迦利亞十分懷疑天使之言，畢竟妻子年紀老邁，怎麼可能懷孕。結果撒迦利亞因為懷疑上帝，所以受到懲罰，變得無法說話。後來，以利沙伯真的如天使所言，懷上胎兒，腹部也不斷變大。

產期到了，以利沙伯生下了一名男嬰。而這名男嬰就是未來的**施洗約翰**。同時，撒迦利亞的罪也得到了赦免，而能重新開口說話。

約翰長大後，沒有繼承父親的祭司工作，反而離開家門，在曠野中修行。

關鍵詞

◎ **聖靈**

聖經會以「主的靈」和「神的靈」來指稱的特別用語，意指人的肉眼所看不見的、上帝的神奇力量。在基督教中，聖靈是重要之三位一體的其中一個位格，可展顯上帝意志的統一，並能赦免人的罪、給人希望，帶領人類獲得永恆的生命。

兩個聖家庭之間的關係

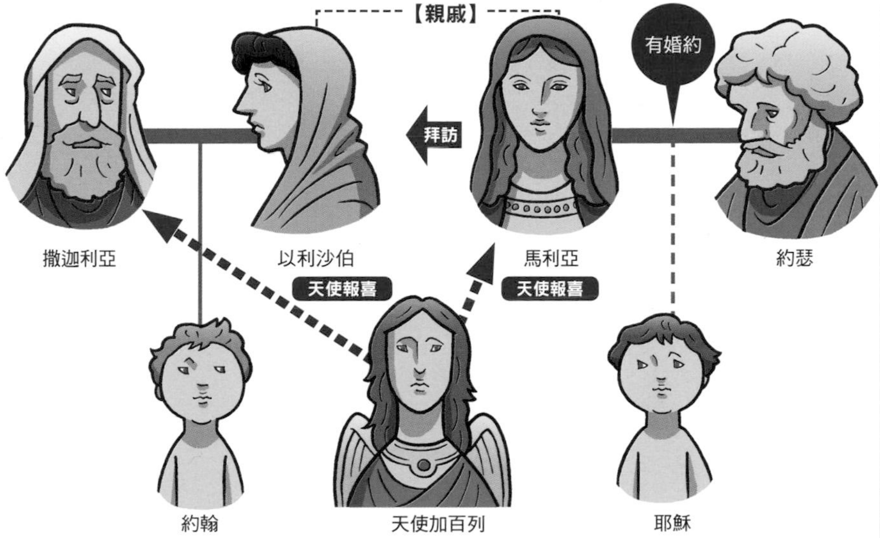

生下施洗約翰的以利沙伯，與生下耶穌的馬利亞有親戚關係。產下《新約聖經》中兩個重要角色的聖家庭，彼此之間其實都有關聯。

聖經的軼事

【馬利亞的拜訪】

先是以利沙伯因天使報喜而懷孕，接著，住在加利利地方拿撒勒城的馬利亞也得到了天使的報喜。天使告訴她，她將生下耶穌這個偉大的人物。

馬利亞在聽到天使報喜之後，來到猶大的城鎮上拜訪以利沙伯。其實她們兩人是親戚。據說，馬利亞抵達後，以利沙伯一聽到馬利亞問安，她腹中的胎兒就開始舞動，同時以利沙伯也被聖靈充滿。馬利亞見狀，也感到十分幸福。她在以利沙伯家待了三個月後才回去。

關於施洗約翰的「天使報喜」與誕生，以及馬利亞的拜訪，都只有記錄在〈路加福音〉中。

新約

天使報喜 ②

馬利亞被告知耶穌即將誕生

出處

〈路加福音〉第1章第26節～38節
〈馬太福音〉第1章

POINT

- 天使出現在馬利亞面前，告知她已懷有身孕。
- 馬利亞透過聖靈而懷孕。
- 父親約瑟是大衛的後代。
- 約瑟原本打算與馬利亞解除婚約。

◇聖靈的力量使馬利亞處女懷孕

一位名叫**馬利亞**的少女，住在**加利利**地方的**拿撒勒**。她和住在同個鎮上名叫**約瑟**的**木工**訂了婚。有一天，**天使加百列**出現在她面前，對她說：「願妳平安！妳是蒙大恩的女子，主與妳同在！」又告訴她，她已懷有身孕，之後將生下一名男嬰，並且要她取名為耶穌。

不過因為馬利亞還是處女，所以她十分困惑。天使便對她說：「上帝無所不能。」據說，馬利亞是透過**聖靈**的力量而懷孕。

◇天使也向約瑟報喜

與馬利亞訂婚的約瑟，是**大衛的後代**，也是虔誠的猶太教徒。當時猶太的婚姻法規定，已訂婚的兩人雖然可視為夫妻，但在訂婚期間的一年之中不得發生性行為。約瑟忠實地遵守著這條規定，不過實際上馬利亞卻懷孕了。因此約瑟想在事情被發現之前，偷偷和馬利亞解除婚約，如此一來也比較不會傷害到馬利亞。

可某天晚上，主的天使出現在他的夢中，告訴他：「不要怕，儘管娶馬利亞為妻。」又指示他要為生下來的男嬰取名耶穌，並說那個孩子未來將會拯救人民，讓人民脫離他們的罪。

約瑟聽到這番話，便決定按照原定計畫與馬利亞成婚。

在希臘化潮流中誕生的故事，經常將超越凡人的人物，視為來自神祇與人類的交涉。因此有人指出，天使報喜的故事或許也是希臘化潮流中的產物。

人物

【馬利亞】 耶穌的母親馬利亞。因為她透過聖靈以處女之身懷孕，所以不同於其他背負著原罪的女性。意外的是，在聖經中沒有太多的出場機會。

兩次天使報喜

路加福音

【馬利亞】
「我是主的婢女；願你的話成就在我身上。」

馬利亞接到天使報喜

【天使加百列】
「馬利亞，不要害怕，因為上帝施恩給妳。妳要懷孕生一個兒子，要給他取名叫耶穌。」

天使加百列

馬太福音

煩惱的約瑟

【主的天使】
「不要怕，儘管娶馬利亞作妻子，因為她懷的孕是由聖靈來的。她將要生一個兒子，你要給他取名叫耶穌。」

主的天使

聖經中對於天使報喜，在〈路加福音〉和〈馬太福音〉有不同的記載。

聖經的舞台

◎ **拿撒勒**（以色列）

東有他泊山，南有耶斯列平原（Valley of Jezreel），西邊有迦密山的群山。後來，相信耶穌是救世主的民眾，也被稱為「拿撒勒人」。當時的拿撒勒只是一個住著四、五百人的小村莊，但如今，這裡則有報喜堂（Basilica of Annunciation）、馬利亞井（Mary's Well）等基督教的歷史遺跡。

迷你知識

「耶穌」之名

「耶穌」這個名字，和《舊約聖經》中的「約書亞」相同，都有「上主拯救」之意。再者，希伯來文的「彌賽亞」翻譯成希臘文，就成了「基督」。因此，耶穌基督的意思可視為「身負上帝的使命，被派遣來引導人民的救世主」。

新約

耶穌誕生

耶穌誕生與逃往埃及

出處

〈路加福音〉
第2章第1節～40節
〈馬太福音〉
第2章

POINT

- 約瑟一家人為登記戶口而前往伯利恆。
- 耶穌在他們前往伯利恆的途中誕生。
- 受到牧羊人與東方三博士的祝福。
- 一家人為躲避幼兒屠殺令而逃往埃及。

出生在伯利恆的救主耶穌

聖經上記載，**馬利亞**懷有**耶穌**時，**羅馬皇帝奧古斯都**（和合本譯作「亞古士督」）下令對帝國境內的所有居民進行**戶口登記**，人民必須回到自己的**祖籍地**辦理登記。

因此，**大衛後裔的約瑟**便帶著懷有身孕的妻子馬利亞，從**拿撒勒**向**伯利恆**出發。下榻於伯利恆時，馬利亞臨盆，生下了耶穌。

據〈**路加福音**〉中記載，就在此時，全身發光的天使出現在一群**牧羊人**的面前，告訴他們**救世主**誕生在一個馬兒的飼料槽裡。接著又出現了無數的天使，並說著：「願榮耀歸於至高之處的上帝！願和平歸給地上的人民！」那些牧羊人見狀，便動身前往伯利恆，並在那裡見到了約瑟、馬利亞和飼料槽裡的耶穌。

逃往埃及，躲避屠殺

據〈**馬太福音**〉記載，耶穌誕生之際，**東方三博士**在一顆星的引領下前來耶路撒冷，詢問那裡的人：「那位將要成為猶太王者的新生兒在哪裡？」

這個消息逐漸傳開，他們因此得到**希律大帝**的接見。當希律大帝命令他們去尋找那個孩子時，那顆星又再度出現，東方三博士便朝著那個方向前進。在星星的引領下，他們來到伯利恆，並拜見了耶穌。

希律命令東方三博士找出新王者，表面上是說他也想去參拜，但實際上，他是個充滿猜忌的人。

聖經上寫道，希律聽了東方三博士的回報，覺得那孩子絕對不是個普通人物，因此心生畏懼，便下令在伯利恆一帶**屠殺所有兩歲以下的男孩**。天使將這件事告訴了約瑟，於是他們一家便逃往**埃及**，躲避屠殺。

約瑟一家人逃往埃及

聖家庭逃往埃及

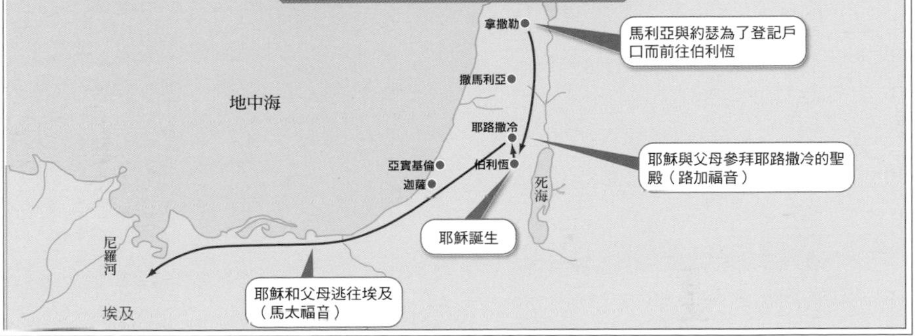
拿撒勒
撒馬利亞
地中海
耶路撒冷
亞實基倫
伯利恆
迦薩
死海
尼羅河
埃及
馬利亞與約瑟為了登記戶口而前往伯利恆
耶穌與父母參拜耶路撒冷的聖殿（路加福音）
耶穌誕生
耶穌和父母逃往埃及（馬太福音）

耶穌雖在伯利恆順利產下，可希律大帝卻向他伸出魔掌，企圖阻止救世主的誕生。於是約瑟、馬利亞、耶穌三人，在上帝的引導下逃往埃及。

聖經的舞台

◎ **伯利恆**（以色列）

伯利恆是位在耶路撒冷南方山丘上的一座城鎮。君士坦丁大帝（Constantine the Great，在位期間三〇六～三三七年）的時代，認為伯利恆東方的洞穴，就是耶穌的出生地，因而在此地建造了一座聖誕教堂（Church of the Nativity）。

迷你知識

前來伯利恆的理由

據說，羅馬的戶口登記，其實並不需要專程回祖籍地。聖經中之所以這麼寫，是因為有必要建立起約瑟與大衛（伯利恆人）的關係。猶太人認為，拯救人民的救世主，一定會出現在大衛的家譜中。因此才透過成就這個傳說，來讓耶穌與救世主畫上等號。

新約

少年時代

聖經中描繪的少年耶穌

出處
〈路加福音〉第2章第41節～52節

POINT
◆ 希律死後，耶穌遷居至拿撒勒。
◆ 十二歲的耶穌在聖殿與學者們高談闊論。

◆與知名學者高談闊論的少年耶穌

約瑟一家人為逃避**希律**的屠殺而遷居於**埃及**。希律死後，他們便在天使的告知下回到猶太之地。

耶穌成長至十二歲時，住在拿撒勒的一家人，為了參拜聖殿而造訪**耶路撒冷**。可此時，耶穌卻突然不知去向。父母拚命尋找，卻怎麼也找不著。三天後才在耶路撒冷的聖殿裡發現他，當時圍在他身邊的全是知名學者。原來年少的耶穌正在和他們議論。據聖經記載，之後耶穌長得愈來愈高，也愈來愈有智慧，變成一個人見人愛之人。

◆次經記載著為泥偶注入生命的奇蹟

另一方面，記載著關於耶穌的傳說的**次經**中，有一則故事描述耶穌五歲時用泥巴捏麻雀，結果當耶穌一做好那些麻雀泥偶，它們就立刻展開雙翅，一邊叫一邊展翅高飛。

儘管其中也有令人懷疑真實性的部分，不過經卷中留下了許多耶穌在年幼時展現出特殊才能的故事。雖然無法得知詳細如何，但年少的耶穌最有可能過的實際生活，或許是一邊幫忙家中工作，一邊在虔誠的約瑟身邊學習聖經。

從藝術看聖經

◆《聖母經》

《聖母經》（Ave Maria）是將天主教教會、東方基督教（Eastern Christianity）進行的「對聖母之祈禱」，當成歌詞或標題的樂曲。十世紀時，以葛利果聖歌（Gregorian Chant）的形式出現，再由往後的許多作曲家寫成。原名的「Ave Maria」為拉丁文，Ave是問好時使用的「嗨！」「願你平安！」等的感嘆詞。

少年時的耶穌

耶穌與猶太學者們
高談闊論

只有〈路加福音〉描寫到的耶穌少年時代

▼

在耶路撒冷的聖殿中，與知名的學者進行討論。

《多馬嬰孩福音》（Infancy Gospel of Thomas）**中描寫耶穌少年時代**

▼

用泥巴做出的麻雀泥偶，因獲得生命而展翅高飛。

關於耶穌的少年時代還充滿了未解之謎，但聖經及次經中，記載著許多顯示出耶穌是上帝之子的故事情節。

迷你知識

四福音書

《新約聖經》的一開頭，就是四部有福音書之稱的書卷。福音意指「好消息」，書卷中以傳記故事的風格，記載著耶穌一生的行跡。其中最古老的，就是從耶穌受洗開始寫起的〈馬可福音〉。一般認為，接下來所完成的馬太和路加，是以馬可福音為基礎撰寫的。〈馬太福音〉主要是以猶太人基督徒為對象，將耶穌描寫成將舊約圓滿完成的人。另一方面，〈路加福音〉主要是以外邦人基督徒為對象，將其視野放在地中海地區。而第四部〈約翰福音〉，則與前面三部相當不同，寫有許多思想性的論述。內容將耶穌描寫成天上與人間的仲介者，而又不隱藏耶穌的本性。

新約

施洗者

施洗約翰的思想與行動

出處

〈馬可福音〉第1章第1節～18節
〈馬太福音〉第3章第11節～12節
〈路加福音〉第3章第1節～9節

POINT

- 約翰在約旦河替民眾施洗。
- 大批民眾前來約翰之處。
- 約翰告誡眾人，上帝的審判即將來臨。
- 約翰說自己並非彌賽亞。

在約旦河為人施洗

與耶穌少年時代的故事相隔二十多年後，**約翰**在**約旦河**邊出場。

祭司**撒迦利亞**和**以利沙伯**所生下的約翰長大後，就一個人到曠野中修行。後來，他開始以蝗蟲和蜂蜜為食，身上的衣著則是披一塊駱駝皮毛，腰間再繫上一條腰帶而已，還以此穿著為民眾施洗。很快的，關於他的事傳遍各地，大批群眾從猶太各地方爭相來到此處。

約翰對前來的這些人說，末日將至，最後審判即將到來，並告誡他們要悔改。民眾聞其所言，便開始向他懺悔自己的罪行，以求靈魂的救贖。約翰將他們汙穢的身體投入約旦河之中，為他們**施洗**。

這些人很多都是處在社會底層的窮人。

在我以後來的那一位就是彌賽亞

眾人都一心認為，約翰就是他們所期盼的救世主「**彌賽亞**」。然而，約翰斬釘截鐵地否認這件事，並告訴眾人，自己只是先行者，在他以後來的那一位就會是彌賽亞。

他甚至形容「憑我這樣的人，連

關鍵詞

◎ **施洗／受洗**

「施洗／受洗」的英文是Baptisma，意指將身體浸在水中，透過洗滌，淨化身上的罪孽與汙穢，以展開全新生活的行為，同時也具有成為信徒的含意。在基督教的教會中，施洗／受洗的方式包括將全身泡進河川或設於教會內的水槽中，或用手在頭上滴下幾滴水，或使用手或容器將水澆灌在身上。

替在我之後來的那一位提鞋，都配不上」，以此顯示出對方的偉大。

約翰將自己稱為水的施洗者，並將在他以後來的彌賽亞稱為火的施洗者，因為火能夠燒盡一切。他勸服眾人，上帝的審判之日已來到眼前。

施洗約翰的足跡
加利利
加利利海
約旦河
約翰三十多歲時，開始在約旦河的溪谷間傳達末日將至、教導人民悔改，並為人施洗。
天使出現在祭司撒迦利亞面前，宣告他的妻子以利沙伯將產下男嬰，那名男嬰會成為如以利亞一般的先知。
約翰為耶穌施洗。
猶太
比利亞
伯大尼
耶路撒冷
昆蘭
死海
出生後不久，便在猶大曠野中一邊修行，一邊成長。
約翰在猶太領導階層的人的詢問下，回答說自己並不是彌賽亞，而是告知彌賽亞即將來臨的人。

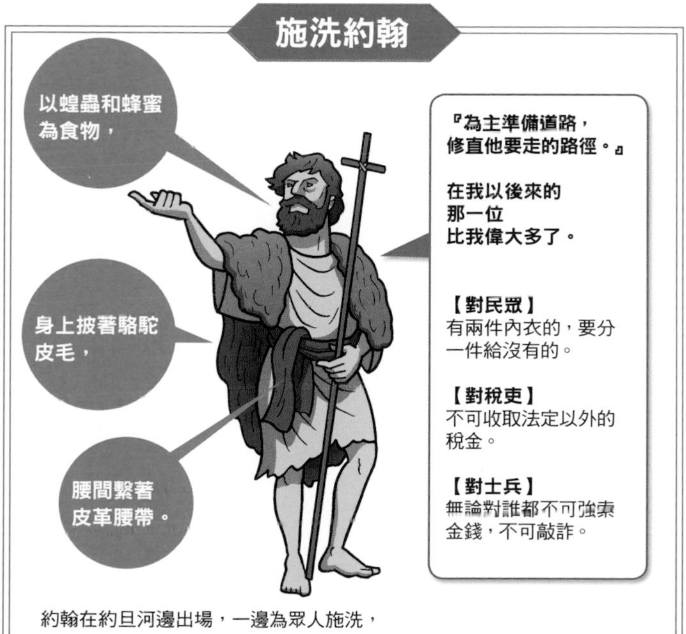
施洗約翰
以蝗蟲和蜂蜜為食物，
身上披著駱駝皮毛，
腰間繫著皮革腰帶。
『為主準備道路，修直他要走的路徑。』
在我以後來的那一位比我偉大多了。
【對民眾】有兩件內衣的，要分一件給沒有的。
【對稅吏】不可收取法定以外的稅金。
【對士兵】無論對誰都不可強索金錢，不可敲詐。
約翰在約旦河邊出場，一邊為眾人施洗，一邊勸人悔改。

Column

《新約聖經》的節慶 1

聖誕節

說到聖誕節，一般都會想到就是每年12月25日慶祝耶穌基督生日的日子。然而實際上，基督誕生的日子並沒有明確的定論，《新約聖經》中也沒有相關的記載。有一說是在10月1日或2日，初期的基督教中也有各種不同說法，包括1月1日、1月6日等等。

像現在一樣以12月25日為耶穌基督生日，各個教會都會正式加以慶祝的習慣，是從四世紀的教宗儒略一世（Julius I）的時代開始養成的。

這個季節原本就有舉行盛大慶典的習慣。人民會在一年的勞動結束之後，將食物加以貯藏，以等待冬天的來臨。當時的基督教教會一直希望能讓羅馬人和日耳曼人改信基督教。為了傳道之便，他們經常會利用當地的慶典，因此有人認為當時是為了傳道，才將當時歐洲人舉行的冬至慶典與基督生日的慶典視為同一天。

最早一次不假教會之手，而有日本人自行慶祝聖誕節的紀錄，是在1875（明治8）年的銀座，舉辦於原女學校內。此外，據說幕末政治家勝海舟的三男桂太郎，也是在這一年第一次裝飾聖誕樹。

此後，聖誕節逐漸在一般家庭中普及開來，現在則變成情侶之間過的節日。

不過在純粹地傳承著聖誕節的基督教圈中，聖誕節是一個與家人團圓的日子，並且會在聖誕樹下放置禮物慶祝。

新約

2章

耶穌幫助弱者的佈道活動

新約

洗禮

約翰為耶穌施洗

出處

〈馬太福音〉
第3章第13節～17節
第14章第1節～3節
〈馬可福音〉
第1章第9節～11節
第6章第14節～29節
〈路加福音〉
第3章第21節～22節
第9章第7節～9節

POINT

- 耶穌出現在約翰面前。
- 耶穌接受約翰的施洗。
- 掌權者畏懼約翰強大的影響力，而將其逮捕。
- 約翰被希律・安提帕斯處決。

◆如鴿子般降下的聖靈

一名男子出現在**約旦河**為人施洗的**約翰**面前，這個人正是**耶穌**。

推測當時是三十一、二歲的耶穌，請求約翰為他施洗，但約翰震服在他的威嚴之下，惶恐地拒絕說：「我才應該接受你的施洗……」

然而，因為行為端正、凡事從上帝之意的耶穌一再懇求，所以約翰最後還是為耶穌施洗了。

此時天上打開了一個洞，**聖靈**宛如**鴿子**般降下，有聲音從天上傳下：「你是我親愛的兒子，我喜愛你。」

◆約翰後續的殘酷遭遇

約翰為耶穌施洗後，就完成了他在耶穌佈道活動上，可說是領航人的任務。然而，在這之後他的人生卻滿是荊棘。

為耶穌施洗後不久，約翰就被**加利利**的分封王——**希律・安提帕斯**（Herod Antipas）逮捕，關入大牢。

猶太人的知名史學家**約瑟夫斯**（Flavius Josephus）在其所著的**《猶太古史記》**（Antiquities of the Jews）上指出，安提帕斯畏懼約翰的影響力，怕他遲早有一天會發動暴亂，因此先下手為強，將他逮捕。

不過，還有另一種說法是這件事牽涉到約翰曾譴責安提帕斯，強搶弟弟的妻子**希羅底**為妻的行為。

約翰被安提帕斯以謀反罪的嫌疑關進大牢，並在該地遭到處決。

施洗約翰的下場

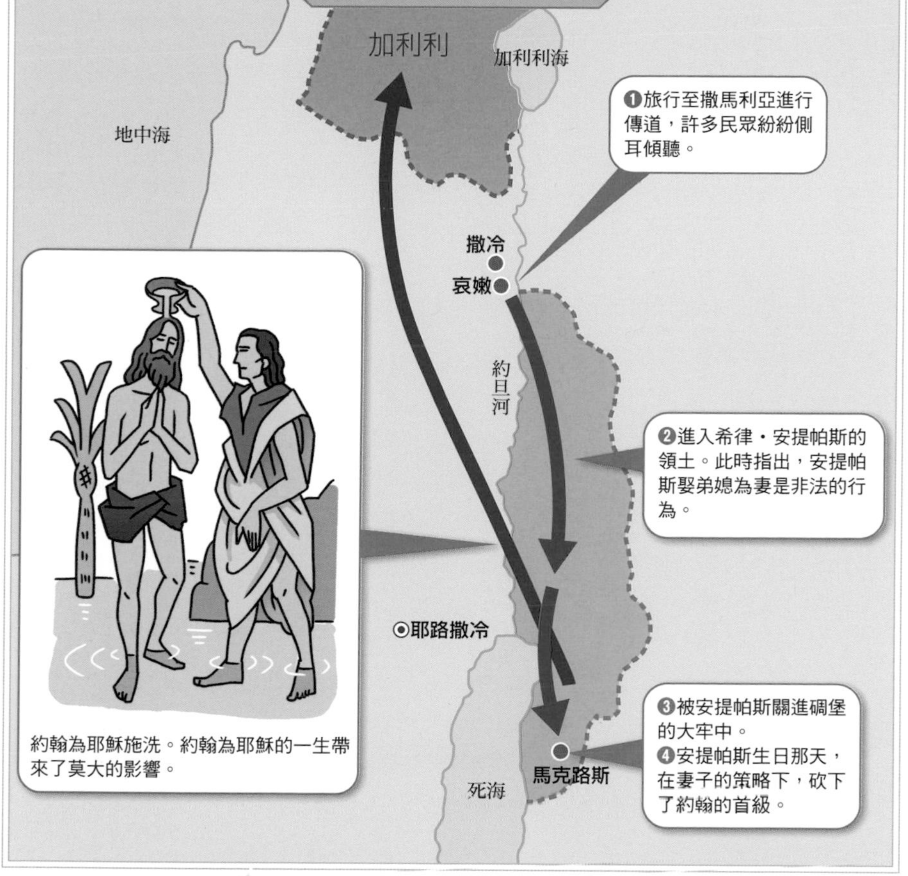
加利利
加利利海
地中海
❶旅行至撒馬利亞進行傳道，許多民眾紛紛側耳傾聽。
撒冷
哀嫩
約旦河
❷進入希律・安提帕斯的領土。此時指出，安提帕斯娶弟媳為妻是非法的行為。
耶路撒冷
❸被安提帕斯關進碉堡的大牢中。
❹安提帕斯生日那天，在妻子的策略下，砍下了約翰的首級。
馬克路斯
死海
約翰為耶穌施洗。約翰為耶穌的一生帶來了莫大的影響。

聖經的軼事

【希羅底的計謀】

希羅底憎恨反對她婚事的約翰。然而，她的丈夫安提帕斯卻逐漸對牢獄中的約翰感到欽佩，因而遲遲無法下手。安提帕斯生日當天，女兒莎樂美（Salome）獻舞，安提帕斯心情大好，便說：「妳想要什麼儘管告訴我。」希羅底吩咐女兒向父親要約翰的首級。最後安提帕斯只好痛心地砍下約翰的頭。

關鍵詞

◎ 鴿子

鴿子是聖經中出現最多的鳥類，象徵和平、純潔、不受汙染。我們經常以叼著橄欖樹枝的鴿子作為和平的象徵，這是來自於挪亞方舟的傳說。大洪水漸退，挪亞放出鴿子去調查是否有陸地，結果鴿子叼著橄欖樹枝回來。另外對基督教而言，耶穌受洗的場面也讓鴿子成了聖靈的象徵。

新約

耶穌受試探

耶穌驅走撒旦

出處

〈馬太福音〉
第4章第1節～11節
第14章第1節～3節
〈馬可福音〉
第1章第12節～13節
〈路加福音〉
第4章第1節～13節

POINT

◆耶穌禁食四十天。
◆撒旦出來試探耶穌。
◆耶穌引用《舊約聖經》之言，擊退撒旦。

撒旦妨礙耶穌的禁食

接受**約翰**的**施洗**後，**耶穌**前往**猶大曠野**，禁食**四十個晝夜**。**撒旦**就在此時，出現在耶穌面前。福音書上記載，撒旦巧妙地試探耶穌。

撒旦先是試探說：「你如果是上帝之子，為什麼不把石頭變成麵包呢？」耶穌則引用《**舊約聖經**》回答道：「人不是光靠食物而活，而是仰賴上帝說出的每個字句而活。」

引用《舊約聖經》之言擊退撒旦

接著，撒旦又讓耶穌站在耶路撒冷聖殿的頂端，並在他耳邊說：「你如果是上帝之子，就跳下去試試看啊。」撒旦說，若是上帝之子，就一定會得到天使的保護。

耶穌沒有理會，又引用《舊約聖經》的話語回道：「不可試探主──你的上帝。」

撒旦還是不死心，又將世間的榮華展現在耶穌眼前，誘惑他說：「如果你向我臣服跪拜，我就將這些全部賜給你。」對此，耶穌堅定地說：「撒旦，退下！」並再次引用《舊約聖經》答道：「要拜主──你的上帝，唯獨敬奉他。」

於是，撒旦終於放棄試探，從耶穌身邊離去。

詳細解說

據說，取四十這個數字，是因為根據記載，以色列民族在出埃及後，曾在曠野中流浪了四十年。

耶穌接受洗禮後的足跡

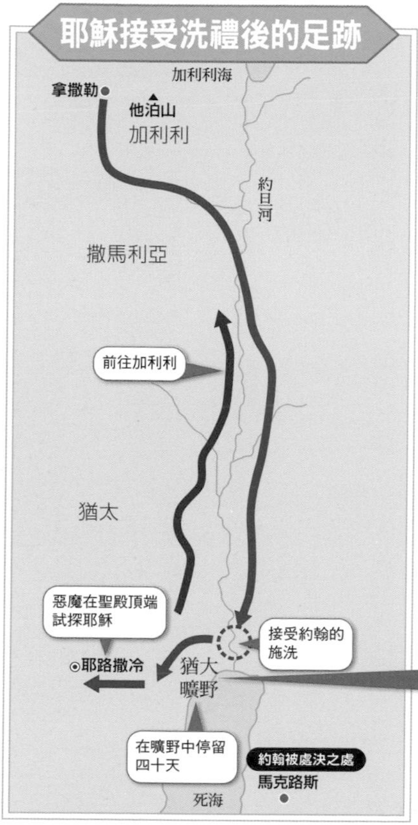
加利利海
拿撒勒
他泊山
加利利
約旦河
撒馬利亞
前往加利利
猶太
惡魔在聖殿頂端試探耶穌
耶路撒冷
接受約翰的施洗
猶大曠野
在曠野中停留四十天
約翰被處決之處
馬克路斯
死海

接受約翰的施洗後，耶穌前往猶大曠野，禁食四十個晝夜。耶穌雖在這裡受到撒旦的試探，但他擊退了撒旦，前往加利利佈道。

撒旦的試探

第一項試探

惡魔：「你如果是上帝之子，為何不把石頭變成麵包呢？」
耶穌：「人不是光靠食物而活，而是仰賴上帝說出的每個字句而活。」

第二項試探

惡魔：「（讓耶穌站在耶路撒冷聖殿的屋頂上）你如果是上帝之子，就跳下去試試看啊。」
耶穌：「不可試探上帝。」

第三項試探

惡魔：「（將世間的榮華展現在耶穌眼前）如果你向我臣服跪拜，我就將這些全部賜給你。」
耶穌：「撒旦，退下！要拜主 ── 你的上帝，唯獨敬奉他。」

聖經的舞台

◎**猶大曠野**（以色列）

耶穌禁食並驅退撒旦的地點——猶大曠野，是從猶大丘陵的東端，延伸至約旦河谷的一片荒涼沙漠地帶。不過，雖說是沙漠，卻非完全無人居住的土地，在許多地點，都會定期出現雨季，因此有人在此放牧羊群。民眾配合年間的降雨量，在曠野中帶著羊群南北移動，進行放牧。

新約

十二門徒 1

耶穌呼召彼得

出處
〈馬太福音〉第4章第12節～22節
〈馬可福音〉第1章第12節～20節
〈路加福音〉第4章第14節～15節
第5章第1節～11節

POINT
- 結束禁食後，耶穌前往加利利。
- 西門見到耶穌施展的奇蹟後，成為追隨他的門徒。
- 耶穌在加利利收了四名漁夫為門徒。

在加利利的猶太教堂中佈道

驅退**試探他的撒旦**後，**耶穌**因聽聞約翰遭逮捕而前往**加利利**。在各地的**猶太教堂**中進行**佈道活動**，向人民講述上帝的教誨，因此逐漸贏得民眾的尊敬。「時機成熟了，上帝的國度已近。你們要悔改，信從**福音**。」耶穌的這些話語，深深地烙印在民眾心中。

佈道中，耶穌在加利利海的湖畔，收了**西門**（彼得）等四名漁夫為門徒。耐人尋味的是，〈**路加福音**〉中所記載之關於這件事的契機。

漁夫兄弟因捕魚豐收而成為門徒

耶穌見西門在船邊洗網，便讓他划船載著自己離岸，並要求他在距離岸邊一段距離之處暫停下來。西門照做，耶穌就開始從那裡對岸邊的民眾講道。講完之後，又指示西門撒網。

原本那天一尾魚都捕不到，但此時一撈起漁網，網中竟然捕到大量的魚。

西門深受此事感動，而西門的弟弟**安得烈**，以及西庇太的兒子**雅各**和**約翰**見此，也向耶穌跪拜。耶穌對西門說：「不要怕。從今以後，你們將

人物

【彼得（西門）】原本是加利利的漁夫，因見到耶穌帶來的奇蹟，而成為跟隨他的門徒。他是最受耶穌信賴的門徒，在耶穌死後，繼續指引信徒。

【安得烈】彼得的弟弟。另一種說法是他從施洗約翰的門徒口中聽到關於耶穌的事，因此成為耶穌的門徒。

【雅各】原本是加利利的漁夫，和彼得等人一起成為耶穌的門徒。因為其性格急躁，耶穌稱他為「雷霆之子」。

【約翰】加利利的漁夫，也是雅各的弟弟。耶穌臨死之際，囑託「愛徒」照顧母親馬利亞，這名愛徒正是這個約翰。

得人如得魚一樣。」於是，他們四人便拋下一切，追隨耶穌。

被瓜分的猶太領地

希律大帝死後，猶太王國根據其遺囑分成了三份。但其中一名王國繼承人希律・阿基拉（Herod Archelaus）因為施行暴政而被解任，所以由羅馬派省長來統治他的領地。

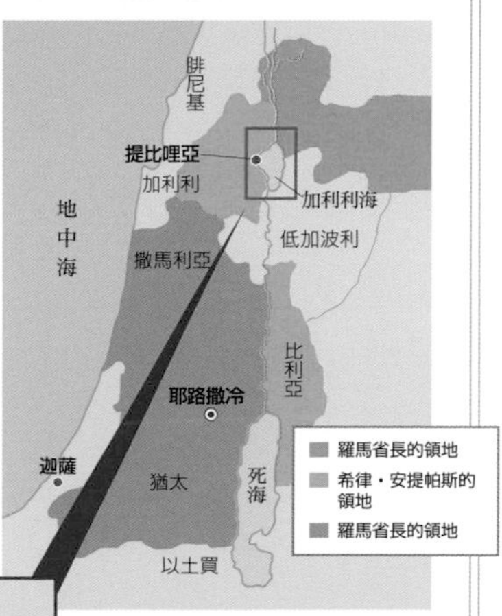
腓尼基
提比哩亞
加利利
加利利海
地中海
低加波利
撒馬利亞
比利亞
耶路撒冷
迦薩
猶太
死海
以土買
羅馬省長的領地
希律・安提帕斯的領地
羅馬省長的領地

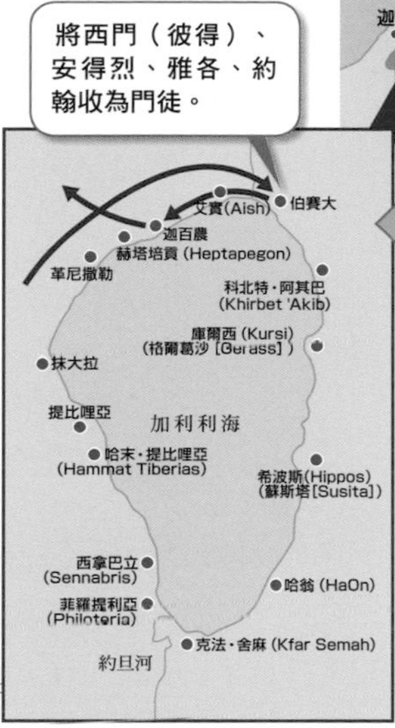
將西門（彼得）、安得烈、雅各、約翰收為門徒。
艾賓(Aish)
伯賽大
迦百農
赫塔培賈(Heptapegon)
革尼撒勒
科北特・阿其巴(Khirbet 'Akib)
庫爾西(Kursi)(格爾葛沙[Gerass])
抹大拉
提比哩亞
加利利海
哈末・提比哩亞(Hammat Tiberias)
希波斯(Hippos)(蘇斯塔[Susita])
西拿巴立(Sennabris)
菲羅提利亞(Philoteria)
哈翁(HaOn)
克法・舍麻(Kfar Semah)
約旦河

加利利海周圍的城鎮

當時的加利利位於國境邊陲，同時居住著各民族的人。在希律大帝與其子希律・安提帕斯在位時，對人民的壓抑與迫害愈來愈嚴重，造成人民不滿。一般認為，這可能間接讓民眾愈來愈期待彌賽亞出現，並且更加能接受自稱是彌賽亞的耶穌。

聖經的舞台

◉ 加利利海與聖彼得受召堂（以色列）

位在約旦河大裂谷中的淡水湖，至今仍是以色列最大的水源，被使用在飲用、工業、灌溉等的用途上。耶穌最初開始佈道的加利利地方，是一處豐饒的農耕地，除了加利利海這座大水源之外，還擁有許多湧泉。這一帶留下了許多與耶穌基督有關的遺跡，特別是聖彼得受召堂（Church of the Primacy of St. Peter），此處被認為是耶穌叫住彼得的地方。

◉ 迦百農（以色列）

位在加利利海北岸，耶穌進行佈道時的據點城鎮。這裡是從敘利亞通往地中海的古交易路線之一。目前找到了「巴西利卡」（basilica）風格的猶太教堂、建於彼得家遺址上的教會。耶穌曾在此展現許多奇蹟，像是治癒了皮膚病患者，以及癱瘓的百夫長之部下等等。

新約

十二門徒 ②

耶穌選出的十二門徒

出處
〈馬太福音〉
第9章第9節～13節
第10章第1節～15節
〈路加福音〉
第9章第1節～6節

POINT
- 耶穌從門徒中選出十二人。
- 數字「十二」是來自以色列十二支派。
- 十二門徒幫助耶穌傳道。

選出至各地傳道的十二門徒

耶穌的教誨逐漸在民眾之間流傳開來，他的門徒也愈來愈多。

耶穌選出最早進入門下的漁夫**彼得**（西門）、**安得烈**、**雅各**和**約翰**四人，再加上**多馬**、奮銳黨的**西門**、稅吏**馬太**、亞勒腓之子**雅各**、加略人**猶大**、**巴多羅買**（拿但業）、**達太**，以及**腓力**，讓這十二人至各地傳道。

這十二個人就稱為**十二門徒**（或使徒）。

「十二」這個數字，是從以色列民族的十二支派而來的，對猶太人而言，這是一個神聖而完美的數字。耶穌選出十二名門徒，或許展現出耶穌想拯救整個民族的強烈意志。

在耶穌死後，他們仍繼續維持著「十二」這個數字。後來，加略人猶大因背叛耶穌而自殺，那之後，他們立刻加入一個名叫**馬提亞**的人替補空缺。

在耶穌身邊接受指導的十二門徒

十二門徒向耶穌宣誓忠誠，與耶穌同進同出。據說，耶穌只要一開口，他們就會分散至各地，但不久後又都會回到耶穌身邊，跟隨耶穌。耶穌也將他們帶在身邊，細心培育。

十二門徒與傳道士們，即使在羅馬帝國受到迫害，仍遵循著耶穌的教誨，為佈道而賣命。

十二門徒

彼得

原為加利利的漁夫。本名西門，耶穌賜他「彼得」之名。

安得烈

彼得的弟弟，原為加利利的漁夫。從施洗約翰的門徒口中聽到耶穌的事蹟，而入耶穌門下。

雅各

原為加利利的漁夫。耶穌因其個性急躁，而稱他為「雷霆之子」。

約翰

雅各的弟弟，原為加利利漁夫。據說是耶穌最鍾愛的門徒。

馬太

耶穌門徒，原本擔任猶太社會中受人輕視的稅吏，耶穌來拜訪時入其門下。

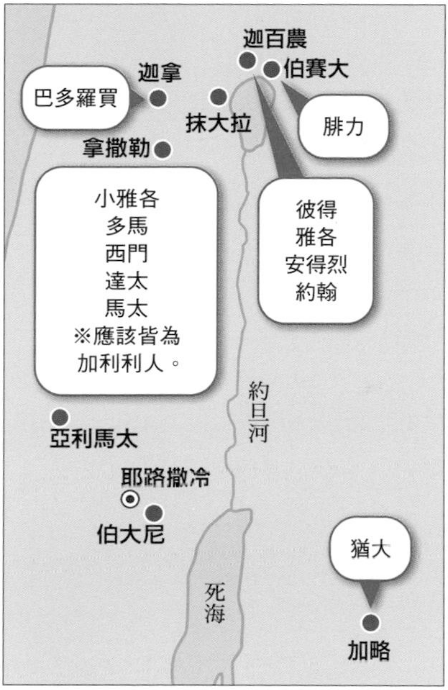
迦百農
伯賽大
迦拿
巴多羅買
抹大拉
腓力
拿撒勒
小雅各
多馬
西門
達太
馬太
※應該皆為
加利利人。
彼得
雅各
安得烈
約翰
約旦河
亞利馬太
耶路撒冷
伯大尼
猶大
死海
加略

腓力

來自伯賽大的門徒。受耶穌感化，不但自己拜師，也邀朋友巴多羅買一起進入耶穌門下。

達太

也會將他記載為「雅各之子猶大」或「不是來自加略的猶大」。

多馬

又被稱為「雙胞胎多馬」。據說生性多疑。

西門

耶穌門徒，來自提倡猶太獨立運動的奮銳黨，正義感強烈。

小雅各

為了將西庇太之子雅各和他加以區分，而得到「小雅各」的稱呼。

巴多羅買

來自迦南，因透過耶穌門徒腓力的介紹，而開始跟隨耶穌。

猶大

來自加略的門徒。一般認為，他在耶穌的集團中擔任會計的工作。

新約

神蹟

耶穌施行的種種神蹟

出處
〈約翰福音〉
第2章第1節～11節
〈馬太福音〉
第8章第2節～3節
第9章第2節～7節
〈馬可福音〉
第1章第40節～42節
第2章第3節～12節
〈路加福音〉
第5章第12節～13節
第5章第18節～25節
等等

POINT
◆耶穌所行的神蹟超越了自然法則。
◆耶穌行神蹟治癒病人、使死者復活。
◆耶穌救贖的對象，以社會上的弱勢者為主。

◆耶穌的神蹟甚至能操縱大自然

聖經記載，耶穌施行了各式各樣的**神蹟**。

比方說，有一次他與母親**馬利亞**等人參加了一場婚禮。婚禮進行到一半葡萄酒不夠喝，廚房裡工作的女性們一片手忙腳亂。耶穌就請人把行潔淨禮所使用的石缸裝滿水。僕人們照做後，石缸裡的水竟然就**化成了葡萄酒**。據說還是十分美味的酒。

聖經記載著這些耶穌操縱大自然的神蹟，故事十分戲劇化。

此外，耶穌的神蹟也能夠為人**治病**。耶穌只要觸碰患有某種疾病的人，然後說：「你潔淨吧！」疾病就會立刻痊癒。還有一次，他對一個癱瘓的人說：「孩子，你的罪得到赦免了！」病人就扛起運他來此的擔架回家去了。

另外，耶穌還曾行神蹟，讓人起死回生：**拉撒路**和他的姊姊們住在**伯大尼**，有一天，耶穌接到兩個姊姊捎來的通知，說拉撒路病危，當耶穌趕到伯大尼時，拉撒路已死了四天。耶穌向天祈禱，然後大喊一聲：「拉撒路，出來！」於是，原已死去的拉撒路，就從墳墓中站起身，走出墳墓。

◆耶穌對「罪人」的關懷

當時的猶太人認為，生病是人犯了罪所得的報應，因此他們將病人視為無法遵守律法的**罪人**。聖經上記載的種種神蹟，都顯示出耶穌對這些人的關懷。

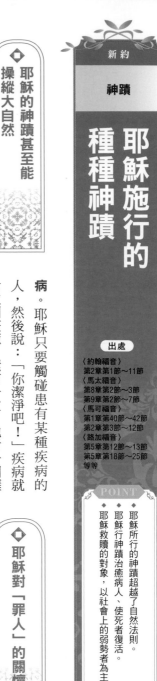

耶穌施行的種種神蹟

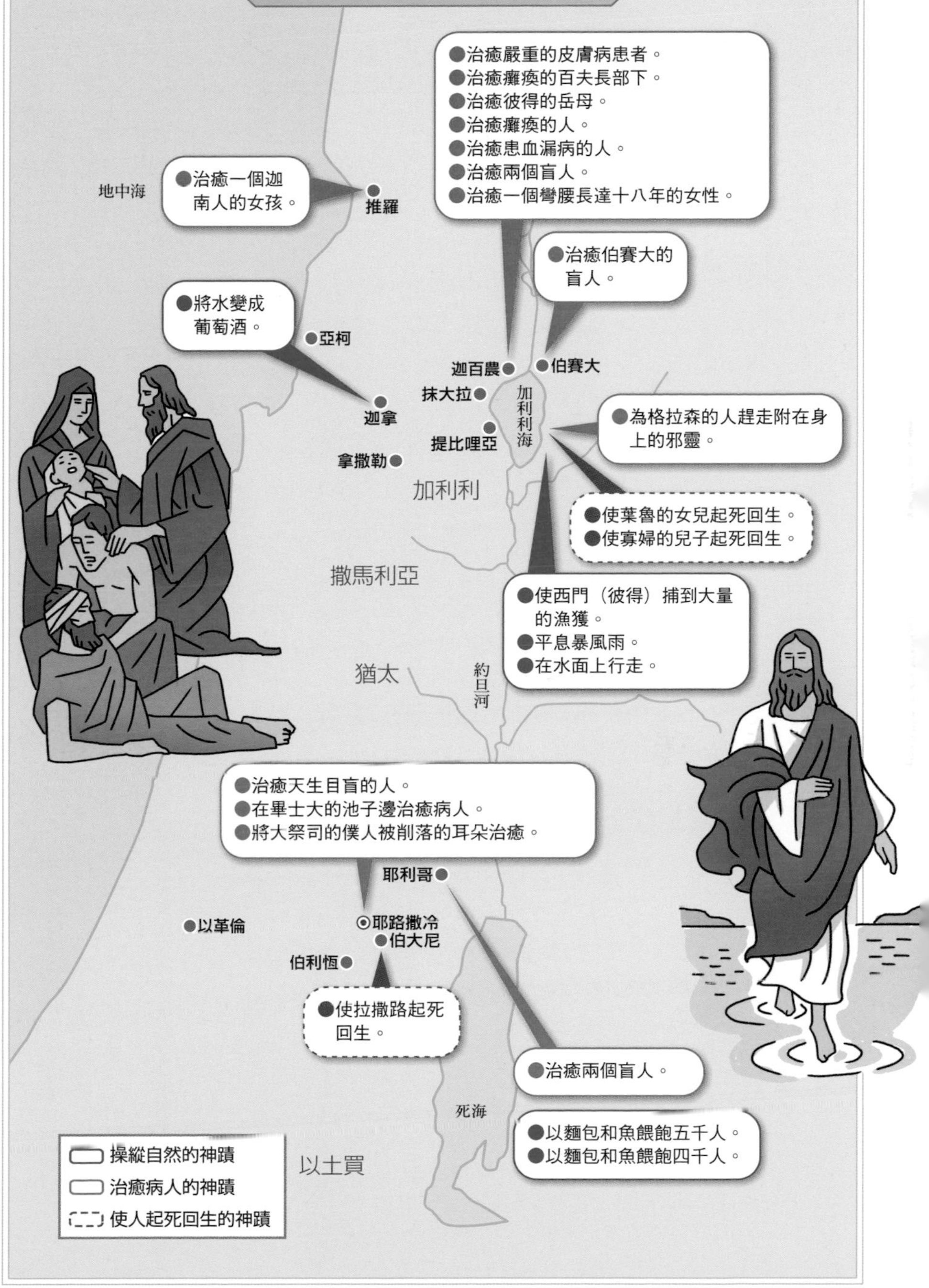
●治癒嚴重的皮膚病患者。
●治癒癱瘓的百夫長部下。
●治癒彼得的岳母。
●治癒癱瘓的人。
●治癒患血漏病的人。
●治癒兩個盲人。
●治癒一個彎腰長達十八年的女性。
地中海
●治癒一個迦南人的女孩。
推羅
●治癒伯賽大的盲人。
●將水變成葡萄酒。
亞柯
迦百農
伯賽大
抹大拉
加利利海
迦拿
提比哩亞
●為格拉森的人趕走附在身上的邪靈。
拿撒勒
加利利
●使葉魯的女兒起死回生。
●使寡婦的兒子起死回生。
撒馬利亞
●使西門（彼得）捕到大量的漁獲。
●平息暴風雨。
●在水面上行走。
猶太
約旦河
●治癒天生目盲的人。
●在畢士大的池子邊治癒病人。
●將大祭司的僕人被削落的耳朵治癒。
耶利哥
以革倫
耶路撒冷
伯大尼
伯利恆
●使拉撒路起死回生。
●治癒兩個盲人。
死海
●以麵包和魚餵飽五千人。
●以麵包和魚餵飽四千人。
以土買
操縱自然的神蹟
治癒病人的神蹟
使人起死回生的神蹟

新約

救贖對象 1

出現在轉捩點的女性們

出處

〈馬太福音〉第21章第12節～17節
〈馬可福音〉第11章第15節～19節
〈路加福音〉第19章第45節～48節
〈約翰福音〉第2章第13節～22節

POINT

- 耶穌向撒馬利亞的婦女傳福音。
- 即使是異教徒，耶穌仍行神蹟，將其治癒。
- 耶穌對妓女也會給予救贖。

聽到福音的撒馬利亞婦女

耶穌時代的猶太社會中，**男性具有壓倒性的優越地位**。然而，耶穌對於女性卻也能平等地給予救贖。

有一次，耶穌與他的門徒行經**撒馬利亞**。當時，猶太人十分瞧不起撒馬利亞人，連和他們說話都會覺得骯髒。

但耶穌卻向一個在井邊汲水的撒馬利亞婦女討水喝。那名婦女十分驚訝，耶穌則是氣定神閒地開始對她傳**福音**。撒馬利亞人因此事而開始信從耶穌，耶穌只停留了兩天，就讓許多撒馬利亞人成為他的信徒。

此外，耶穌旅行至異教國家**腓尼基**時，有一名**迦南婦女**求耶穌拯救她的女兒，因為她女兒遭**邪靈**附身。因對方是異教的女子，耶穌便加以拒絕，但最後仍敵不過婦女的懇求，答應為女孩治療。最後也順利地治好了那女孩。

耶穌也給予妓女救贖

連**犯下重罪的女性**，也是耶穌的救贖對象。耶穌受邀至某人家中作客時，一個罪孽深重的女性，來到他面前。那名女性趴在耶穌腳邊哭泣，因

聖經的軼事

{ 通姦的女子～出自〈約翰福音〉～ }

耶穌停留在耶路撒冷時，有一群民眾帶著通姦被捕的女性現行犯，來到耶穌面前。因為律法有寫，這種人要用石頭擊斃，所以他們故意逼問耶穌要怎麼處理，想藉此找到把柄，控訴耶穌。但耶穌回答道：「你們中間誰是沒有罪的，誰就可以先拿石頭打她。」眾人聽了，啞口無言。從這個故事，可以看出耶穌對妓女、外遇的婦女等被認為是罪孽深重的女性，也會展現出其憐憫心。

淚水滴濕了耶穌的腳，她就用自己的頭髮來擦乾，又親吻耶穌的腳，並塗抹上香油膏。雖然那個家中的男主人十分瞧不起這名女性，但耶穌仍將她視為救贖的對象。

耶穌拯救過許多女性，而女性們也在重要時刻登場，將耶穌的福音成功地傳給外邦人民，成為聖經中的一大功臣。

耶穌救贖過的女性

馬大與馬利亞	一對住在伯大尼的姊妹，歡喜迎接耶穌的來訪。她們的弟弟拉撒路，就是透過耶穌神蹟而復活的人。
抹大拉的馬利亞	耶穌治癒了被七個邪靈所附、病痛纏身的她，並使她追隨耶穌。耶穌被處以十字架刑時，她也站在遠方守護著，耶穌復活時，她是最先見到耶穌的人。有些人認為，她就是替耶穌擦腳的那名妓女。
撒馬利亞的婦女	猶太人所瞧不起的對象，但她遇見耶穌、聽了耶穌的福音後，便為在撒馬利亞的傳道做出了貢獻。
迦南的婦女	耶穌來到腓尼基時，懇求耶穌治療她的女兒。
通姦的婦女	被耶路撒冷的長老們抓起來，帶到耶穌面前。民眾主張處以石刑，想用石頭砸死她，但耶穌說了一句「沒有犯過罪的人就可以拿石頭扔她」，讓她受拯救。

關鍵詞

◎ **婦女神學**

雖然基督教教人要愛自己的鄰人，包括弱者，但隨著時間流逝，男尊女卑等的現象，變得在社會中橫行無阻。因此有人出來批評這些現象，同時反省過去，並承認女性人格，進而研究女性對教會與社會之貢獻。這種學問就稱為婦女神學。

聖經的舞台

◎ **雅各井**（以色列）

傳說中，就是耶穌對撒馬利亞的婦女傳福音的那口井，至今仍保存在示劍東邊。這口井直徑兩公尺，深三十五公尺，可用吊桶汲水上來飲用，據說這裡的水是耶路撒冷最好喝的水。

新約

救贖對象 2

與稅吏、罪人同桌共餐

出處

〈馬太福音〉
第8章第5節～13節
第9章第10節～13節
〈馬可福音〉
第2章第15節～17節
〈路加福音〉
第5章第27節～32節
第7章第1節～10節
〈約翰福音〉
第4章第43節～54節

POINT

- 耶穌與稅吏、罪人同桌共餐。
- 耶穌宣言自己是為了讓罪人改過向善而來。
- 耶穌將稅吏納為門徒。
- 耶穌治癒羅馬人。

耶穌與稅吏、罪人共餐

耶穌對當時社會上各種身分立場的人，都願意伸出他的手，救贖他們。

比方說，當時的稅吏向猶太人徵稅，並將稅金繳納給羅馬，猶太人對他們十分憎恨，認為這些**稅吏**都是在巴結奉承統治猶太的**羅馬**，藉此中飽私囊。同時也視這些人為無法進入天國的**罪人**。

耶穌卻呼召了名為**利未**的稅吏，並受邀到他家中，和其他稅吏及罪人同桌共餐。有人批判耶穌此舉，他回答說：「健康的人用不著醫生，生病的人才用得著。我來的目的不是要召好人，而是要召壞人悔改。」

不僅如此，除了利未，耶穌**十二門徒**中的**馬太**，原本也是稅吏。

耶穌也治癒了百夫長的部下

耶穌救贖的對象，還包括明顯被視為敵國一員的人。

統治猶太之地的羅馬帝國，是遭猶太人憎恨的。但有一回，羅馬帝國的**百夫長**（譯註：手下擁有百名士兵的軍官），為部下生病而發愁時，找上了耶穌。

耶穌聽聞那名百夫長熱愛猶太人，還為猶太人興建教堂，便前去見他。

見到百夫長後，耶穌感念於他對部下的疼愛，便在一瞬間隔空治好了對方的病，讓他恢復健康。

耶穌連猶太人憎恨的這群人，都不吝於給予治療。

即使是被世人認為，遙遠到無法觸及天國的這群人，耶穌仍為他們指引方向，邀請他們進入**上帝的國度**。

猶太人蔑視的人

	【猶太人的價值觀】	耶穌
病人、罪人	無法遵守律法的人	治癒病人。與罪人同桌共餐。
撒馬利亞人	汙染以色列純淨血統的人	對撒馬利亞的女子布道，讓福音在撒馬利亞流傳開來。
羅馬人	統治並對猶太人課重稅的可恨之人	治癒了百夫長瀕死的部下。
稅吏	成為羅馬人的走狗，向同胞索取重稅，中飽私囊的人	或收稅吏為門徒，或與稅吏同桌共餐，並留宿其住處。
通姦的婦女	犯下猶太律法中最可恨之通姦罪的人	用一句「沒有犯過罪的人就可以拿石頭扔她」，讓周圍無法反駁。

迷你知識

耶穌為何經常與人聚餐？

福音書中經常能見到關於耶穌飲食的記述。或許一部分的目的，是想透過「聚餐」，將自己的想法表現在言行舉止中。不過，更有可能的是，聚餐本身就是在體現耶穌的思想，因為這麼做可以拯救那些罪孽深重、或懷有煩亂憂愁等的弱者。與稅吏、罪人等社會底層的人一起用餐，就是最典型的例子。

耶穌與羅馬的百夫長

新約

傳道對象

耶穌離開故鄉拿撒勒

出處
〈馬太福音〉第14章第53節～58節
〈馬可福音〉第6章第1節～6節
〈路加福音〉第4章第16節～30節

POINT
- 耶穌在故鄉宣告自己就是彌賽亞。
- 耶穌在故鄉沒有得到接納。
- 耶穌在拿撒勒差點被殺。

耶穌宣告自己就是實現預言的人

耶穌在**加利利**佈道的短暫期間中，獲得了大量的信徒。他又動身前往他土生土長的故鄉——**拿撒勒**。

拿撒勒的民眾聽說此事都聚集而來，爭相要目睹獲得世間美譽的耶穌，究竟是何許人。

耶穌在**猶太會堂**中對民眾說：「上帝派我以**彌賽亞**的身分，來向貧窮人傳**福音**。」「坐在各位面前的我，就是彌賽亞。」他宣告了自己就是彌賽亞。

但民眾聽到後所做出的反應，卻是令人意外的。

起初雖然不知耶穌是誰，但聽著聽著，大家開始發現，他是木匠**約瑟**的兒子，過去就是在這個鎮上長大的。

眾人開始竊竊私語地說：「這個人不是那木匠約瑟的兒子嗎？他的母親不是馬利亞嗎？他不是雅各、約瑟、西門和猶大的哥哥嗎？」

拿撒勒的人是看著耶穌長大的，因此對他們來說，耶穌不過就是一介木匠的兒子罷了。

耶穌差點遭殺害，便離開拿撒勒

對拿撒勒的人而言，一個從小看到大的人，過了三十歲後，突然宣稱自己就是彌賽亞，是無法教他們信服的。

「如果你拯救得了別人，何不先拯救一下你自己？」這才是拿撒勒人真正的心聲。

耶穌讀出了眾人的想法，便說：「**先知在自己的家鄉是從不受人歡迎的**。就像以利亞、以利沙這些偉大的先知，都沒有拯救自己家鄉的人一樣，我也是先去救其他國家的人，而沒有拯救拿撒勒的人。」」

拿撒勒聞言，大為光火。他們將耶穌拖出猶太會堂，一路拽著他到懸崖邊，他們打算把耶穌推下懸崖，讓他一命嗚呼。

然而，耶穌卻不為所動，大大方方地從人群中走出去，離開了拿撒勒。

拿撒勒的民眾與耶穌

「主的靈臨到我，他揀選了我，是要我向貧窮人傳佳音。他差遣我來向大家宣告：被擄的人，得釋放；失明的人，得光明；受欺壓的人，得自由。他差遣我來向大家宣告：這是主拯救子民的恩年。」這段經文已經應驗了。（路加福音）

無疑地，你們會對我引用這一句俗語：「醫生啊，治好你自己吧！」你們還會對我說：「我們聽說過你在迦百農所做的事，你也該在自己的故鄉這麼做！」（路加福音）

耶穌所說的話

拿撒勒民眾所說的話

這個人不是約瑟的兒子嗎？（路加福音）

這個人不是那木匠的兒子嗎？他的母親不是馬利亞嗎？他不是雅各、約瑟、西門和猶大的哥哥嗎？他的妹妹們不都住在我們這裡嗎？（馬可福音）

↓

「先知在自己的家鄉是從不受人歡迎的。」
（路加福音）

聖經的軼事

{ 斥責不悔改的城鎮 }

耶穌在故鄉得不到接納，也只是拂袖而去。但在某些城鎮，他行了種種神蹟後，民眾仍不知悔改，對於這些城鎮，他則是嚴厲地斥責。耶穌點名哥拉汛、伯賽大這兩座城鎮，訓斥道：「你們有禍了。在其他城鎮行使神蹟的話，他們都知所悔改。你們難道以為自己會升至天國嗎？你們會被推入地獄的。」

聖經的舞台

◉ **跳崖山**（以色列）

跳崖山（Mount Precipice）標高三百九十七公尺，位在耶穌故鄉拿撒勒的南方。耶穌在拿撒勒宣告自己是彌賽亞時，民眾一怒之下，打算將耶穌推下懸崖。在天主教的傳說中，此時懸崖被變成了這座山，眾人要推耶穌下懸崖時，他縱身一躍，跳到這座山上，並且在迦百農出現。

《新約聖經》的節慶❷

萬聖夜

10月31日的節日，頌揚彼得、保羅等聖人們的萬聖節的前一夜。Hallow在盎格魯撒克遜的語言中意指聖人，「Halloween」是「All Hallows Even」（諸聖人之日的前夜慶典）一詞的縮寫。

一般的說法認為，萬聖夜原本是凱爾特人（Celt）祭拜死神薩溫（Samhain）的節日，後來融入基督教，而成為萬聖夜。

薩溫節是迎接冬季與新的一年的收穫祭，死者的靈魂會來到家人身邊，同時這天也是精靈、女巫現身的日子。因此，人們或點火，或戴上面具，以驅走這些恐怖的惡魔妖怪。

萬聖夜直接繼承了這些風俗習慣。

如今，以最古老形式將萬聖夜的習慣保留下來的，莫過於愛爾蘭，因為這裡仍留有濃厚的盎格魯撒克遜文化之色彩。學校裡會放萬聖夜假，到了夜裡，則是在各個村莊中燃起數百處篝火。

不過，將萬聖夜過得最熱鬧的國家還是美國。大家會挖空橘色的大南瓜，刻出眼睛、鼻子、嘴巴，然後在南瓜中點上蠟燭，當作一種裝飾性的燈籠，這種燈籠被稱為「傑克南瓜燈」（Jack-o'-Lantern）。

到了晚上，小孩們會裝扮成女巫、海盜、妖怪等的造型，為了要糖果而挨家挨戶敲門說：「Trick or Treat!」（不給我糖果就搗蛋！）也會開派對慶祝。

新約

3章

耶穌的教誨顛覆了人民的價值觀

新約

登山寶訓

向信徒發表其教誨的中心要旨

出處

〈馬太福音〉第5章～第7章

POINT

◆耶穌在加利利岸邊的山丘上，講述所謂的「登山寶訓」。
◆耶穌的教誨是在古老教條中注入新的解釋，十分具有革命性。

◆給予貧苦之人祝福的天國八福

耶穌曾在**加利利海的岸邊山丘**上講道。有一回，他對聚集而來的群眾們，講述起一段素有「**登山寶訓**」（Sermon on the Mount）之稱的訓示。這段話是在向民眾開示，什麼樣人能得到耶穌**祝福**，也就是所謂的「**天國八福**」，以及如何生活才配得上天國的**福音**。

「天國八福」以「內心貧窮的人（又譯為「虛心的人」）有福了，因為天國是他們的」為始。接下來，耶穌又開示說，哀慟的人、溫柔的人、飢渴慕義的人、憐恤人的人、清心的人、使人和睦的人、為義受逼迫的人都將在天國得到幸福，蒙受祝福。這些開示都有一個特色，那就是能得到貧苦之人的共鳴。貧苦之人指的不只是經濟上的窮人，也包含只剩上帝可以仰賴的民眾。

◆從《舊約聖經》的預言發展而來之革命性教誨

繼天國八福之後，耶穌又闡述了什麼才是配得上天國福音的生活方式。這些教訓很可能是徹底消化過去猶太教的教義後，再轉換成耶穌特有的語言。

聖經的舞台

◎**八福堂**（以色列）

這座山名叫八福山（Mt. Beatitudes）。傳說中這裡就是耶穌傳講登山寶訓的地方，一九三八年，由天主教方濟各會（Franciscans），在此建立了八角形建築的教會。從八福堂所在的八福山上，可將加利利海盡收眼底，耶穌對眾人傳講關於幸福訓示時的情景，彷彿也能浮現眼前。

比方說，因為十誡說「不可殺人」，所以耶穌教導大家：憎恨他人、辱罵他人的人，在心中已經犯下了殺人罪。**十誡**又說「不可姦淫」，所以耶穌教導大家：凡看見婦女就動淫念的，這人心裡已經與她犯姦淫了。另外，對於「以眼還眼」的訓示，他說：如果有人打你的右臉，就連左臉也轉過來由他打。對於「愛你的鄰舍，恨你的仇敵」，他則是教導說：要愛你們的仇敵，要為迫害你們的人禱告。

耶穌本著古老的教條，為其灌注新的生命，向眾人揭示出了史無前例的**革命性**教誨。

登山寶訓

天國八福

虛心的人	➡	能進入天國。
哀慟的人	➡	能得到安慰。
溫柔的人	➡	將繼承土地。
飢渴慕義的人	➡	將得到飽足。
憐恤人的人	➡	將蒙受憐恤。
清心的人	➡	會見到上帝。
使人和睦的人	➡	會被稱為上帝之子。
為義受逼迫的人	➡	天國是他們的。

耶穌所完成的律法

「不可殺人」
➡不可發怒。
➡不可瞧不起人。

「不可姦淫」
➡用帶有淫慾的心去看女性，就已經在心中犯下姦淫罪了。

「以眼還眼，以牙還牙」
➡「如果有人打你的右臉，就連左臉也轉過來由他打。」
➡不可復仇→要愛你的仇敵。

「施捨的時候……」
➡「不應在人前故意表現。」

「不要以為我來的目的，是要廢除律法和先知的教訓。我不是來廢除，而是來成全它們的真義。」

除此之外，耶穌還教導眾人「不可論斷」「不要憂慮」等等，這些都顛覆了當時猶太教的教誨。

詳細解說

〈路加福音〉中，耶穌還反過來指出，哪些是有禍之人，包括飽足的人、志得意滿的人、受到周圍讚頌之人等等。他指出這些「幸福」只是短暫的，而非真正的福分。

關鍵詞

◉ **福音**
原本來自希臘文的「Evangelion」，有「好消息」之意。古希臘文獻中，是用來指戰場上的捷報之音。而聖經中的「福音」，則是指透過耶穌的言行舉止，逐漸實現的天國。

耶穌為眾人講道

新約
3章
耶穌的教誨顛覆了人民的價值觀

新約

寓言 1

好心的撒馬利亞人的比喻

出處
〈路加福音〉
第10章第30節～37節

POINT
◆耶穌利用寓言講道。
◆耶穌講述「好心的撒馬利亞人」的比喻。
◆耶穌所說的「鄰舍」，是指能帶著憐恤心、主動採取行動的人。

◆耶穌使用了豐富的寓言故事

很多人都知道，**耶穌**為了簡單明瞭地說明教誨，經常會使用**寓言故事**。

其中最有名的寓言，莫過於「**好心的撒馬利亞人**」。

因為耶穌曾說過「要愛你的**鄰舍**」，所以**律法學者**與耶穌進行討論時，律法學者就問耶穌：「那麼我的鄰舍是指誰？」對此，耶穌說了一個關於旅行中遭盜匪打劫之猶太男子的寓言。

◆耶穌所說鄰舍的真正面目

那名男子從耶路撒冷前往耶利哥，但卻在途中遭盜匪攻擊。他被打到半死不活，還被剝去身上的衣物，棄置在路旁。

有幾個人經過了那條路。

第一個經過的是一名**猶太祭司**，第二個經過的，是侍奉聖殿的**利未人**。但這兩人都對倒在路旁的男子視而不見，不聞不問地離去。第三個經過的是一個**撒馬利亞人**。儘管撒馬利亞人與猶太人是敵對關係，不過有人情味的他，拋開了憎惡之心照顧這名負傷男子，將他送到客棧。撒馬利亞人交給客棧老闆兩枚銀幣，並說如果之後費用超過的話，他會在回程時付清。

說完這個比喻後，耶穌問律法學者：「你覺得對遭盜匪攻擊的男子而言，這三人最後是誰成了他的鄰舍呢？」答案當然是「撒馬利亞人」。對耶穌而言，所謂的鄰舍和距離遠近無關，而是指能**帶著憐恤心主動採取行動的人**，好比那些能主動為他人背負重擔的人。

從瀕死旅人身邊經過的人

害怕惹禍上身，
從道路的另一側通過。
對旅人視而不見。
猶太祭司
害怕惹禍上身，
從道路的另一側通過。
對旅人視而不見。
利未人
拋棄彼此之間的仇恨，
照顧旅人、
將旅人帶至客棧。
撒馬利亞人

真正的「鄰舍」到底是誰？

⬇

「成為鄰舍」是指與他人一起煩惱，分擔他人肩上的重擔。

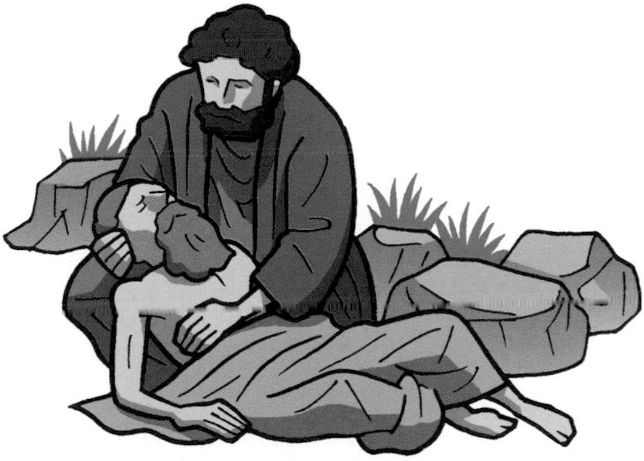

撒馬利亞人幫助瀕死的猶太人。

詳細解說

耶穌講述寓言故事，也是因他有意明確指出，什麼樣的人能進入天國。耶穌的寓言產生了一種作用，那就是透過明確地區分出能理解故事的人，與不能理解故事的人，來讓人們顯露出他們的真實面貌。

新約

寓言 2

浪子回頭的比喻

出處
〈路加福音〉
第15章第11節～32節

POINT
- 耶穌講述「浪子回頭的比喻」。
- 「浪子回頭的比喻」代表上帝與人的關係。
- 上帝會因罪孽深重的人悔改而喜悅。

父親將財產分給浪子

耶穌對稅吏和罪人講道後，立刻招來了律法學者的抨擊。此時，耶穌便說了這樣的故事：

有一個富翁，他有兩個兒子。**長子的個性可靠實在**，但**次子卻是一個放蕩的兒子**。

有一天，父親在分財產時，他無視旁人的擔心，將財產也分了一份給弟弟。

財產一到手，弟弟就出門遠遊，如父親所預期般地任意揮霍，耗盡財產，等到身無分文時，才帶著悔意回來。哥哥對此大為光火，可父親卻溫暖地迎接這個弟弟。

這裡描寫的是一個父親對次子自由的尊重，以及為人父母者等待孩子自己發自內心悔改的姿態。

寓言揭示出的人神關係

耶穌是想透過這個比喻，揭示上帝與人的關係。換言之，父親就是上帝，放蕩的次子是人類。次子依自由意志離開了父神、出門遠遊，結果歷盡勞苦，又嘗盡了失意與絕望。

最後他衷心悔改地返回家鄉時，上帝依舊熱情迎接。

人類不知背叛了上帝多少次，可上帝依舊會繼續赦免人類……這就是此寓言所表現出的人神關係。

詳細解說

在這個故事裡，哥哥代表的是平日即虔誠信奉神的人。對他們而言，那些不信神的人就算悔改，他們也不相信神會因此就赦免那些人。

浪子的行為與人類的行為

浪子的行為		人類的行為
到外邦揮霍金錢。		背叛上帝。
↓		↓
落得身無分文，嘗到貧窮的苦澀。	＝	因背叛上帝而遭受懲罰。
↓		↓
向父親謝罪。		改過自新。
↓		↓
回到父親身邊。		再度回到上帝的懷抱中。

聖經的軼事

{ 羊與銀幣的比喻 }

在說浪子回頭的比喻之前，耶穌還對律法學者們講了其他的比喻。耶穌所說的，是關於男子牧一百隻羊時，走失了一隻羊的故事。發現少了一隻羊的牧羊人拚命尋找，好不容易發現時，他的喜悅是無與倫比的。還有另外一個關於貧窮婦女的故事，這名婦女好不容易存了十枚銀幣，卻弄丟了其中一枚，在她拚命尋找下終於發現時，她的喜悅也是無與倫比的。

這兩個寓言是在說明，對上帝而言，比起九十九個不需要悔改的義人，讓一個罪人悔改，更能帶給他莫大的喜悅。

新約

寓言 3

關於財主的兩個比喻

出處

〈路加福音〉
第12章第16節～21節
第16章第19節～31節

POINT

◆耶穌以寓言闡述他對於財產的想法。
◆耶穌透過他的教誨警告世人，財產與「人類的貪婪」是一體的兩面。

◆死後受地獄折磨的財主

耶穌救贖的對象也包括**受貧窮折磨的人**。耶穌就說過一個十分象徵性的寓言。

有兩名男子，**一名是財主，另一名是被人瞧不起的乞丐**，只有會來舔他膿瘡的狗，才願意接近這個乞丐。

後來，這兩人都死了。

結果過著悲慘人生的乞丐，被天使接到祖先亞伯拉罕的身旁，可享受筵席之樂。

反之，財主則是在地獄中受盡折磨。當大財主對此提出抗議時，亞伯拉罕回答說：

「想想看，你生前是如何享盡榮華富貴，乞食者生前又是如何受盡苦難。所以在這裡（天國）他會得到療癒，你則是要受苦受難。」

◆愚昧的財主改建倉庫的故事

耶穌還說過一則這樣的寓言：

有一個財主遇上農地大豐收，結果作物多到他的倉庫裝不下。於是他就把原本的倉庫拆了，蓋了一間更大的倉庫，將他的作物和財產都藏在裡面。

然後，上帝問這個財主：

「愚昧的人哪，若你馬上就要交出生命的話，你的財產會怎麼樣？」

無論為了自己儲藏多少的財產，都無法得到真正的豐盈，**因為在上帝的面前，那些都是虛幻的**——這就是耶穌透過這個寓言所要教導的。

這些寓言故事，可說是清楚地顯示出耶穌對於財富的想法。

耶穌將潛藏在人類心中的貪婪看作一個問題，藉此揭示出他的想法：對嚮往天國的人而言，**現世的財產都是虛幻的**，並不能為人帶來真正的祥和。而這樣的想法正好呼應到「貧窮的人有福了」的教誨。

關於財產的兩個寓言

某財主的寓言

生前享盡榮華富貴，瞧不起乞丐……

到了天國，立場顛倒。

愚昧財主的故事

財主在農地大豐收那年改建新的倉庫，將作物藏入其中。

上帝：「若你的性命立刻被取走的話，那些財產會如何？」

**即使現在再有錢，
現世的財產到了天國依舊會化為烏有。**

新約

寓言 4

面對上帝教誨的態度

出處

〈馬太福音〉
第13章第3節～8節
第25章第1節～13節
〈馬可福音〉
第4章第3節～8節
〈路加福音〉
第8章第5節～8節

POINT

◆當聽者有反應時，才表示上帝的教誨被聽到了。
◆若想進入神國，平日就不能怠忽於準備。

◆該撒種的良地

還有一個故事是「**農夫撒種的比喻**」。

種籽落在貧瘠的土壤上，就無法發芽，即使發芽也會立刻枯死。但種籽落在好的土壤上，就會發芽茁壯、開花結果，變成原有的百倍。

這是在說明就算再怎麼傳遞上帝的話語，但一個人若沒有好的容器承接，就會因困難、迫害或慾望，而無法實踐教誨。相對地，若是一個能承接上帝話語的人，就能擁有端正的心靈，抗拒誘惑，讓教誨開花結果。

換言之，這個寓言表明，**身為佈道者的態度就是——當聽者出現反應時，才表示上帝的教誨被聽見了**。

◆不可懈怠，做好進入天國的準備

另外還有一個故事，是以少女在婚禮中迎接新郎的故事，來比喻進入天國的準備。

新郎前來迎娶新娘，並在那裡辦了一場婚宴。當時在新娘家中，有十個少女負責迎接新郎。

十個少女中，有五人準備了備用的燈油，另外五人則沒準備備用燈油。

當新郎姍姍來遲，而使燈油耗盡時，有備用燈油的五個少女，便可以再次點燈迎接新郎，但沒有備用燈油的少女們，就無法再點燈了。

這個故事是在比喻**聞道者應有的態度**。若想進入神國，就得**從平日開始準備，不可懈怠**。

農夫撒種的比喻

種籽落在好的土地上，就會開花結果，變成原有的百倍。

落在路邊的種籽會被鳥兒啄食，落在土壤少的地方，種籽很快就會枯死。

撒種的農夫，也就是傳達上帝話語的人。若不能將教誨傳給既能理解、受到迫害也不氣餒的人，就無法開花結果。

十名少女的比喻

聰明的少女

準備了備用的燈油，以防燈油耗盡。

▼

有迎接到新郎。

笨拙的少女

沒有準備備用燈油。

▼

沒迎接到新郎。

為了迎接神國的來臨，平日就不能怠忽準備。

新約

論辯

耶穌與其敵對者的論辯

出處

〈馬太福音〉第12章第1節～14節
〈馬可福音〉第2章第23節～第3章第6節
〈路加福音〉第6章第1節～5節
等等

POINT

- 耶穌批判法利賽派的形式主義。
- 與耶穌對立的群眾，計畫殺害耶穌。

安息日是為人而設立的

耶穌的教誨，內容十分嶄新，顛覆了以往猶太教的訓示，因此猶太教的保守派抨擊他的教誨冒犯了律法。

比方說某個**安息日**，耶穌的門徒走在麥田中，因過度飢餓而摘了麥穗來吃。**法利賽派**的民眾批判那種行為就如同在收割，是安息日禁止的行為。而耶穌答道：「安息日是為了人類而存在，而非人類為安息日而存在。」

另外，耶穌曾經對某個癱瘓病人說：「孩子啊，你的罪得赦免了。」**律法學者**聽了後，便抨擊這句話道：「只有上帝才能赦免人的罪。」

耶穌回答他們：「面對一個癱瘓病人，說哪句話比較重要？當然是宣告他的罪得到赦免了，而不是叫他站起來抬著他的擔架行走。」但值此同時，耶穌也將自己所說的話化為現實。在那之後，他就治癒了那男子的病。

猶太的統治階層決定殺害耶穌

耶穌與當時被賤視的**稅吏**、**罪人**等身分的人同桌共餐之事，也受到律法學者嚴厲批判。可耶穌回答他們：「健康的人用不著醫生，生病的人才用得著。」

此外，法利賽派的人責備耶穌的門徒，為何法利賽派在禁食時，耶穌門徒沒有禁食。耶穌回答：「沒有賓客會在婚宴上禁食。不過新郎離開世間時，他們就要禁食了。」

另外，耶穌的弟子中，有人飯前不洗手，因而遭到批評。耶穌對此回應：「那從外面進入到人體裡的，不會使人骯髒；是從人心製造出的，才會使人骯髒。」

保守派多次挑戰耶穌，卻都在論辯中一一被擊破，因此他們對耶穌愈來愈咬牙切齒，最後終於決定要致耶

耶穌與敵對者的主要論辯

事件	敵對者的說法	耶穌的回答
耶穌的門徒中有人飯前不洗手。	為什麼你的門徒不遵守律法，要使用骯髒的雙手吃飯呢？	那從外面進入到人體裡的，並不會使人骯髒；是從人心製造出的，才會使人骯髒。
耶穌與門徒們在安息日摘麥穗來吃。	這是不可以在安息日時做的事。	大衛餓了的時候，他把自己才能吃的供餅，分給隨從一起吃。安息日是為人類存在，而非人類為安息日存在。
耶穌在稅吏的家中與罪人同桌共餐。	為何要與可恨的稅吏以及骯髒的罪人一起吃飯？	健康的人用不著醫生，生病的人才用得著。
耶穌對無法行走的病人說「你的罪得到赦免了」。	你有何權利說那種話？能赦免人的罪的只有上帝。這就是對上帝的褻瀆。	對不能行走的人說「你的罪得赦免了」比較簡單，還是說「你站起來抬著擔架行走」比較簡單？

穌於死地。

迷你知識

論辯場景的結構

各卷福音書中都有出現「論辯的故事」。這些全是耶穌與敵對者之間的論辯紀錄，而且都是採取三幕劇的結構，彷彿上演了一齣以論辯為內容的小劇場。第一幕是先描述一段耶穌與門徒的日常生活，但剛好有猶太教保守派的律法學者在場，因而展開了論辯。接著，第二幕的開始就是耶穌展開反駁。第三幕則是因為耶穌所說的話，使狀況逆轉，為整件事開拓出了全新的意義。這種三幕劇的結構，是耶穌論辯場景的一貫特色。

新約

顯聖容

耶穌在山上發出光芒

出處

〈馬太福音〉第16章第13節～第17章第13節
〈馬可福音〉第8章第22節～第9章第13節
〈路加福音〉第9章第18節～36節

POINT

- 彼得做出了信仰自白。
- 耶穌預言自己的死亡與復活。
- 耶穌在高山上發出光芒。

彼得做出最早的信仰自白

某次，**耶穌**與眾門徒來到加利利北方的**該撒利亞腓立比**一帶，並滯留於該地。耶穌向門徒詢問：「眾人都說人之子（耶穌）是個什麼樣的人物？」

門徒便回答：「有人說是**施洗約翰**，有人說是**以利亞**。還有其他人說，是其中一位先知。」

耶穌又問：「那你們會說我是什麼人物？」於是，門徒**彼得**說：「你是**彌賽亞**，肉身的上帝之子。」

這是信仰的自白，承認耶穌就是彌賽亞，相信耶穌能帶來救贖。

耶穌聞言，誇讚了彼得，並將能讓人們歸於上帝統治的鑰匙交給彼得。

耶穌在高山頂峰放光芒

後來，彼得從老師口中聽到了出人意表的事。「我要去耶路撒冷，我將在長老、祭司長、律法學者的手下，遭受諸多苦難，並且被他們殺死，但我會在第三天復活。」

彼得大驚失色地勸老師說：「請你小心謹慎，避開苦難。」對於主動迎向苦難的耶穌來說，這些話就跟過去在曠野受試探時，撒旦所說的那些話一樣。

耶穌對彼得斥責道：「撒旦，退下！你所想的不是上帝的想法，而是人的想法。」

六天後，耶穌僅帶著彼得、**雅各**和**約翰**，登上一座**高山**。耶穌在那裡發出了聖光，那聖光美得不像這世間的東西。

據說，接著**摩西**與**以利亞**出現了，三人討論著耶穌死後的事。

下山的途中，門徒們激動不已，耶穌便吩咐他們：「這件事在我死之前千萬不能說出去。」

耶穌顯聖容前後的行經路線

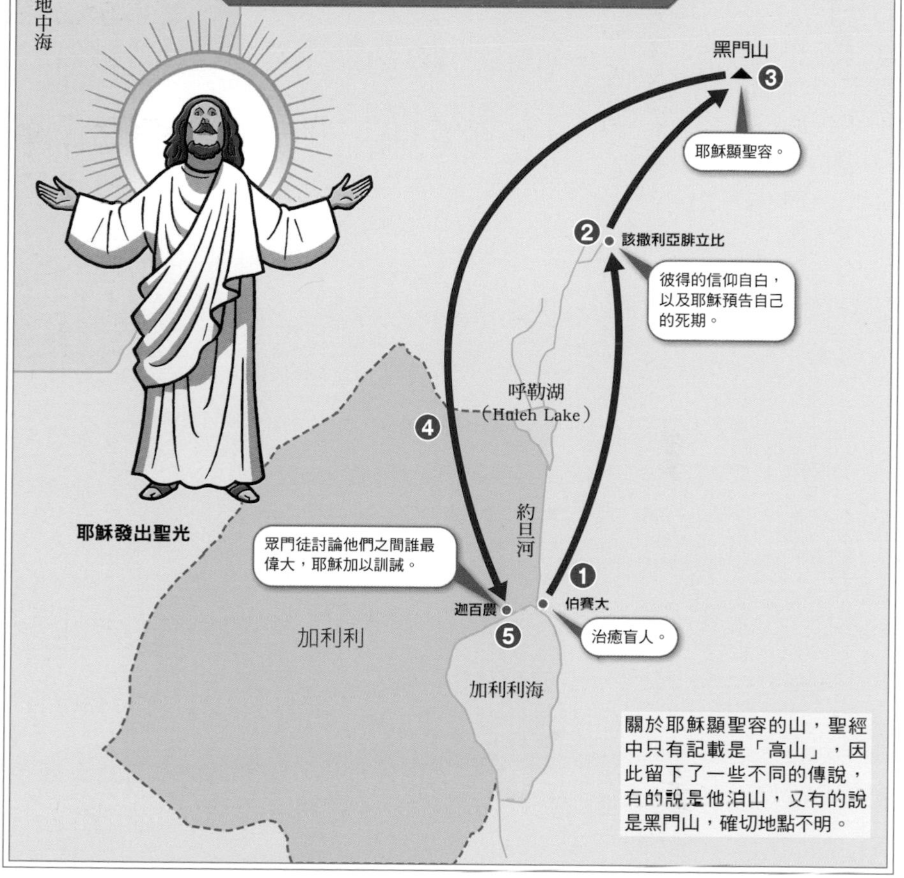
地中海
耶穌發出聖光
黑門山
3
耶穌顯聖容。
2
該撒利亞腓立比
彼得的信仰自白，以及耶穌預告自己的死期。
呼勒湖（Huleh Lake）
4
約旦河
眾門徒討論他們之間誰最偉大，耶穌加以訓誡。
1
伯賽大
迦百農
5
治癒盲人。
加利利
加利利海
關於耶穌顯聖容的山，聖經中只有記載是「高山」，因此留下了一些不同的傳說，有的說是他泊山，又有的說是黑門山，確切地點不明。

聖經的舞台

◉ **黑門山**（敘利亞・黎巴嫩）

位在敘利亞與黎巴嫩的國界上，安替黎巴嫩山脈（Anti-Lebanon mountain range）南端的一座山。和他泊山一樣，流傳著耶穌顯聖容的傳說。此外，因為這是古代山岳信仰中所敬仰的山，所以此處也留下了山岳信仰相關的遺跡。

《新約聖經》的節慶③

狂歡節

狂歡節（Carnival）一詞，又音譯為「嘉年華」，在日本常寫成漢字的「謝肉祭」，這是一個源自於天主教社會的節日。它的起源可追溯到羅馬時代的農神節，基督教傳入後，就逐漸被吸收融合成基督教的節日。在教會年曆上，狂歡節屬於非正式性的節慶，不過這段期間容許大家盡情狂歡。

復活節的前40天，是所謂的「大齋期」（Lent），信徒要在這段期間進行懺悔並禁食獸肉，以緬懷耶穌在曠野中的修行。至於狂歡節，則是在大齋期來臨前的3～7天。

最早似乎是來自古日耳曼社會的春季節慶，後來人們趁痛苦的大齋期來臨前，藉由狂歡節盡情吃喝玩樂。

有時也會在節慶的尾聲，將自己拋開理智的種種行為之責任，轉嫁到大型的稻草人身上，並加以燒毀。

因為這是一個不顧社會秩序的節慶，所以經常成為讓民眾不滿被引爆的導火線。過去似乎也有害怕民眾暴動的統治者，對這個節慶進行管制。

目前許多城市為了吸引觀光客，會舉辦盛大的狂歡節，最有名的包括巴西里約熱內盧、美國的紐奧良等城市。

不過，在基督新教的圈子中，並沒有慶祝狂歡節的習慣。從這層意義來看，狂歡節或許可說是基督教中最世俗性的一個節日。

新約

4章

耶穌的受難
完成了贖罪的使命

新約

受難記
1

耶穌入耶路撒冷城

出處

〈馬太福音〉
第21章第1節～11節
〈馬可福音〉
第11章第1節～11節
〈路加福音〉
第19章第28節～44節
〈約翰福音〉
第12章第12節～19節
等等

POINT

- 耶穌在伯大尼被淋上香油膏。
- 耶穌騎著驢子進入耶路撒冷城。
- 耶路撒冷的人民歡迎耶穌進城。

◇馬大與馬利亞在伯大尼迎接耶穌

接近**逾越節**的某一天。**耶穌**前往**伯大尼**，在那裡的**馬大**和**馬利亞**家中作客。

耶穌曾幫助她們的弟弟**拉撒路**起死回生。馬大負責準備餐點，馬利亞則是用昂貴的**香油膏**淋在耶穌身上，兩人以最大的敬意款待耶穌。

◇民眾歡迎乘著驢子入城的耶穌

另一方面，耶穌差遣他的兩名門徒，去借一隻沒有任何人騎過的驢子回來。

然後，耶穌騎著那隻驢子前往**耶路撒冷**。

到了耶路撒冷，耶穌仍乘著**驢子**入城。

猶太的王者騎著驢子進入耶路撒冷城——這樣的場面是《舊約聖經》中出現過的預言，耶穌直接承襲這段話，藉此主張自己就是**彌賽亞**。

耶路撒冷人民一直都在等待預言成真，因此彌賽亞入城時，全城陷入一片狂熱。沿路上，耶穌經過哪裡，哪裡就會傳來人民的歡呼。他們在道路上鋪上自己的衣服和帶葉子的樹枝，歡迎彌賽亞的到來。

詳細解說

1 『《舊約聖經》的預言是指〈撒迦利亞書〉第九章第九節的預言，寫著：「吾女錫安哪！要大大喜樂。吾女耶路撒冷哪！應當歡呼。看哪！你的王來到你這裡了，他是公義的，是得勝的。他謙謙和和地騎著驢而來。騎著一隻母驢生的小驢而來。」

2 耶穌入城時，民眾手持棕櫚樹的枝葉迎接。因此，基督教教會中，耶穌復活的星期天的前一個星期天，被稱為「棕櫚樹主日」（Palm Sunday）。

耶穌的最後一程

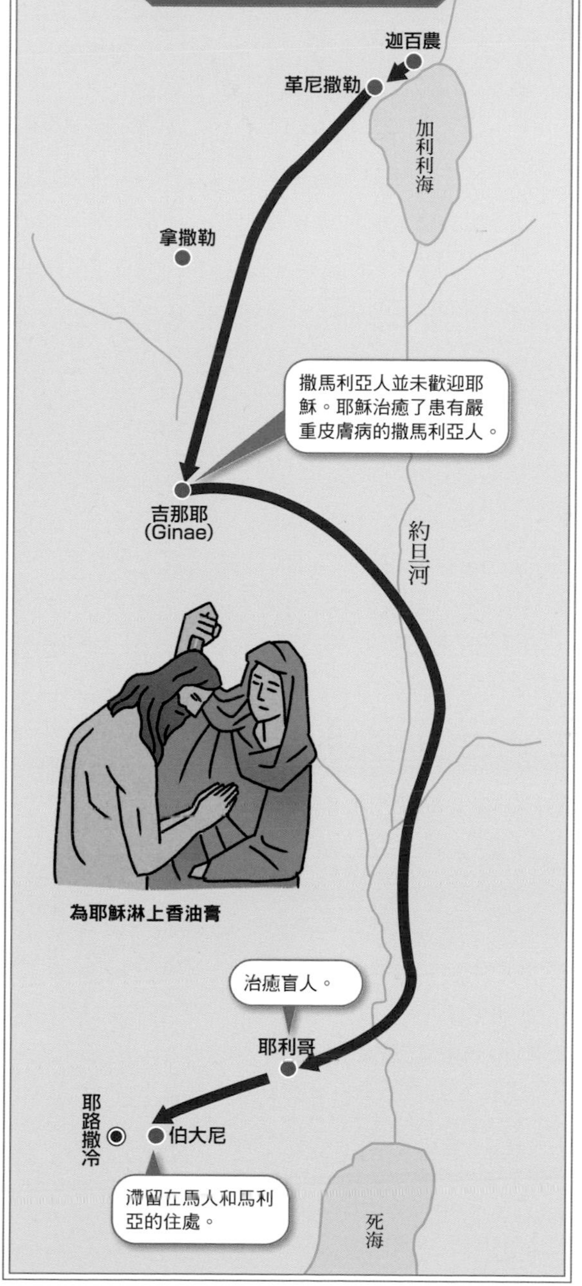
迦百農
革尼撒勒
加利利海
拿撒勒
撒馬利亞人並未歡迎耶穌。耶穌治癒了患有嚴重皮膚病的撒馬利亞人。
吉那耶
(Ginae)
約旦河
為耶穌淋上香油膏
治癒盲人。
耶利哥
耶路撒冷
伯大尼
滯留在馬大和馬利亞的住處。
死海

耶穌為了過逾越節，而從迦百農出發，前往耶路撒冷，而他也心知肚明這將是他最後一段旅程。

迷你知識

為何耶穌要來耶路撒冷？

當時有許多地方上的人們，都會因憧憬聖地耶路撒冷而前來此處。雖說如此，但自古以來就有不少先知在耶路撒冷被殺，更何況猶太教領導階層已圖謀要殺害耶穌。即使如此，耶穌還是進了耶路撒冷城，這表示他很可能已有所覺悟。或許他認為，要將自己的想法散播出去，就必須親自對更廣大的人群述說、傳達，因此才待在最危險的地方。

耶穌進了耶路撒冷城

新約

受難記 2

以論辯陷害耶穌

出處

〈馬太福音〉第21章第12節～17節
〈馬可福音〉第11章第13節～19節
〈路加福音〉第19章第45節～49節
〈約翰福音〉第2章第13節～22節
等等

POINT

- 耶穌把做生意的人趕出聖殿。
- 憎恨耶穌的人設計用論辯陷耶穌於不義。
- 耶穌打敗了論辯的對手。

耶穌對聖殿裡的買賣大為光火

耶穌進入**耶路撒冷**後，便向耶路撒冷聖殿前進。那裡有商人在賣鴿子，有人開錢舖兌換銀錢。商人藉由販賣物品賺取金錢，錢舖則是將羅馬的貨幣兌換成供奉聖殿的貨幣，藉此賺取價差。

聖殿的獻祭已徒具形式，神聖的聖殿變成靠著獻祭圖利的買賣交易場所。

耶穌對此十分憤慨，他將商人趕出聖殿，又踢倒錢舖的攤位。他說：「我父親的住處怎能變成一個買賣場所？」對此，猶太人逼問：「你憑著什麼權柄做這些事情？」耶穌便氣定神閒地回他們：「你們可以把這聖殿拆了，我會在三天之內重建起來。」

設計論辯，陷害耶穌

律法學者們見到耶穌這般態度，無不更對他咬牙切齒，並計畫如何設計陷害耶穌。他們設下的陷阱是**關於稅金的論辯**。問題就是「我們猶太人必須向羅馬皇帝繳稅，這樣合乎律法嗎？」

對於這個提問，耶穌若答「應該繳稅」，就會引來憎恨羅馬之猶太人

聖經的軼事

{ 尼哥德慕議員的詢問 }

尼哥德慕是猶太教領袖的其中一人，他見到這場聖殿騷動後，便偷偷前去拜訪耶穌，想知道耶穌的教誨的真正含意。這時，耶穌回答：「人若不重生，就無法看到上帝的國度。」尼哥德慕問：「這是什麼意思？」耶穌解釋道，信仰能使聖靈從天而降，為那人改革心靈，於是「舊的人」死去，那人就會以一個新的人重生。耶穌讓尼哥德慕留下了深刻印象，後來他成為安葬耶穌遺體的人物。

民的反感；但若答「不應繳稅」，便很有可能激怒羅馬人和羅馬支持者，而遭到逮捕，因此無論回答哪一邊，都能陷耶穌於不義，是一個相當高明的謀略。當耶穌被這麼問時，他反問：「你們用什麼樣的東西繳稅？」對方拿出了一枚銀幣，銀幣上刻著羅馬皇帝的肖像，耶穌便指著那肖像說：「把皇帝的東西還給皇帝。」

　接下來，他們設計好的其他論辯，也都被耶穌一一化解。

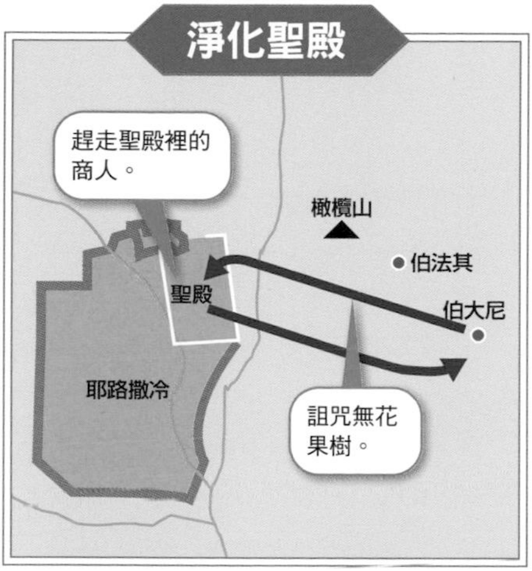
淨化聖殿
趕走聖殿裡的商人。
橄欖山
伯法其
聖殿
伯大尼
耶路撒冷
詛咒無花果樹。

耶穌來到耶路撒冷，但聖殿已變成了商人做生意的地方，此事激怒了耶穌，他便將商人都趕出聖殿。

進入耶路撒冷城
對耶路撒冷感到嘆息。
羊門
羊門
橄欖山
伯法其
聖殿
伯大尼
耶路撒冷
回伯大尼。

耶穌根據先知撒迦利亞的預言，以騎在驢子上的姿態進入耶路撒冷城。

被趕出聖殿商人之辯駁

市面上流通的羅馬貨幣太髒了。要獻給聖殿，就必須要使用特別潔淨的貨幣。
兌換銀幣的錢舖
從遠方而來的參拜者，無法帶著羊或鴿子來當祭品。所以才需要我們。
商人

新約

受難記 3

門徒對耶穌的誤解

出處

〈馬太福音〉
第20章第20節～28節
〈馬可福音〉
第10章第35節～45節
〈約翰福音〉
第12章第1節～8節

POINT

◆ 雅各、約翰央求耶穌賜予他們在神國的地位。
◆ 猶大批判伯大尼的馬利亞。
◆ 門徒視耶穌為引領猶太人獨立的領袖。

◇門徒央求神國的地位

耶穌在預告了自己的**受難**後，他的臨終之日一天天逼近。就在這個當下，耶穌與門徒之間開始產生了微細的裂痕。這是因為門徒還沒有完全理解耶穌的教誨。

比方**雅各**和**約翰**央求耶穌：「如果神國實現的話，請讓我們坐在耶穌的左右。」儘管這些門徒離開家庭，拋下財產和工作，一路受苦受難而來，但他們能做到這種程度，其實多多少少還是因為期待能在天國得到好一點的地位。而耶穌當然是告誡他們不可以這麼想。不過其他門徒其實也有這樣的願望。

另外，門徒**猶大**批評**伯大尼的馬利亞**，怎麼能將昂貴的**香油膏**塗抹在耶穌的腳上，他說：「應該將香油膏賣掉，拿那些錢施捨窮人。」

然而，耶穌卻護著馬利亞說：「你們會常與貧窮的人同在，卻無法常與我同在。馬利亞是提前為我的安葬做準備。」

◇對老師的誤解造就了背叛

據說**十二門徒**中的多數，都是因為期待著**彌賽亞**的耶穌，能如同率領民族振興**以色列王國**的**大衛**一般成為民族英雄，所以才進入耶穌門下。或許正因如此，他們之間才會有過對排行的爭論，想分出誰比較偉大。耶穌教導他們：「若不像兒童般純粹，就無法進入天國。」但門徒卻對靠近耶穌的孩子們加以阻攔，結果又被耶穌告誡：「不是告訴過你們了，在天國的都是像孩子這般的人。」

關鍵詞

◎ **純哪噠香油膏**
是一種從喜馬拉雅山脈原生的敗醬科植物上，萃取而來的香油膏。價格昂貴，裝在雪花石膏的瓶子中外銷。

老師與門徒之間的這些小小誤解，最後造成了耶穌被捕後，門徒對他的背叛。

門徒對耶穌的誤解

門徒		耶穌的回答
詢問耶穌，在天國裡誰最偉大。（馬太18:1、馬可9:33、路加9:46）	➡	誰能讓自己變得像孩子一樣微不足道，誰就是最偉大的。
彼得		
問耶穌，手足得罪自己時，應該饒恕對方幾次。（馬太18:21）	➡	不是七次，而是七十個七次。
雅各和約翰		
兩人和母親一起出現在耶穌面前，央求耶穌坐上天國的寶座時，能讓兩人一左一右坐在耶穌身邊。其他門徒聽了，便開始生氣。（馬太20:20、馬可10:35）	➡	想成為偉大的人，就要成為侍奉眾人的人；想成為最高高在上的人，就要成為眾人的奴僕。
猶大		
一名伯大尼的女子，將昂貴的純哪噠香油膏，淋在耶穌頭上以表示歡迎，猶大氣憤地批評這麼做是浪費金錢。（馬太26:6、馬可14:3、約翰12:1）	➡	她為我做了一件美好的事。（省略）她把這香油膏倒在我身上，是為我的埋葬先做準備。

最後晚餐與預言出賣

出處
〈馬太福音〉第26章第17節～35節
〈馬可福音〉第14章第12節～31節
〈路加福音〉第22章第7節～34節
〈約翰福音〉第13章第1節～16節

POINT
- 耶穌為眾門徒洗腳。
- 進行最後的晚餐。
- 耶穌預言將有人出賣他。
- 猶大中途不見人影。

◆耶穌為門徒洗腳

被釘上十字架的**前一天**，**耶穌**找到了吃**逾越節晚餐**的場地，他打算為眾門徒洗腳。晚餐前耶穌站起身在水盆中裝水，替門徒洗腳後再以他的手巾擦拭。

彼得十分惶恐地說：「請不要這樣做。」但耶穌說：「如果我不幫你洗的話，你和我就會變得毫無關係了。」彼得一聽，急急忙忙地讓耶穌不只替他洗腳，還洗了手和頭。在當時的猶太社會中，洗腳是奴隸的工作，有時門徒也會為老師洗腳。

因此，耶穌是透過打破習慣的舉動，來親身示範何謂謙遜。

◆晚餐中預言猶大的出賣

接著，他們開始享用晚餐。中途，耶穌說出了石破天驚的話：「**你們之中有一個人正打算出賣我。**」門徒聞言十分悲傷，紛紛說出：「該不會是說我吧？」

正當大家陷入騷亂之時，耶穌取了一塊**餅**，在感謝並祝福上帝後，把餅分給門徒說：「你們拿去吃吧，這是我的身體。」接著，又拿起一杯**葡萄酒**，對他們說：「拿去喝吧，這是

關鍵詞

◎ **聖餐禮**

原文為希臘文中的「感謝」，發音為「Eucaristia」。這是一種將餅與葡萄酒同時飲食的儀式，以最後的晚餐為其起源。在教會中，聖餐禮與受洗儀式同等重要。

聖經的舞台

◎ **最後晚餐的廳堂**（以色列）

位於耶路撒冷舊城的西南部的錫安山上，這座山丘還保存著傳說中耶穌和十二門徒共進最後晚餐的那間廳堂。耶穌被猶太教領袖逮捕的前一晚，他就是在這間廳堂中預言猶大將會出賣他。這是教堂二樓的一間廳堂，這裡被稱為「Cenaculum」（飯堂）。

我立約的血。」

然後，耶穌對**猶大**說：「你要做的，快去做吧！」猶大取了餅，就立刻出門去了。其他門徒以為他是去辦耶穌吩咐的事，結果卻不是如此。因為猶大正是耶穌所說的出賣者。

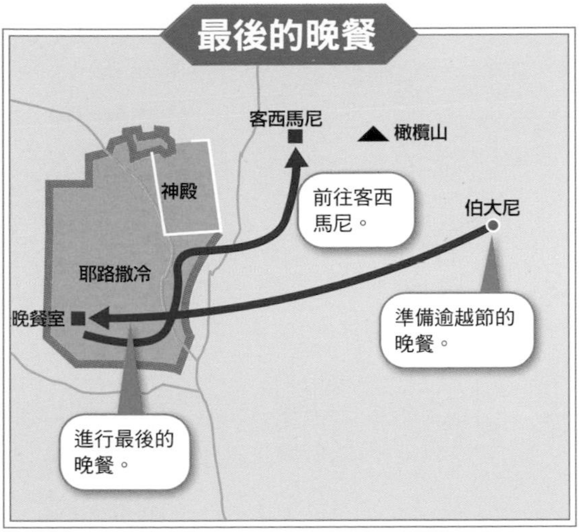
最後的晚餐
客西馬尼
橄欖山
神殿
前往客西馬尼。
伯大尼
耶路撒冷
晚餐室
準備逾越節的晚餐。
進行最後的晚餐。

耶穌在最後晚餐中宣布，將有人出賣他之後，又到客西馬尼園裡祈禱，並吐露憂愁。

迷你知識

為何猶大要出賣耶穌？

關於十二門徒中的加略人猶大為何出賣耶穌，有各式各樣的說法。比方說，如〈約翰福音〉中所記載的，被撒旦附身的說法。耶穌曾在曠野中擊退撒旦，當時的撒旦這次趁晚餐的時候，附在猶大身上。另有一說是，因為猶大對耶穌感到失望。猶大原本希望耶穌是率領民眾擊退羅馬的英雄，當他知道不可能時，便決定出賣耶穌。還有人主張猶大負責記帳，因他侵吞了耶穌的錢，才走上背叛之路。甚至有一種相反的說法是，當猶大知道耶穌要透過死來替人類贖罪時，便主動擔起了這個受到憎恨的壞人角色。猶大出賣耶穌的原因，也許會是一個永恆的謎。

客西馬尼的祈禱

出處
〈馬太福音〉第26章第36節～56節
〈馬可福音〉第14章第32節～50節
〈路加福音〉第22章第39節～53節
〈約翰福音〉第17章～第18章第11節

POINT
- 耶穌在客西馬尼園中吐露心聲。
- 門徒們都不小心睡著。
- 耶穌因猶大的出賣而被逮捕。

對父神吐露出受刑前的心聲

最後的晚餐結束後，**耶穌**帶著十二門徒中的**彼得**、**約翰**和**雅各**，前往橄欖山上的**客西馬尼園**。

然後命令他們：「我悲傷得要死。留在這裡，陪我醒著。」

耶穌向上帝祈禱：「我的父親哪，若是可以，求你不要讓我喝下這杯苦難。可是，不要照我的意思，只要照你的旨意。」

耶穌吐露出的是已沒有退路、幾近絕望的心聲。

然而，祈禱完後，當他回到門徒身邊時，他們都已睡成一片。

耶穌叫醒這三個門徒，對他們說：「醒著持續禱告，不要輸給了誘惑。」

客西馬尼園成為耶穌被逮捕的現場

耶穌繼續禱告：「我的父親哪，若是這杯苦難離不開我，一定要我喝下，就請按照你的旨意行事吧！」

這次祈禱完，回到門徒身邊時，他們還是睡著了。

耶穌見狀，又進行了第三次的禱告，但三個門徒仍舊睡得不醒人事。

「夠了，時間到了。」耶穌說著，要門徒起來，跟他一起回去。

此時，出賣耶穌的**猶大**，帶著**猶太教的領袖**出現。猶大向耶穌請安，並**親吻**了耶穌。這正是通知他們逮捕耶穌的暗號。

他們在耶穌支持群眾看不見的地方逮捕了耶穌。這時，其中一名門徒拔劍揮向大祭司的手下。門徒的劍切下了對方的一邊耳朵。耶穌卻制止了門徒，並說這次逮捕證明了他的預言是對的。耶穌的**門徒**們見到這一幕，**全都拋下老師逃難去了**。

客西馬尼的祈禱

第一次祈禱

我的父親哪，若是可以的話，求你不要讓我喝下這杯苦難。（→吐露出對死的心聲。）

第二次祈禱

我的父親哪，若是這杯苦難離不開我，一定要讓我喝下，就請按照你的旨意行事吧！

第三次祈禱

以相同的話語祈禱了三次。

耶穌祈禱時，門徒全都睡著，無一醒著。

聖經的舞台

◎ **萬國教堂**（以色列）

一座位於耶路撒冷東邊之橄欖山山腳下的橄欖園，被稱為「客西馬尼園」。「客西馬尼」來自希伯來語，有「榨油」之意，過去製作橄欖油在這一帶似乎十分盛行。如今，在傳說中耶穌向上帝祈禱的那個地點，還種著茂盛的橄欖樹，喚起人們對往昔的追憶。此外，附近建有萬國教堂（Church of All Nations），以及希臘正教教堂、俄羅斯正教教堂等的教會堂，傳道者在那裡向人講述著耶穌留下的足跡。

受難記 6

掌權者的審判

出處

〈馬太福音〉
第26章第57節～68節
〈馬可福音〉
第14章第53節～65節
〈路加福音〉
第22章第63節～
第23章第12節
〈約翰福音〉
第18章第12節～24節

POINT

- 耶穌承認自己就是彌賽亞。
- 彼拉多將耶穌送去給安提帕斯裁決。
- 安提帕斯羞辱耶穌後，又將他送回彼拉多那裡。

未審先判的死刑判決

耶穌遭逮捕並受到捆綁，又被帶至**猶太教領袖**們面前。

首先是前大祭司**亞那**的審問，耶穌陳述說，自己是在猶太人常去的會堂或聖殿佈道，所以既沒有祕密組織，也沒有政治性的組織。

亞那直接將耶穌交到**大祭司**——**該亞法**的手中。而當時的**猶太公議會**（Sanhedrin，和合本統一譯為「公會」）以該亞法為議長，以律法學者及長老為議員。他們開始對耶穌進行審判。

其實，他們早已決定要以褻瀆律法及**耶路撒冷聖殿**為由，定耶穌的罪，並判處**死刑**。

然而，審判中一直找不到能讓耶穌定罪的確切證據或證詞。這場審判的主謀大祭司該亞法十分焦急，便詢問耶穌他是不是**彌賽亞**。耶穌承認他就是彌賽亞。大祭司們便硬咬著這句話，宣判耶穌死罪。

他們不但對耶穌吐口水，還加以毆打、羞辱。

從羅馬省長到希律的踢皮球審判

因為死刑確定，他們便將耶穌押至**省長彼拉多**的宅邸。

當時猶太之地受到羅馬帝國統治，羅馬派來的省長未做出許可，猶太人就不得執行死刑。長老們強烈主張耶穌圖謀造反。然而，彼拉多無論再怎麼想，都想不出判死刑的理由。因為耶穌是**加利利人**，所以他便將耶穌送至管轄當地的**希律・安提帕斯**手中。

安提帕斯對耶穌的神蹟充滿好奇，所以十分期待地迎來了耶穌，但耶穌既沒有施展神蹟，又全程保持沉默。安提帕斯因此被惹惱，便將耶穌羞辱了一番，又將他送回給彼拉多。於是耶穌的命運就這樣交到了羅馬省長彼拉多的手裡。

掌權者的審判

前大祭司亞那的審判

- 亞那質問關於門徒，以及耶穌的佈道內容。
- 耶穌主張自己是在會堂（猶太教堂）、聖殿佈道，沒有進行任何政治活動。

↓

大祭司該亞法的審判

- 耶穌在該亞法的質問下，承認自己是彌賽亞，因此被以褻瀆之罪宣判死刑。
- 耶穌被送交彼拉多手中，但彼拉多又將其送至希律・安提帕斯手中。

↓

加利利分封王
希律・安提帕斯的審判

- 面對希律的質問，耶穌不做任何回答，希律羞辱耶穌洩憤後，又將其送回彼拉多手中。

聖經的舞台

◉ **聖彼得雞鳴教堂**（以色列）

這座美麗的聖彼得雞鳴教堂（Church of Saint Peter in Gallicantu，又稱作雞鳴堂），位在耶路撒冷的錫安門附近，據傳是建立在大祭司該亞法的宅邸遺址上。耶穌在此受審時，彼得曾提心吊膽地在一旁偷看，而被人懷疑是不是耶穌的同夥，但彼得三度否定，教堂的名稱就是由此而來。

關鍵詞

◉ **猶太公議會**

猶太公議會是指地方法院或耶路撒冷的最高法院。對耶穌進行審判的是最高法院。羅馬當局利用猶太公議會，當作統治猶太之地的議會。

新約

受難記 7

耶路撒冷民眾的審判

出處

〈馬太福音〉第26章第69節～第27章第31節
〈馬可福音〉第14章第66節～第15章第20節
〈路加福音〉第23章第13節～25節
〈約翰福音〉第18章第25節～第19章第16節

POINT

- 彼拉多將耶穌交由民眾判刑。
- 耶路撒冷的民眾要求做出處決耶穌的判斷。
- 讓耶穌自己扛十字架。

◆ 彼拉多看出耶穌無罪而想將其釋放

耶穌再度回到省長**彼拉多**那裡。彼拉多了解耶穌是無罪的，所以試圖要釋放耶穌。他向聚集在他官邸前的**群眾**詢問：「今天是猶太人的重大節慶之日，所以可以釋放一個罪犯。強盜巴拉巴和耶穌，你們希望誰獲得釋放？」

群眾回答：「釋放巴拉巴，**把耶穌處死**。」出現這樣的聲音後，全體民眾也跟著鼓譟起來。

◆ 猶太人決定將耶穌處死

即使如此，彼拉多仍不想處死耶穌，而試圖以鞭刑代替死刑。然而，耶穌身為「**彌賽亞**」，卻沒有挺身反抗羅馬的統治，這讓民眾對其感到失望。在耶穌仇敵巧妙的煽動下，民眾都不認同釋放，而開始叫囂著：「處死他！釘他**十字架**！」彼拉多見到民眾如此憤怒，害怕再下去會引發暴動，最後只好說：「這已經不是我的責任了，你們自己決定吧。」因此刑罰的判斷就交給猶太人自己作主。

於是，耶穌被釘上了十字架。士

人物

【本丟・彼拉多】聖經中，彼拉多試圖釋放耶穌，給人一種搖擺在溫厚處置與政治顧慮之間的印象。然而，這種印象或許與史實是有所出入的。在此之前，他為了顧慮猶太人的宗教情緒，而禁止將偶像帶進猶太之地，但他卻施行了許多刺激猶太人民的政策，例如輸入繪有皇帝肖像之羅馬軍的連隊旗。最後甚至因做法太過激進，而被羅馬召回。

本丟・彼拉多

兵羞辱了耶穌，又將耶穌押走。官邸外準備好了十字架，並交給耶穌自己扛。

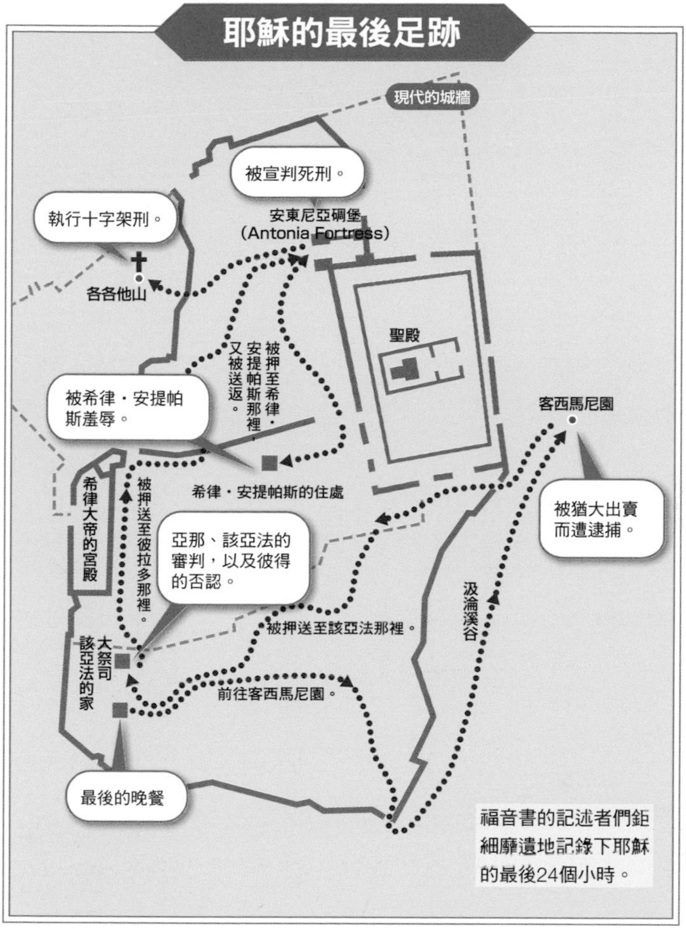

聖經的軼事

【彼得與猶大】

最後晚餐的席中，耶穌宣布彼得將三度否認自己是他的門徒。此時，彼得回答自己絕不會如此，可耶穌被捕之後，被人指出他是耶穌的門徒時，他否定了三次。另外，根據記載，猶大知道耶穌被判死刑後，深感後悔，便想將收受的銀幣還給祭司長等人，卻遭拒絕，最後在絕望之餘，以上吊自殺結束生命。

聖經的舞台

◎ **荊冕堂**（以色列）

建立於羅馬省長彼拉多的官邸所在之處的教堂。荊冕堂的英文為「Church of Ecce Homo」，Ecce Homo來自拉丁文，意為「看這個人！」據說，彼拉多在群眾面前指著耶穌說過這句話，教堂便以此為名。

受難記 8

耶穌被釘十字架

出處

〈馬太福音〉
第27章第32節～66節
〈馬可福音〉
第15章第21節～47節
〈路加福音〉
第23章第26節～56節
〈約翰福音〉
第19章第17節～42節

POINT

- 耶穌一路走到刑場。
- 耶穌在各各他山上被釘十字架。
- 耶穌在十字架上斷氣。

寫在耶穌十字架上的奇妙罪狀

耶穌被宣判行刑後，背著**十字架**，被押往**各各他山**。在這段路上，大批景仰耶穌的人聚集到他身邊，陪著他走這一段路。在這些人當中，也能看到許多與耶穌關係深厚的女性，像是他的**母親馬利亞**、**抹大拉的馬利亞**等等。

最後，耶穌終於抵達各各他山。他的雙手雙腳被人用釘子釘在十字架上。釘釘子之時，他們會在葡萄酒中摻入麻痺疼痛的藥物給受刑者喝，但據說耶穌不肯喝。耶穌的十字架立在釘著兩名強盜的兩個十字架之間。十字架上會寫出受刑人的罪狀，而耶穌的十字架上所寫的罪狀是「**猶太人的王——拿撒勒人耶穌**」。

其中一名強盜因承受不了痛苦，而咒罵耶穌說：「你不是彌賽亞嗎？怎麼不救救你自己，也救救我們？」不只強盜，祭司們也挑釁：「你若是上帝揀選的人，就救救你自己啊。」面對這些話語，耶穌始終保持沉默。此時，明明是大白天，天空卻暗了下來，周圍陷入一片黑暗。

從十字架上卸下斷氣的耶穌

耶穌即使被釘在十字架上，仍為眾人禱告：「上帝啊，請赦免他們，因為他們不曉得自己在做些什麼。」

耶穌在下午三點左右斷了氣。據〈約翰福音〉中記載，他最後說一句「成了」，便垂下頭去。

耶穌的信徒為他細心地清理遺體，並葬在一處新的墳墓中，再用巨大的石頭封住墳墓，還請人來守衛，防止遺體被盜。

耶穌的臨終

清晨	彼拉多進行審判，但他無法判斷，便將耶穌送至安提帕斯那裡。
8：00	安提帕斯將耶穌送回彼拉多那裡。根據群眾的判斷，決定處以十字架刑。
9：00	耶穌扛著十字架被帶到刑場。
12：00	行刑。四周黑暗籠罩。
15：00	耶穌在十字架上死亡。
17：00	亞利馬太的約瑟為耶穌下葬。

耶穌臨終之言——

1「母親，瞧，你的兒子！瞧，你的母親！」（對著母親馬利亞和門徒約翰說）

2「父啊！赦免他們；因為他們所做的，他們不曉得。」（對上帝說）

3「我實在告訴你，今日你要同我在樂園裡了。」（對替耶穌說話的強盜說）

4「我的神！我的神！為什麼離棄我？」（對上帝說）

5「我渴了。（神啊，我的心切慕你，如鹿切慕溪水。我的心渴想神，就是永生神。）」（對上帝說）

6「成了！」（嘗了葡萄酒後）

7「父啊！我將我的靈魂交在你手裡。」（對上帝說）

聖墓教堂（Church of the Holy Sepulchre）。據說釘耶穌的十字架在這裡被發現。

詳細解說

1〈路加福音〉記載，此時另一個強盜訓斥那個咒罵耶穌的強盜，表示他們兩人受刑，是犯罪應得的報應，但耶穌並沒有做過一件壞事。他又對耶穌說：「耶穌啊，您到了您的國度時，請記得我。」耶穌便對他說：「我告訴你，今天你就會跟我一起在樂園裡。」

2 關於耶穌的臨終，在不同的福音書中，可見到若干的不同。馬可、馬太的福音書中記載，耶穌大喊：「以羅伊！以羅伊！拉馬撒巴各大尼？」翻譯出來就是「我的神！你為什麼要離棄我？」在〈路加福音〉中，耶穌是叫了一聲「父親，我把我的靈魂交給您」後便氣絕身亡。至於在〈約翰福音〉中，耶穌則是用盡最後的力氣，喃喃地說「成了」，就斷氣了。

耶穌的復活

出處

〈馬太福音〉第28章第1節～15節
〈馬可福音〉第16章第1節～18節
〈路加福音〉第24章第1節～49節
〈約翰福音〉第20章

POINT

- 耶穌出現在抹大拉的馬利亞面前。
- 耶穌出現在眾門徒面前，告知復活之事。
- 人類與上帝之間，締結了新的契約。

耶穌的遺體憑空消失

耶穌在**十字架**上死去後，有人將他的遺體葬在墓中。

三天後的星期天，**抹大拉的馬利亞**前往墳墓。來到墳前，卻發現埋葬所設下的大石被人移開，墳墓的入口是敞開的。馬利亞趕緊進入墓中，原本在那裡的遺體竟然消失了。

馬利亞前去找耶穌門徒，向他們報告這件事。

抹大拉的馬利亞又再回到墓中，這次她流起淚來。就在此時，兩位天使出現在她面前，詢問她：「婦人哪，妳為何哭泣？」馬利亞回答：「我的主被偷走了。我不知道被人放到哪去了。」

但過了一會兒，身後傳來呼喚她的聲音。那聲音的主人，正是耶穌。馬利亞回過頭去，答道：「拉波尼（老師）！」

復活的耶穌也出現在門徒面前

耶穌在馬利亞面前現身後，又在眾門徒面前一一現身。

耶穌出現在**多馬**面前，對他說：「願你們和平。」又要他觸摸看看自己的十字架傷口。另外有兩名門徒，前往耶路撒冷郊外一個名叫**以馬忤斯**村莊的途中，耶穌也現身在他們面前。此外，他也出現在**彼得**、**多馬**、**拿但業**、**約翰**、**雅各**等人的身邊，對他們說：「跟從我吧。」

人類背棄與上帝定下的契約，否定了上帝與人原有的關係。耶穌將人類**背信的罪全部一肩扛起**，讓人將他釘在十字架上。而耶穌的復活，也代表**上帝與人類之間締結了新的契約**。

見證耶穌復活的地點

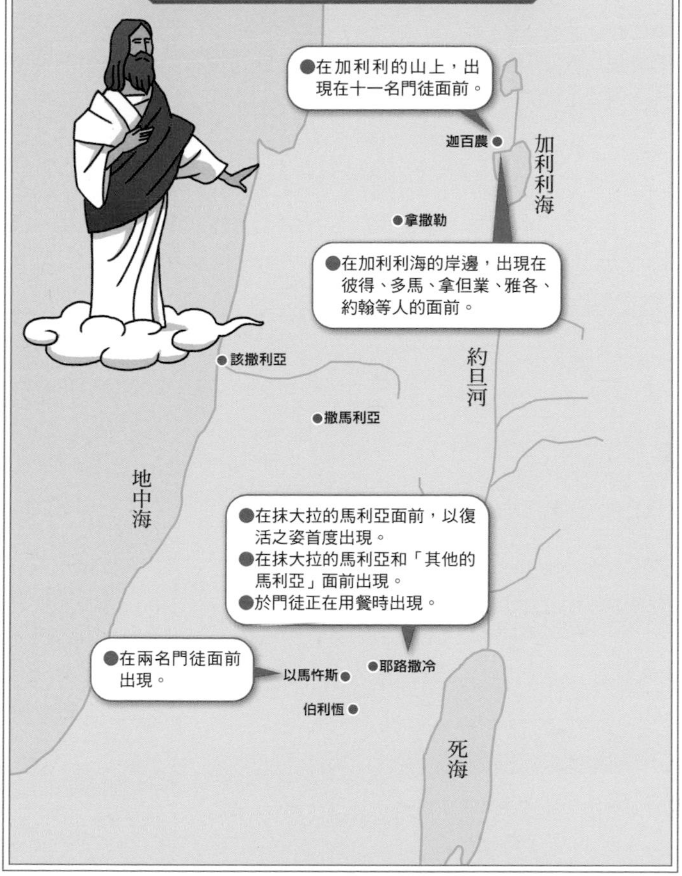

聖經的舞台

◉ 花園塚（以色列）

花園塚（Garden Tomb）是一八八三年時，由英國少將戈登（Charles Gordon），所指出耶穌之墓所在的岩石山。聖經中確實寫過「耶穌被釘十字架的地點有一座園，園裡有一處新的墳墓，還沒有任何人下葬在那裡」。這裡的確很符合聖經的描述，現在由基督新教謹慎小心地管理。

新約

復活與升天 ②

抹大拉的馬利亞

POINT

◆耶穌為抹大拉的馬利亞驅逐了七個邪靈。
◆耶穌復活後，最早就是出現在抹大拉的馬利亞面前。

受耶穌治癒的罪孽深重之女性

第一個見證**耶穌復活**的人，是**抹大拉的馬利亞**。

她曾是一名罪孽深重，受七個邪靈附身所苦的女性。

關於七個邪靈眾說紛紜，但按照一般主要的說法，七個邪靈是指傲慢、貪婪、淫亂、憤怒、嫉妒、暴食及怠惰。

有一次，耶穌到法利賽派的人家中吃飯，有一名女性邊哭邊用香油膏塗抹耶穌的腳，並用自己的頭髮來擦拭。通常認為，這個人就是抹大拉的馬利亞。

背負傳達耶穌復活的使命

耶穌為馬利亞驅逐邪靈後，馬利亞成了耶穌的信徒，從加利利開始追隨他，並成為負責整合女性信徒的人物。

耶穌被捕，彼得等的男性門徒們，都因擔心自己的安危而逃離，但她仍留在耶穌身邊，一直看著耶穌到最後一刻。耶穌埋葬後，她也繼續在墳墓前思慕耶穌。

正因她是這樣的女性，耶穌顯現復活之姿時，才會第一個就出現在她

迷你知識

守望耶穌臨終的三名馬利亞是哪三名？

站在十字架下的，首先是耶穌的母親馬利亞，再來是抹大拉的馬利亞，關於這部分，四部福音書中的描述都是一致的。另一個馬利亞，有可能是名為伯大尼的馬利亞之女性，或是耶穌母親馬利亞的妹妹。但總之，沒有任何男性門徒留在耶穌身邊，最後是這些女性，一路守望著耶穌的死與復活。

面前吧？耶穌其實是賦予了她一項重要的任務，要她將鳥獸散的門徒們重新集結起來。

關於馬利亞後來的遭遇，有一個傳說是她遭到猶太人迫害，西元四〇年前後流亡至**普羅旺斯地方**。如今，天主教、東正教都將她視為聖人，對她有著虔誠的信仰。

抹大拉的馬利亞的足跡
加利利
抹大拉
加利利海
●耶穌來到抹大拉鎮，為她驅逐了七個邪靈。
●離開加利利，追隨耶穌的腳步。
約旦河
地中海
撒馬利亞
●耶穌在各各他山行刑時，她在場看著耶穌死亡。
●耶穌暫時下葬後，她準備了香料和香油膏。
●耶穌復活後，她最早見證耶穌之姿。天使命她向眾門徒傳達耶穌復活之事。
亞利馬太
猶太
伯大尼
亞實基倫
耶路撒冷
伯利恆
迦薩
以土買
死海
馬撒大

聖經的舞台

◎ **海濱聖瑪麗**（法國）

傳說，被流放的抹大拉的馬利亞和門徒們，乘著無帆無槳的小舟，最後漂流抵達之地，就是海濱聖瑪麗（Saintes-Maries-de-la-Mer）。地名也是取自她們的名字，有「海濱的聖馬利亞們」之意。此處也成了信徒的朝聖之地。

新約

復活與升天 ③

耶穌升天

出處

〈馬太福音〉第16章第19節～20節
〈路加福音〉第24章第50節～53節

POINT

- 耶穌出現在抹大拉的馬利亞面前。
- 耶穌出現在眾門徒面前，告訴他們自己已復活。
- 人類與上帝之間締結了新的契約。

耶穌向眾門徒傳達使命後升天

復活後，**耶穌**便以各式各樣的形式，在各式各樣的場所，出現在門徒們的面前。他一邊讓大家知道他已復活，一邊宣講著天國的教誨。

復活**四十天後**，門徒們正在用餐時，耶穌出現在他們面前說：「你們不久之後將得到**聖靈**的**施洗**。」然後，他教導門徒經文該如何理解，又宣告他們即將成為向眾人傳福音的**使徒**。

宣告之後，耶穌與眾門徒一同行至橄欖山附近的**伯大尼**，之後便一邊舉手祝福他們，一邊在他們面前**升上天空**。

當耶穌的身影消失在雲層之中，眾門徒仍站在原處，久久不能自已。

不知何時，來了兩個穿白衣服的人，他們說：「離開你們升天的耶穌，還會再以你們剛剛看到的姿態，再度出現。」〈馬可福音〉記載，耶穌升天後，就坐在上帝的右邊。

猶太教與基督教

	猶太教	基督教
契約	上帝與以色列人定下的契約	上帝與全人類定下的契約
經典	《（舊約）聖經》《塔木德》（Talmud）	《舊約聖經》《新約聖經》
上帝	唯一真神耶和華	聖父、聖子、聖靈
神職人員	拉比（Rabbi）	神父、牧師
救世主	復興以色列的政治領袖	耶穌

經過耶穌被釘十字架之死亡、復活、以及升天，而產生了基督信仰。最後信仰基督的一派，從猶太教中獨立出來。

選出空缺的第十二名使徒

眾門徒回到耶路撒冷，就開始決定要由誰來替補第十二名門徒，因為**猶大**自殺後**十二門徒**就少了一人。約瑟和**馬提亞**都是耶穌復活的見證人，他們便透過抽籤，從這兩人中挑選一人。最後由馬提亞抽中，成為新的十二門徒。

詳細解說

1 〈馬太福音〉記載，猶太的祭司長和長老們接獲耶穌復活的報告後，就拿了一筆錢給來報告的衛兵，命令他把這事偽裝成是門徒趁三更半夜，將耶穌的遺體偷走的。而這也是猶太教對耶穌復活的解釋。

2 相對於耶穌的「升天」（the Ascension of Jesus），聖母馬利亞的升天，則被稱為「蒙召升天」（the Assumption of Mary）。

聖經的舞台

◉ **升天堂**（以色列）

在耶路撒冷近郊的橄欖山上，現在建有兩座教堂。這些過去十字軍的禮拜堂，現在則是伊斯蘭教的禮拜堂。一座是保存下耶穌升天時所留下的腳印，在留有腳印的岩石周圍，搭建起的圓頂教堂。另一座是有著高塔的俄羅斯正教的教堂。兩座教堂皆有「升天堂」之稱。

《新約聖經》的節慶 4

復活節

復活節是慶祝耶穌基督復活的日子，也是基督教中最盛大的節慶，每年都會在3月22日到4月25日的其中一個星期天舉行慶典。天主教以梵蒂岡為主要會場，舉行盛大的典禮。復活節的前一個星期則稱為「聖週」或「受難週」，這時的典禮也十分重要。

復活節的前一個星期天，被視為耶穌進入耶路撒冷城的那一天，該星期的星期四是最後晚餐之日，星期五是耶穌被釘十字架且喪命之日。而隔天的星期六，是復活節的前夕慶典，大家會徹夜慶祝基督的復活。天主教教徒會在蠟燭上點火以展開儀式，為復活節當天的盛大慶典做開場預備。

基督的死亡與復活，發生在猶太教的逾越節之際，因此追溯來源，也會發現復活節是從逾越節而來。除了英文和德文以外，復活節的詞源都是來自「Pascha」。英文的「Easter」是指「東方者」，換言之，就是太陽神的意思。也有說法指出，復活節是起源於羅馬的宗教。

復活節也有受到日耳曼人慶祝春天到來的慶典影響。尤其復活節廣為人知的彩蛋習俗，就被認為是來自於日耳曼人的風俗習慣。復活節彩蛋是將蛋殼染上鮮豔的色彩，再用美麗的包裝紙包裝好的蛋。人們會互相餽贈，或藏在家中，讓孩子玩尋寶遊戲。復活節彩蛋被認為是以雛鳥的破殼而出，來比喻耶穌自墳墓中復活的意象。

新約

5章

向世人推廣明師教誨的門徒時代

新約

聖靈降臨

五旬節的聖靈降臨

出處

〈使徒行傳〉第2章第1節～42節

POINT

◆聖靈降臨在耶穌的眾門徒身上。
◆眾門徒開始說起各國的語言。
◆彼得宣教之後，有三千人成為信徒，這就是基督教教會的開始。

火焰之舌傳授的異國語言

耶穌復活後的第一個**五旬節**，**十二門徒**與信徒們聚集在耶路撒冷的某間房子裡。

此時，天上傳來強風呼嘯的聲音，將房子震得吱嘎作響。突然，如火焰之舌般的東西出現，那東西分散開來，降落在十二門徒的每個人頭頂。正如耶穌所言，**聖靈**降臨在他們身上了。眾門徒被聖靈充滿，他們開始說起四方國家的語言，而非猶太之地所使用的**亞蘭語**。

大批群眾因聽到騷動的聲音而聚集過來。當時的耶路撒冷有著來自四面八方的人，像是因巴比倫被擄而散落在國外各地之人民的子孫，或是來自其他各國的旅客。全世界不同語言的人，都來到了這裡。

他們聽到有人在說自己故鄉的語言，便驚訝地說：「沒想到竟然能聽見有人用我們本地的語言，述說上帝的偉大作為！」可其中也有人取笑說：「他們不過是喝醉酒罷了。」

聖靈降臨是使徒的人生轉機

彼得開始與其他十一名使徒一起傳道，宣講耶穌的教誨與其復活。於是，信耶穌的人愈來愈多。

據說這一天，聽從彼得建議而受洗的人，高達三千人。這一天也被視為基督教教會的開始。透過使徒們的努力，耶穌的教誨逐漸在世界各地傳開。

在五旬節聚集而來的朝聖者

黑海
羅馬
馬其頓
拜占庭
腓立比
本都（又譯為「朋士斯」）
庇推尼
安卡拉（Ankara）
弗呂家
加帕多家
以哥念
基利家
帕提亞人
米底亞人
雅典
以弗所
西流基
安提阿
美索不達米亞
以攔人
撒拉米
帕邁拉（Palmyra）
底格里斯河
書珊
巴比倫
大馬士革
西頓
地中海
該撒利亞
古利奈
約帕
耶路撒冷
幼發拉底河
亞歷山卓
阿拉伯
埃及
五旬節之際，許多來自各地的猶太人，
前往耶路撒冷參拜。
前往耶路撒冷參拜者

迷你知識

成為十二門徒的是？

跟隨耶穌佈道的彼得等十二個門徒，成了所謂的十二門徒。這十二門徒又稱為「使徒」，在希臘語中是「Apóstolos」，有「受派遣的人」「使者」之意。

加略人猶大自殺，剩下十一名使徒時，他們又選出了馬提亞為替補。選他似乎是因為他也是耶穌復活的見證人之一，這一點是成為使徒的條件。

耶穌死後，使徒們體驗到聖靈降臨，並受其激勵。這個**聖靈降臨**的事件，成了〈**使徒行傳**〉的基石，也成了推動傳道活動的一大轉機。

關鍵詞

◎ **五旬節**

原本是收割用鐮刀的封刀慶典。猶太教視這天為獲頒十誡的律法紀念日，而加以慶祝；基督教則視這天為基督教教會的創立紀念日，加以慶祝。

新約

門徒傳道 1

彼得佈道活動

出處
〈使徒行傳〉
第2章第14節～第5章

POINT
- 彼得成為耶穌眾門徒的領袖。
- 彼得遭到逮捕，但律法學者被他駁倒。
- 彼得為外邦人哥尼流施洗。

上帝的救贖擴及全人類

聖靈降臨後，**彼得**成為耶穌的門徒之首，佈道傳教，勸人悔改。他與**約翰**一同前往聖殿途中，行了神蹟，讓行動不便的乞食男子得到治癒。又向聚集的人群傳教，得到五千名信徒。

然而這個階段，耶穌的信徒還只是**猶太教的其中一派**。再加上耶穌的教誨已激怒了猶太教領導階層，因此彼得遭到取締。彼得和約翰被聖殿的警衛逮捕，帶到律法學者們面前。但彼得從容不迫地駁倒他們，因而逃過劫難。

對哥尼流的施洗，決定了傳教的方針

彼得告訴眾人，上帝的救贖是擴及全人類的。這與以色列的**選民思想**恰恰相反，因為他們認為只有自己才是上帝揀選出來的民族。從此處即能看出，基督教將會從猶太教中獨立出來。

十二使徒根據這樣的想法佈道，但據說，當時只有彼得是在耶路撒冷以外的地區傳教。他還曾為**羅馬**的百夫長**哥尼流**施洗。對外邦人所進行的施洗，這幾乎是頭一遭。耶穌的教誨

聖經的舞台

◉ **聖伯多祿大殿**（義大利）

聖伯多祿大殿（St. Peter's Basilica，又譯為「聖彼得大教堂」）是天主教教會的大本營（譯註：「伯多祿」是天主教思高聖經對「彼得」的譯法）。西元三二四年，由羅馬皇帝君士坦丁一世（Constantine I）所創建，經過文藝復興、巴洛克時代的修築後，才成為今日這般壯觀的大教堂。據說，最早的起源是，第三任教宗聖克雷（Pope Anacletus）在彼得的墳墓上，建立了巴西利卡（Basilica）樣式的聖堂。一九四九年，聖伯多祿大殿的主祭壇下，發現出聖彼得的遺骸。一九六八年，教宗保祿六世（Pope Paul VI）將此遺骸視為真正的骨骸，進行葬禮，再歸回原處。

就這樣逐漸流傳開來。

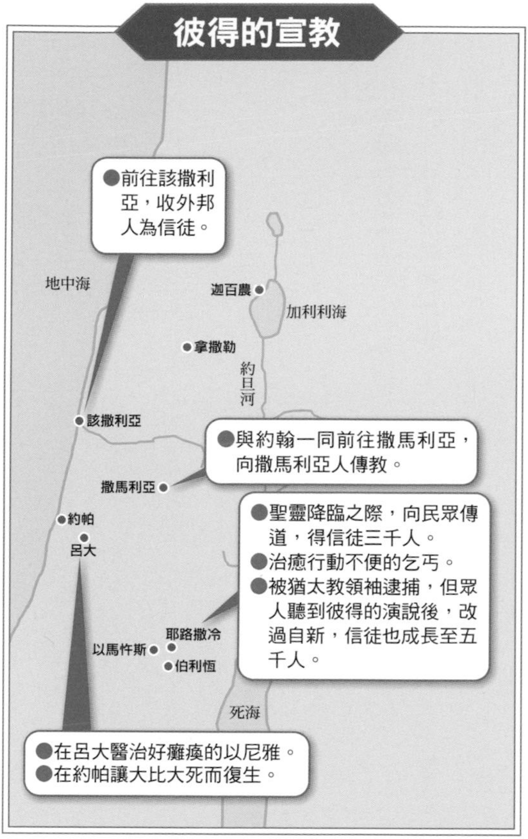
彼得的宣教
●前往該撒利亞，收外邦人為信徒。
地中海
迦百農
加利利海
拿撒勒
約旦河
該撒利亞
●與約翰一同前往撒馬利亞，向撒馬利亞人傳教。
撒馬利亞
約帕
呂大
●聖靈降臨之際，向民眾傳道，得信徒三千人。
●治癒行動不便的乞丐。
●被猶太教領袖逮捕，但眾人聽到彼得的演說後，改過自新，信徒也成長至五千人。
耶路撒冷
以馬忤斯
伯利恆
死海
●在呂大醫治好癱瘓的以尼雅。
●在約帕讓大比大死而復生。

五旬節之後，彼得至各地宣揚基督的教誨。他的宣教活動，跨出了猶太之地，最後甚至延伸到羅馬。

詳細解說

哥尼流夢見上帝的使者命令他：「去召喚彼得。」耶路撒冷的信徒們，聽說他在上帝的敦促下，接受了彼得的施洗，便抗議說沒有接受割禮的人怎麼能受洗，但聽到彼得奮力的演說後，他們轉而讚美神說：「連外邦人上帝都能讓他們悔改。」

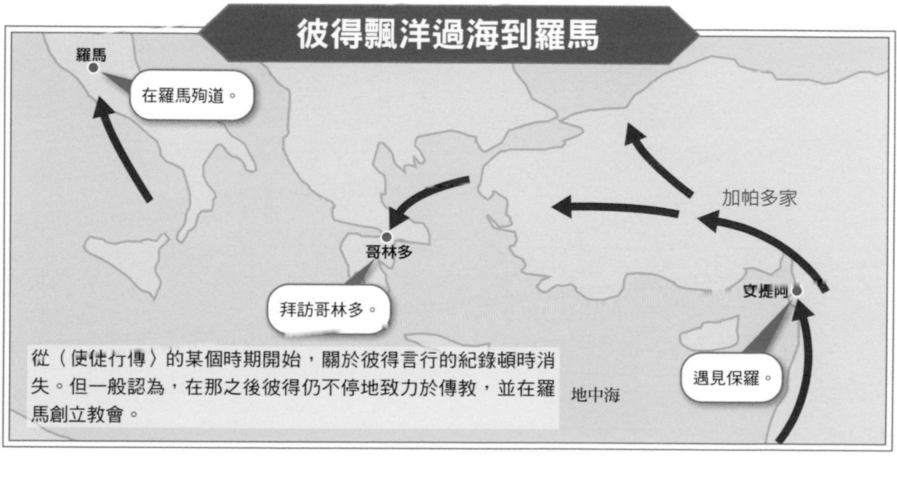
彼得飄洋過海到羅馬
羅馬
在羅馬殉道。
哥林多
拜訪哥林多。
加帕多家
安提阿
遇見保羅。
地中海

從〈使徒行傳〉的某個時期開始，關於彼得言行的紀錄頓時消失。但一般認為，在那之後彼得仍不停地致力於傳教，並在羅馬創立教會。

新約

門徒傳道 ②

希利尼人與希伯來人

出處
〈使徒行傳〉
第2章第14節～第5章

POINT
- 初期的基督教教會採行共產體制。
- 希伯來人與希利尼人產生對立。
- 希利尼人認為基督教與猶太教完全不同。

信徒增加所產生的問題

原始基督教會是以**十二門徒**、**聖母馬利亞**、**抹大拉的馬利亞**等人為首的小型集團，人數只有一百二十人左右。他們生活在一起，共享資產、所有物，也就是採行**共產體制**。

然而，在持續的傳道下，由於信徒增加，因此產生了各式各樣的問題，使集團的營運變得極為困難。

此外，這時的信徒分成了兩派，一派是說希伯來語的猶太人——**希伯來人**；另一派是說希臘語的猶太人——**希利尼人**。這兩者之間逐漸開始產生摩擦。

兩派對福音的解釋也相互對立

希伯來人是一直以來都住在猶太之地的人，而希利尼人則是曾經散落至國外各地，又回到猶太之地的人。

希利尼人的寡婦們埋怨，她們在餅的發放上蒙受不公，於是教會從希利尼人中，選出**司提反**、**腓利**等七人，監督膳食的發放。儘管這個問題就此解決，可希伯來人和希利尼人又在**福音**的解讀上產生對立。

希伯來人雖然因信仰耶穌，而變得與其他猶太人不同，但他們仍繼續

關鍵詞

◎ **家中的教會**

初期的基督徒們，以個人的住家為聚會場所，在此進行祈禱、禮拜等活動。這就是「家中的教會」。在這之前，他們應該是像其他猶太人一樣，前往聖殿參拜。後來可能是為了學習耶穌的話語、一同用餐，而開始聚集至私人住家中。

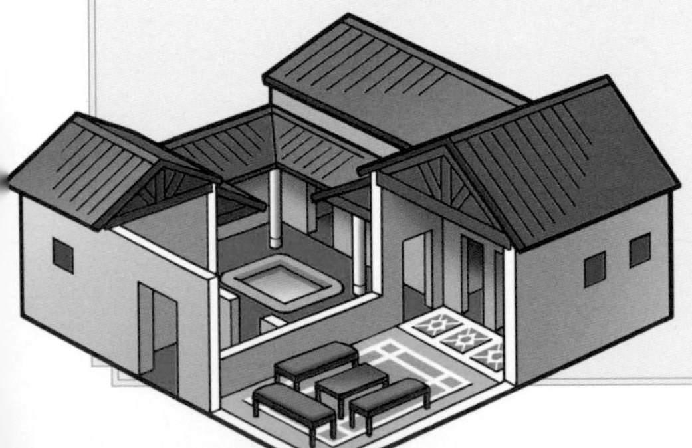

遵守猶太教的**律法**。換言之，他們認為基督教還是必須**以猶太教為基礎**，對聖殿的參拜是不可或缺的。

然而，希利尼人不但認為沒有必要遵守律法，還對聖殿加以批判。這就是在主張基督教和猶太教是不同的宗教。

兩派的想法完全對立，因此兩邊的爭執日益嚴重。

共產體制所產生的問題

問題①（使徒行傳第5章）	名為亞拿尼亞的男子與妻子討論後，決定賣掉土地，並假報金額。他們只有把賣掉土地所得的部分金錢交給彼得，但彼得立刻看穿此事，並加以訓誡，於是亞拿尼亞和他的妻子當場氣絕。
問題②（帖撒羅尼迦後書）	大家共享每個人帶來的東西，立意雖然良善，但後來開始出現接受他人恩惠，自己卻過著懶散生活的人。

原始教會的對立

希伯來人

- 使用希伯來語。
- 十二門徒將耶穌視為成全律法的人。
- 遵從耶穌的同時，也不違背猶太教的律法。
- 基督教是猶太教中的耶穌派。

對立點
是否要強迫外邦信徒進行割禮？
與外邦人一同用餐是否違法？

希利尼人

- 使用希臘語。
- 將耶穌視為彌賽亞，也視為上帝。
- 重在相信耶穌的福音，而不必遵守猶太教的律法。
- 不承認耶路撒冷聖殿的價值。

司提反的殉道

出處
〈使徒行傳〉
第6章第8節～第8章

POINT
- 司提反在猶太人面前譴責他們的罪。
- 群眾怒不可遏，將司提反處以石刑擊斃。
- 基督教開始向猶太之地以外擴散。

激怒猶太教徒的大演說

希利尼人認為基督教與猶太教是不同宗教，並以此為出發點，否定遵守律法之必要，對聖殿進行批判，其中的代表性人物就是**司提反**。因為他以滔滔雄辯批判聖殿，而遭到猶太教徒的逮捕。被押至審判之處後，司提反無懼無畏地展開了一場盛大的演說。

他在群眾面前，敘述自亞伯拉罕以來、到耶穌為止的上帝與人民之歷史，並譴責說：「就是你們這群人在**迫害**耶穌，迫害先知們。」眾人聽了大為光火，將司提反趕出城外，用石頭擊斃他。司提反留下的最後一句話是「主啊，不要將這罪歸於他們！」恰恰是耶穌臨終所說的話。

以迫害為契機展開的傳道活動

司提反成為基督教最早的**殉道者**。而基督徒也在這個事件的同時，開始受到**迫害**，許多人紛紛逃出耶路撒冷。

和司提反一樣說著希臘語的希利尼人信徒，四散至**猶太之地**和**撒馬利亞**的各角落。

他們又在自己落腳的地方，開始傳起福音，因此迫害反而變成了讓基督教擴散至各地的契機。

關鍵詞

◎ **殉道**

在迫害中，為了貫徹信仰而犧牲生命。頻繁發生於初期的基督教中。其中，天主教教會更以殉道為榮，他們將那些在受迫害的時代裡，堅守信仰、選擇死亡的人，奉為殉道者。

耶路撒冷的八座城門

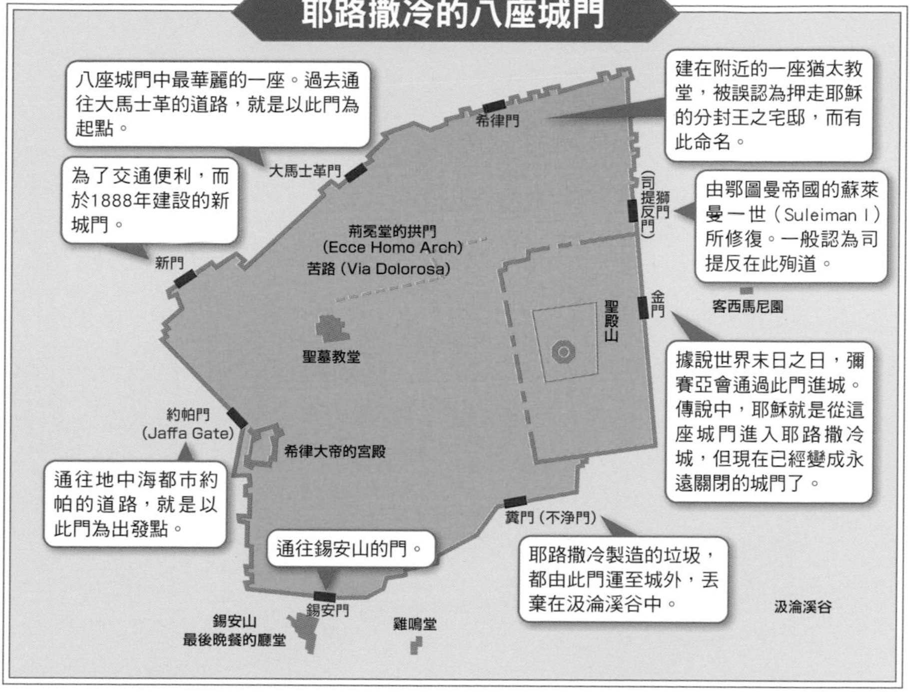
八座城門中最華麗的一座。過去通往大馬士革的道路，就是以此門為起點。
建在附近的一座猶太教堂，被誤認為押走耶穌的分封王之宅邸，而有此命名。
希律門
大馬士革門
為了交通便利，而於1888年建設的新城門。
司提反門（獅門）
由鄂圖曼帝國的蘇萊曼一世（Suleiman I）所修復。一般認為司提反在此殉道。
荊冕堂的拱門
(Ecce Homo Arch)
苦路（Via Dolorosa）
新門
金門
客西馬尼園
聖殿山
聖墓教堂
據說世界末日之日，彌賽亞會通過此門進城。傳說中，耶穌就是從這座城門進入耶路撒冷城，但現在已經變成永遠關閉的城門了。
約帕門
(Jaffa Gate)
希律大帝的宮殿
通往地中海都市約帕的道路，就是以此門為出發點。
糞門（不淨門）
通往錫安山的門。
耶路撒冷製造的垃圾，都由此門運至城外，丟棄在汲淪溪谷中。
錫安門
錫安山
最後晚餐的廳堂
雞鳴堂
汲淪溪谷

耶路撒冷舊城由城牆與八座門城所圍繞。每座城門都有其由來，其中有一座是司提反門。此處被認為是司提反殉道的場所，因此取名為司提反門。

聖經的軼事

{ 腓利將基督教傳至衣索匹亞 }

腓利流亡至撒馬利亞後，就在該地熱心地宣揚福音。於是，上帝的使者出現在他面前，吩咐他前去耶路撒冷以南的迦薩。

前往迦薩的路上，腓利遇到一個衣索比亞高官，一邊搭乘馬車，一邊閱讀〈以賽亞書〉。腓利向對方說明〈以賽亞書〉的內容，並傳遞耶穌的福音，於是就在高官的請求下為他施洗。這名高官雖然是宦官，但腓利立刻答應了他的要求。這顯然表示，只要相信耶穌，就算沒有接受過割禮的外邦人也能得到救贖，因此是一項劃時代性的創舉。高官回到衣索比亞後，很可能也成了第一個在非洲為耶穌傳福音的人。

腓利的成就

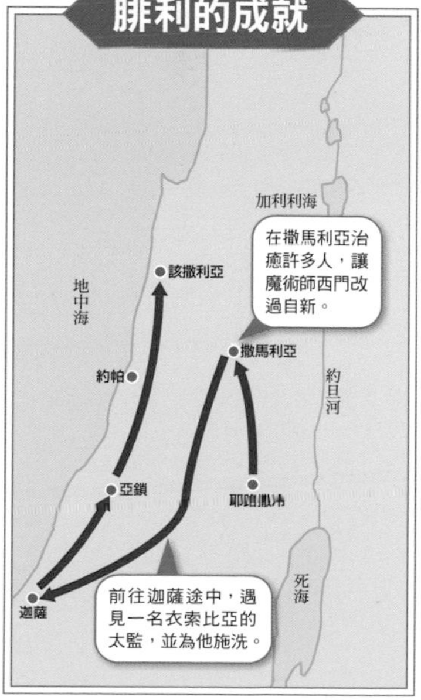
加利利海
在撒馬利亞治癒許多人，讓魔術師西門改過自新。
該撒利亞
地中海
撒馬利亞
約帕
約旦河
亞鎖
耶路撒冷
死海
迦薩
前往迦薩途中，遇見一名衣索比亞的太監，並為他施洗。

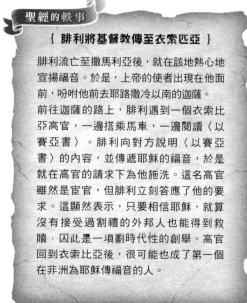

新約

保羅 1

掃羅悔改歸主

出處

〈使徒行傳〉第9章

POINT

- 掃羅迫害基督徒。
- 掃羅因聽見耶穌的聲音而悔改。
- 猶太教徒因掃羅的背叛而計畫將他殺害。

惡名昭彰的迫害者遇上耶穌

殺害**司提反**的群眾中，有個名叫**掃羅**的人。他來自一個虔誠的猶太教徒家庭，自幼埋首於**律法**的學習。

因此，他把耶穌的教誨看成是妨礙社會秩序的亂源，開始攻擊**教會**，將教會裡的人不分男女地逮捕，並送入大牢。

有一次，掃羅打算逮捕**大馬士革**的基督徒，而從耶路撒冷出發。途中，突然有一道光打在掃羅身上，他便從馬上摔落。然後聽到耶穌對他說：「掃羅、掃羅，你為何要苦苦迫害我？」

掃羅倒在地上，接著又傳來一個聲音。「站起來，進城鎮去。」同時，他的雙眼什麼也看不到了。

被光照射的掃羅

亞拿尼亞的神蹟所帶來悔改歸主與傳道的開始

三天後，耶穌在基督徒**亞拿尼亞**的夢中現身，吩咐他去拜訪掃羅。亞拿尼亞知道掃羅是基督徒的迫害者，因此十分驚訝，但耶穌說：「掃羅是我所揀選的器皿，他將要宣揚我的名。」

亞拿尼亞按吩咐，前去見掃羅。亞拿尼亞將手放在掃羅身上，接著，就有像**鱗片**的東西，**從掃羅眼睛上**掉了下來，掃羅的視力也因此恢復。

這件事讓掃羅**悔改歸主**，轉而成為虔誠的基督徒保羅。人們十分驚

保羅前往大馬士革
大馬士革
掃羅受洗。
掃羅前往大數。
提比哩亞
掃羅悔改歸主。
該撒利亞
撒馬利亞
約帕
約旦河
掃羅前往該撒利亞。
耶路撒冷
死海

聖經的軼事

【耶路撒冷的鎮壓】

統治猶太之地的希律・亞基帕王，為得到猶太統治階層的擁戴，大力執行對基督教教會的鎮壓，後來甚至殺害了十二門徒的雅各。彼得也被關入大牢，並準備在逾越節最後一天處決。但前一夜天使降臨，解開了彼得身上的枷鎖，又打開牢房的大門將他救出，彼得才在千鈞一髮之際逃過一劫。

訝，據說一開始連基督徒都不肯相信保羅。

對猶太教徒而言，這是無法容忍的背信行為，於是猶太教徒之間，有人開始商議取他性命。這時，保羅在他的門徒幫助之下逃亡成功，免於劫難。

據說，後來保羅在阿拉伯（和合本譯作「亞拉伯」）度過大約三年後，又前往**大數**生活。那時的耶路撒冷，因為受到迫害影響，所以十分盛行對外邦人傳道。

耶路撒冷的教會為了積極向外邦人傳道，派遣了一位名叫**巴拿巴**的人，前往位於外邦傳教中心的**安提阿教會**（Church of Antioch）。而他們為巴拿巴選出的搭檔，正是保羅。

人物

【巴拿巴】受到耶路撒冷教會的派遣，與保羅一同向外邦人宣揚基督教的人物。他與耶路撒冷教會有著密切的聯繫，似乎在經濟層面上做出了龐大的貢獻。

聖經的舞台

◉ **大數**（土耳其）

被視為保羅的故鄉，如今是位於土耳其南部，透過商業而繁榮的富裕國際都市。此處自古以來便是各種勢力爭奪的對象，西元前二二年成為羅馬帝國基利家省的首府。同時也是僅次於雅典、亞歷山卓的學術文化中心地。

新約

保羅 ②

第一次、第二次宣教之旅

出處

〈使徒行傳〉
第13章～第14章
第15章第36節～
第18章第23節

POINT

- 保羅在小亞細亞傳道。
- 保羅被猶太人丟石頭攻擊。
- 基督教傳向歐洲。
- 保羅在雅典進行演說。

第一次宣教之旅圓滿完成

西元四七年前後，**保羅**與**巴拿巴**踏上**第一次**的**宣教之旅**。他們先穿過巴拿巴的故鄉——**賽普勒斯島**，再前往第一站的小亞細亞。

此處的宣教十分成功，卻也因此招來猶太人的嫉妒。保羅在**路司得**城行神蹟，治癒了行動不便的人。就在此時猶太人追來此地，他們**丟石頭**攻擊保羅。保羅倒在地上，對方就以為他死了。但他沒死，並且又起身繼續他的旅程。

保羅先折返**特庇**城，之後又一邊傳道，一邊返回**安提阿**，結束了他們的宣教之旅。

將基督教傳至希臘的第二次宣教之旅

第二次的宣教之旅發生在西元四九年，可這次旅程中保羅與巴拿巴決裂，之後便各自行動。

不過，保羅此時多了三名同行者：**西拉**、**提摩太**，以及後來寫下福音書的**路加**。四人從馬其頓的**尼亞坡里**，進入**腓立比**。

這是**歐洲傳教**的濫觴。他的宣教內容，連在學術之都**雅典**都令學者們佩服不已。但關於耶穌復活的那段故事，則讓學者們忍俊不禁。後來於哥林多的宣教十分成功，保羅在此處停留了一年半，得到許多信徒。

詳細解說

保羅與巴拿巴在展開宣教之旅前，去了一趟耶路撒冷。兩人看到耶路撒冷教會因猶太教而事事掣肘的現狀。於是他們認為，耶穌的教誨不該設限於在猶太人身上，並下定決心要向全世界宣教。

第一次宣教之旅

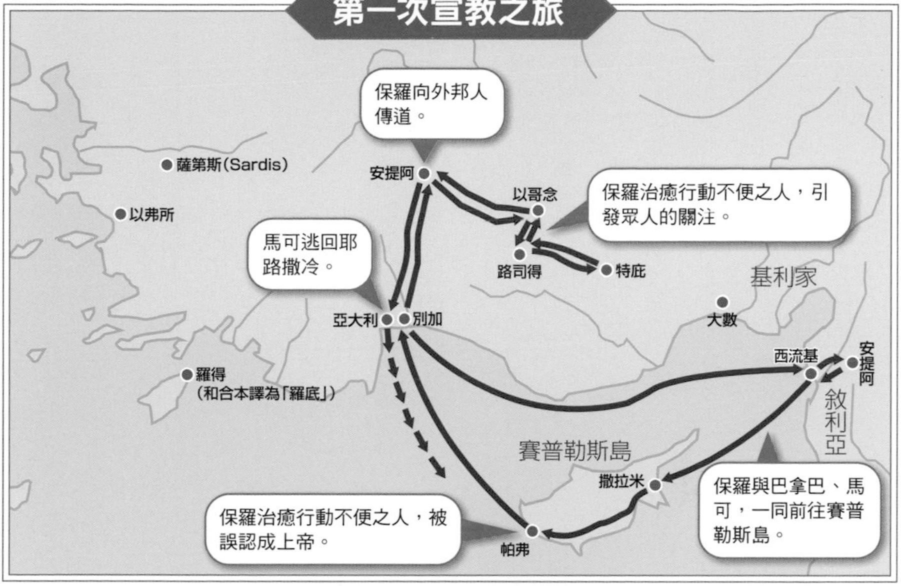

第二次宣教之旅

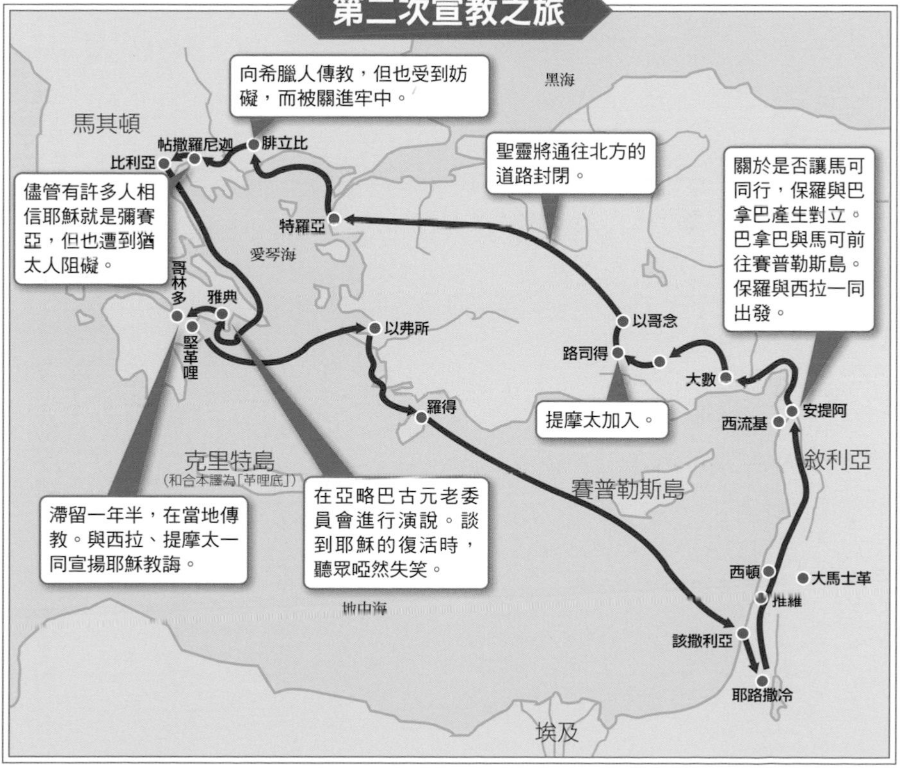

新約

保羅 ③

耶路撒冷會議

出處

〈使徒行傳〉第15章第1節～8節

POINT

- 在「外邦人是否要遵守戒律」的問題上產生對立。
- 以彼得的發言決定方針。
- 外邦人沒有必要遵守猶太的律法。
- 基督教開始從猶太教獨立出來。

會議決定外邦人的救贖方式

隨著非猶太人的基督徒增加，是否規定外邦人的他們也得**遵守猶太教律法**，成為亟需解決的問題。

保羅等外邦傳道的推手都主張，承認**耶穌**是**彌賽亞**，是得到救贖的唯一要件。

另一方面，**耶路撒冷教會**因受到**猶太教**概念的束縛，而認為外邦人也有義務遵守律法，否則無法得到救贖。

這是一個有可能導致教會分裂的嚴重問題。於是，眾使徒及長老在耶路撒冷召開會議，這場會議被稱為「**耶路撒冷會議**」，據說舉行於保羅的第一次和第二次宣教之旅之間。

會議因彼得的發言而鴉雀無聲

雖然會議陷入混亂，不過**彼得**陳述說，主也將**聖靈**賜給外邦人，讓他們透過信仰得救贖，要求外邦人背負起連猶太祖先也無法遵守的律法，絕對不是上帝的旨意。彼得的這項發言，讓會議頓時鴉雀無聲。

耶穌的弟弟**雅各**支持彼得的看法，並做出結論。也就是說，外邦人既沒有必要遵守律法，也無須接受割禮，就能透過神的恩典而得救。

基督教便這樣逐漸成長為一個與猶太教不同的宗教，其教義也愈來愈明晰。

詳細解說

只不過，他們又重新定下一些規則，例如，即使是外邦人，也不得將食物獻給偶像；以及對於勒斃的動物必須避開等等。

宣揚至世界各地

聖靈降臨之日在場的人
司提反死後四散的人
保羅的福音宣教
羅馬
馬其頓
黑海
腓立比
帖撒羅尼迦
西西里島
(Sicily)
雅典
哥林多
以弗所
亞細亞
(和合本譯為「亞西亞」)
加帕多家
地中海
克里特島
安提阿
底格里斯河
美索不達米亞
賽普勒斯島
古利奈
耶路撒冷
幼發拉底河
埃及

當信耶穌的人開始在耶路撒冷受到迫害時，基督徒們便逐漸前往國外傳道，這也是使基督教邁向世界宗教的起點。

怎麼做才能得救贖？

安提阿教會與保羅

獲得基督救贖的條件

- 承認耶穌是彌賽亞（救世主）。

僅此條件

→ **獨立於猶太教之外的思想**

猶太人基督徒

獲得基督救贖的條件

- 信上帝。
- 接受割禮。
- 遵守律法。
- 承認耶穌是彌賽亞（救世主）。

→ **以猶太教的其中一派自居的思想**

聖經的軼事

｛ 另一場論辯 ｝

當彼得在安提阿與外邦人同桌共餐時，來自耶路撒冷的基督徒，立刻向他提出抗議。其實是因為猶太律法對飲食有著嚴格的規定，所以猶太人認為他們無法與外邦人共餐。彼得為顧及其他猶太人的心情，而不再與外邦人同桌共餐，但保羅對此做出了強烈的批判。

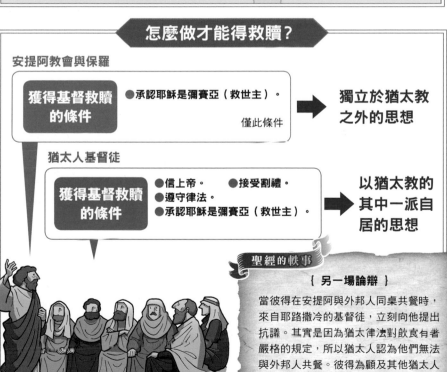

新約

保羅 ③

第三次宣教之旅

出處

〈使徒行傳〉第19章第1節～第24章第23節

POINT

- 保羅在以弗所獲得大量信徒。
- 保羅被阿耳忒彌斯神廟的商人轟走。
- 在耶路撒冷有人計畫殺害保羅。

受異教徒抗議的第三次宣教之旅

西元五三年前後，**保羅**與**提摩太**、**路加**一同踏上第三次的宣教之旅。

他們在**以弗所**的宣教圓滿成功，得到了更多的信徒，不過有人卻對此感到不是滋味。此時，以弗所盛行的是**阿耳忒彌斯**（Artemis，和合本譯為「亞底米神」）信仰，神殿裡販賣著銀製的手工阿耳忒彌斯像。然而，拜保羅傳教所賜，他們的信徒減少，生意下滑。一群人因此化為暴民，將保羅轟走。

保羅一行人接著又來到了**馬其頓**的**哥林多**。保羅在此處寫下了〈**羅馬書**〉，這卷經書後來被稱為基督教神學的精髓。

企圖殺害保羅的耶路撒冷騷動

他們一行人又受邀至**腓利**家中，接受款待。腓利是一名對衣索比亞人宣教有功的基督徒。

在這之後，保羅便動身前往**耶路撒冷**。因為此處的教會，以保守的希伯來人占多數，這令保羅感到很不自在。即使保羅報告了自己在宣教之旅中的成果，拿出了來自各地教會的贈

詳細解說

傳教中，以及在牢獄中，保羅都一直在寫信。收錄在《新約聖經》裡以保羅為名的書簡中，實際上出自保羅之手的，只有一半左右。

聖經的舞台

◉ **以弗所的阿耳忒彌斯神廟**（土耳其）

已經化作廢墟的以弗所，位在現今的土耳其西海岸，這裡過去居貿易要衝，因此成為一個極為繁榮的都市。而阿耳忒彌斯神廟（Temple of Artemis）正是這座都市的中心，據說這座神廟十分壯麗，是雅典帕德嫩神廟的四倍之大。這裡祭祀的阿耳忒彌斯是大地女神，為多產與豐饒的象徵，在形象上以具有多個乳房的外貌呈現。

品、獻金，卻還是沒有一個人說謝謝。保羅為證明自己是遵守律法的人，進入了聖殿。可這麼一來，反而變成猶太教徒的群眾開始鼓譟：「他想要玷汙神聖的場所！」甚至差點殺害保羅。

一聽說發生騷動，羅馬的千夫長便聞風而來，先將保羅救出。因為保羅擁有公民權，是貨真價實的羅馬公民，不能沒有正當理由就任意殺害。保羅被移送至該撒利亞，在那裡坐了兩年的牢。

以弗斯的阿耳忒彌斯神殿

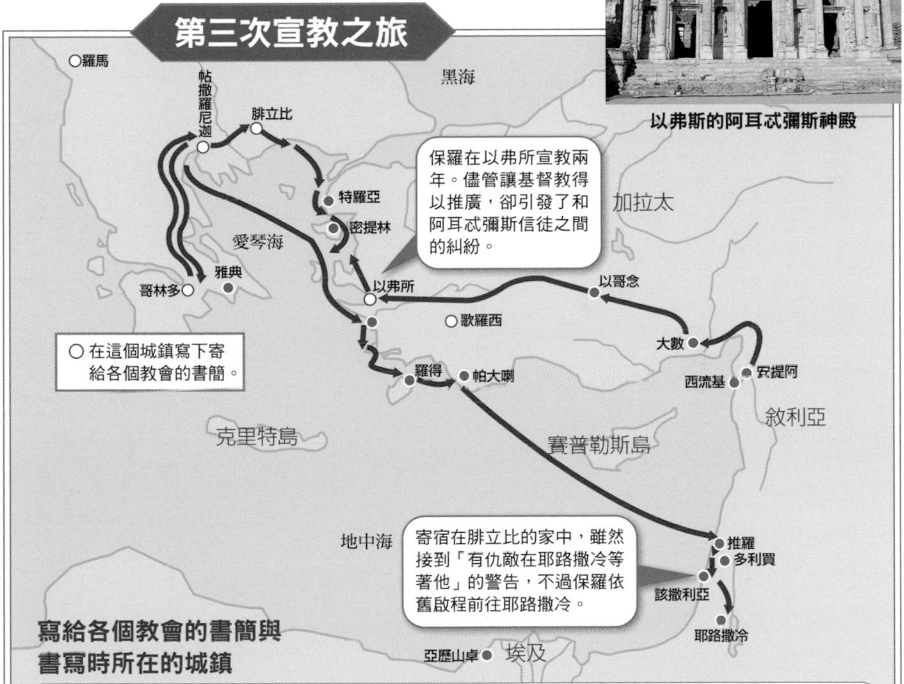
第三次宣教之旅
羅馬
帖撒羅尼迦
腓立比
黑海
特羅亞
密提林
保羅在以弗所宣教兩年。儘管讓基督教得以推廣，卻引發了和阿耳忒彌斯信徒之間的糾紛。
加拉太
愛琴海
雅典
哥林多
以弗所
以哥念
歌羅西
大數
○ 在這個城鎮寫下寄給各個教會的書簡。
羅得
帕大喇
西流基
安提阿
敘利亞
克里特島
賽普勒斯島
地中海
寄宿在腓立比的家中，雖然接到「有仇敵在耶路撒冷等著他」的警告，不過保羅依舊啟程前往耶路撒冷。
推羅
多利買
該撒利亞
耶路撒冷
亞歷山卓
埃及

寫給各個教會的書簡與書寫時所在的城鎮

- 保羅達羅馬人書，簡稱羅馬書（羅馬）
- 保羅達哥林多人書，簡稱哥林多書（哥林多）
- 保羅達加拉太人書，簡稱加拉太書（加拉太地方）
- 保羅達以弗所人書，簡稱以弗所書（以弗所）
- 保羅達腓立比人書，簡稱腓立比書（腓立比）
- 保羅達歌羅西人書，簡稱歌羅西書（歌羅西）
- 保羅達帖撒羅尼迦人書，簡稱帖撒羅尼迦書（帖撒羅尼迦）
- 保羅達提摩太書，簡稱提摩太書（以弗所）
- 保羅達提多書，簡稱提多書（克里特）
- 保羅達腓利門書，簡稱腓利門書（歌羅西）

保羅在宣教之旅中，向各個教會寄出了勉勵的書簡。
保羅的傳教確實抵達了希臘，但由於途中的以弗所原本有許多民眾崇拜希臘神話的阿耳忒彌斯神，因此兩邊爆發衝突。

新約

保羅 ④

保羅最後的蹤跡

出處
〈使徒行傳〉
第24章27節～第28章

POINT
- 保羅以羅馬公民權為後盾，表明要向羅馬皇帝上訴。
- 保羅前往羅馬的途中遭船難。
- 保羅在羅馬傳道兩年。

猶太教領袖計畫殺害保羅

保羅被關的期間，羅馬所指派的**猶太省長**交接，更換了新的省長。猶太教領袖見有機可趁，便向新省長申請要在耶路撒冷審判保羅。他們打算將保羅處決。

保羅從頭到尾只有在傳教，明顯是清白的，但剛到任的省長，也不想與猶太的有權有勢者為敵。

此時，保羅決定行使**羅馬公民**的特權，向皇帝**上訴**。這麼一來，他既不必回到危險的耶路撒冷，也能實現願望，前往他夢寐以求的羅馬。因為在羅馬傳**福音**，是他長年以來的夢想。

突然音訊全無的傳道士

保羅一行人乘著船被送往羅馬，負責護送的百夫長也對保羅十分禮遇。據說途中船隻遇難，漂流到**馬爾他島**（Malta）上，雖然歷盡艱辛，但他們最後徒步走到羅馬，受到基督徒的熱情歡迎。

兩年後，保羅住在一間偌大的宅第中，受衛兵監視。他有時向前來的訪客講道，有時寫寫書信，持續向人民宣道。

保羅最後的足跡

提摩太前書	保羅獲釋，恢復自由之身。他從以弗所前往馬其頓，並將提摩太留在以弗所，讓他繼續傳道。
提多書	保羅獲釋，恢復自由之身。他和提多一同前往克里特，並滯留該地。最後留下提多，獨自展開旅程。
提摩太後書	再度被捕，從羅馬的牢獄中寄出書簡。看得出被捕之前，他可能曾經從以弗所前往西班牙。這卷書簡所散發出的氛圍，能讓人感受到附近就是一個處決犯人的刑場。

迷你知識

保羅的晚年

在此之後，保羅突然音訊全無。可透過幾封書簡，對他後來的蹤跡做出某種程度的推測，但詳情無法確定，只能當作推測而已。有人說他前往西班牙進行宣教之旅後，又再度出發向小亞細亞傳道；還有另一種說法是他因尼祿的迫害，而在西元67年殉道，羅馬的城外聖保祿大殿（Basilica of Saint Paul Outside the Walls）（譯註：「保祿」為天主教思高聖經對「保羅」的譯法）就建在他的埋葬之處。

保羅赴羅馬之行

保羅不畏迫害，
慷慨演說。
抵達羅馬，在此宣教兩年。
羅馬
亞得里亞海
部丟利
搭乘來自亞歷山卓的船，朝羅馬前進。
西西里島
敘拉古
馬爾他
遭遇暴風雨
馬爾他島外海遇上船難，漂流至沙灘上。船員全體平安無事。
地中海
克里特島
革尼土
每拉
大數
安提阿
西流基
賽普勒斯島
西頓
在該撒利亞的大牢中遭監禁兩年後，決定向羅馬皇帝提起上訴，被送往羅馬。
該撒利亞
亞歷山卓
埃及
保羅遭逮捕。

新約

迫害時代

使徒們的殉道

POINT

- 雅各遭希律・亞基帕殺害。
- 彼得在羅馬殉道。
- 據傳除了約翰，十二門徒皆殉道而亡

在迫害中殉道的使徒

身為耶穌直傳門徒的使徒們，在耶穌被釘十字架時，個個都為明哲保身躲藏了起來，但經歷耶穌的復活與聖靈降臨後，他們都開始全心全意為傳教而奔走。

然而，當迫害逐漸升溫時，對死亡無所畏懼的使徒們，仍在各地傳教，最終一個接一個地壯烈殉教。

雅各死於西元四三年左右。猶太王**希律・亞基帕**，因親羅馬政權而招來民眾的憤怒。他計畫殺害雅各，將基督徒塑造成背叛猶太的異端，以轉移民眾憤怒的矛頭。雅各因此人頭落地。眾門徒在迫害之中，甚至無法為雅各安葬。於是他們帶著遺骸，偷偷搭上小船離岸，最後抵達的是**西班牙**的海岸。

因為雅各主要是在西班牙宣教，所以收了許多西班牙出身的門徒。這些門徒便將雅各埋葬於此。

彼得在羅馬宣教，但他因遭受當時著名的羅馬暴君皇帝**尼祿**（Nero）迫害，而打算暫時離開羅馬。尼祿將**羅馬大火**的責任推到基督徒頭上，藉此平息民眾對他的反感。

然而，彼得離開羅馬時，在**亞壁古道**（Appian Way）上遇見了耶

詳細解說

有一種說法認為，寫下〈約翰福音〉的人，就是晚年的約翰。

聖經的舞台

◉ **聖地亞哥－德孔波斯特拉**（西班牙）

聖地亞哥—德孔波斯特拉（Santiago de Compostela）與耶路撒冷聖殿、聖伯多祿大殿齊名，是天主教三大朝聖地之一。西元九世紀在此處發現了雅各的墳墓，十一世紀開始建設大教堂。祭壇中央供奉的就是雅各像，雅各的棺木則收藏於地下。

穌，耶穌對他說：「如果你要拋下我的子民，我就於羅馬再讓他們釘一次十字架。」彼得聞言便折返羅馬，並且對迫害者說自己沒有資格選擇和老師一樣的死法，而要他們將自己**倒釘在十字架上**。

◇只有使徒約翰一人壽終正寢

十二門徒除去上吊自殺的猶大，剩下的十一人中，最後壽終正寢的僅**約翰**一人。

他在宣教地的土耳其和羅馬也遇到過迫害，不過總能奇蹟似地脫險，並在門徒的簇擁下活到九十四、五歲。而他也在門徒的圍繞之中，受耶穌聲音的引導，被接至天上。

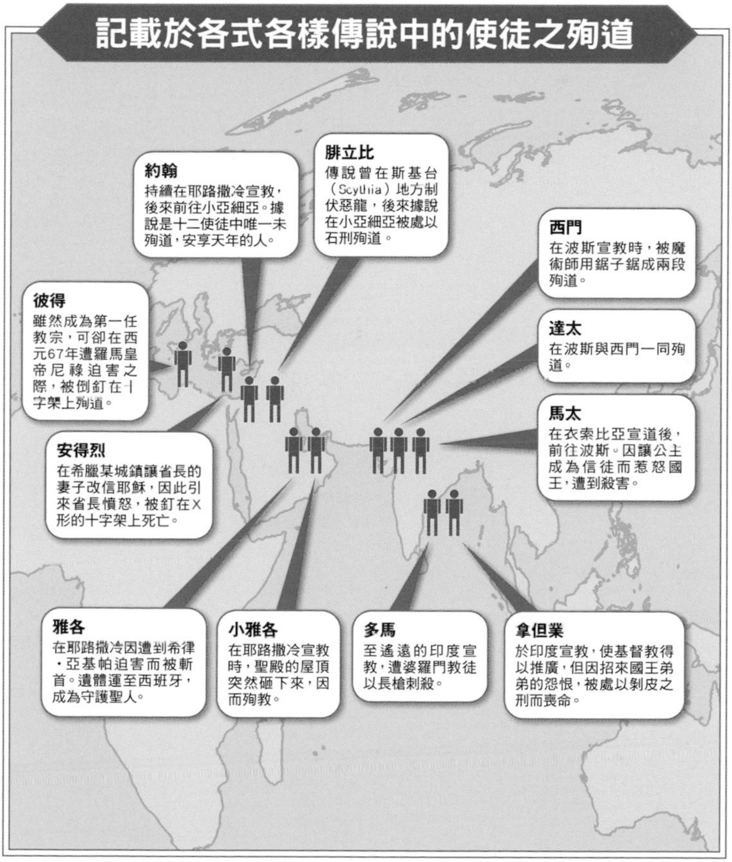
記載於各式各樣傳說中的使徒之殉道
約翰
持續在耶路撒冷宣教，後來前往小亞細亞。據說是十二使徒中唯一未殉道，安享天年的人。
腓立比
傳說曾在斯基台（Scythia）地方制伏惡龍，後來據說在小亞細亞被處以石刑殉道。
西門
在波斯宣教時，被魔術師用鋸子鋸成兩段殉道。
彼得
雖然成為第一任教宗，可卻在西元67年遭羅馬皇帝尼祿迫害之際，被倒釘在十字架上殉道。
達太
在波斯與西門一同殉道。
馬太
在衣索比亞宣道後，前往波斯。因讓公主成為信徒而惹怒國王，遭到殺害。
安得烈
在希臘某城鎮讓省長的妻子改信耶穌，因此引來省長憤怒，被釘在X形的十字架上死亡。
雅各
在耶路撒冷因遭到希律・亞基帕迫害而被斬首。遺體運至西班牙，成為守護聖人。
小雅各
在耶路撒冷宣教時，聖殿的屋頂突然砸下來，因而殉教。
多馬
至遙遠的印度宣教，遭婆羅門教徒以長槍刺殺。
拿但業
於印度宣教，使基督教得以推廣，但因招來國王弟弟的怨恨，被處以剝皮之刑而喪命。

據說，十二門徒儘管不畏迫害，持續宣教，但卻在各地殉道。約翰是唯一存活下來的人，有一說認為他在晚年寫下了〈約翰福音〉。

第一次猶太戰爭

POINT
- 猶太省長搜刮耶路撒冷聖殿。
- 猶太人爆發叛亂。
- 在提圖斯領軍下，平定第一次猶太戰爭。
- 基督教教會離開耶路撒冷。

聖殿掠奪激怒猶太人 一舉殲滅羅馬軍

西元六四年，**耶路撒冷聖殿**終於完工。這是一項從希律大帝時代開始動工，耗費了八十年之久的大工程，不過最終卻成了引爆**第一次猶太戰爭**的原因。

來自羅馬的省長——**革修弗羅**（Gessius Florus）在聖殿進行搜刮，結果造成猶太人暴動。革修弗羅又進一步以平定暴亂為名，掠奪城市、屠殺猶太人。西元六六年，暴動擴大成大型叛變。

米拿現率領的**奮銳黨**，攻擊駐有羅馬兵的**馬撒大**，並將其占領。

聖殿護衛長**以利亞撒**，也停止進行一直以來都會為羅馬皇帝所進行的儀式，展現出對羅馬宣戰的意志。

猶太人的團結 因內部分裂而崩壞

在耶路撒冷，反叛軍攻陷安東尼亞碉堡，最後終於把羅馬兵驅逐出聖地。

叛變儘管進行得一帆風順，可反叛軍內部其實並非團結一致。後來由米拿現為王，指揮反叛軍，但他卻在內部鬥爭中遭到殺害。

追隨米拿現的奮銳黨黨員，逃亡

聖經的舞台

◎ **迦姆拉**（以色列）

迦姆拉（Gamla）是一座如海角般從戈蘭高地向加利利海突出的山脊。住在這個城鎮的猶太人，原本宣誓效忠於羅馬，但在第一次猶太戰爭時反叛軍逃入此地，使得這座城鎮的命運徹底改變。據說，在羅馬軍的攻擊下四千人遭殺害，被逼到斷崖、走投無路的人，紛紛跳崖喪命。發生在迦姆拉的悲劇，也如同馬撒大一般，伴隨著猶太戰爭的記憶，代代流傳下來。

至馬撒大的堡壘。反叛軍失去領導者，之後也不斷分裂。最後皇帝**尼祿**派**維斯帕先**（Vespasianus）和**提圖斯**（Titus）父子前去鎮壓。維斯帕先擁六萬大軍，平定各地。

尼祿死後，維斯帕先登基為皇帝，提圖斯受命擔任對猶太戰爭的指揮。西元七〇年，耶路撒冷遭包圍，聖殿被焚燒，叛亂得到鎮壓。

死守在馬撒大、**迦姆拉**的餘黨，最後選擇了集體自殺，徒留一段悲劇故事。

話說回來，在這紛亂的時代中，耶路撒冷的基督徒又在做些什麼呢？

其實，就在戰爭即將爆發的前夕，他們移居至約旦河東邊的佩拉（Pella）城。**耶路撒冷原始教會**也因此消失。另外，第一次猶太戰爭結束不久後，〈**馬可福音**〉成書。

基督徒沒有參與第一次猶太戰爭，可說是遵循著耶穌的教誨。

西元70年的耶路撒冷淪陷

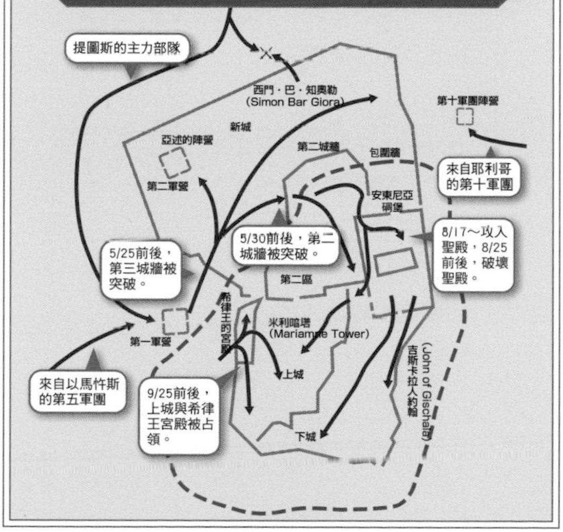

耶路撒冷於發生內部分裂時遭提圖斯包圍，雖然僵持了將近四個月，最後還是被攻陷，聖殿也遭到毀壞。

迷你知識

馬撒大的淪陷

死海西岸有一個彷彿自岸邊突出的堡壘，那就是馬撒大堡壘。西元70年，耶路撒冷淪陷後，馬撒大仍繼續徹底抵抗。羅馬軍築起了巨大的包圍堤，74年終於突圍成功。然而，士兵們在那裡看到的，卻是有男有女、有大人有小孩、堆積如山的屍體。死守堡壘的960餘人全數自殺身亡，只剩兩名女性和一些小孩活了下來，並將這個悲劇故事口耳相傳了下去。

第二次猶太戰爭

POINT

- 哈德良開始迫害猶太教。
- 第二次猶太戰爭爆發。
- 猶太人被驅逐出耶路撒冷。

因挑釁而起的第二次猶太戰爭

羅馬皇帝**哈德良**一開始採取的是親猶太政策，然而，西元一二九年，哈德良來到**耶路撒冷**後，突然宣布禁止安息日與割禮。還把耶路撒冷改名為「**埃里亞・加比多利拿**」（Aelia Capitolina），進行徹底的大改造。

對猶太人而言，這根本就是滅族行為。

當哈德良人還在埃及、敘利亞等距離耶路撒冷不遠的地方時，猶太人保持了表面的鎮定，不過背地裡其實已在儲備武器，準備叛變。

一三二年，**巴柯巴**率領猶太人一齊揭竿起義。猶太的精神領袖**阿基巴拉比**（Rabbi Aqiba）也支持這項行動，於是演變成大規模的叛亂，叛亂幾乎遍及整個猶太之地。

某段時期，猶太人大挫羅馬的氣勢，幾乎要將羅馬人盡數趕出猶太之地，他們連臨時政府都設了，甚至還以巴柯巴為「以色列的君主」，發行了刻有其肖像的貨幣。

耶路撒冷的淪陷與民族的離散

當初哈德良並未十分看重這場叛亂，一開始派遣的將軍鎮壓失敗後，

迷你知識

埃里亞・加比多利拿 ～耶路撒冷被消滅的時代～

這個城市名，是由哈德良自己的家族名稱「埃里烏斯」（Aelius），以及羅馬守護神「朱庇特・加比多利努斯」（Jupiter Capitolinus）之名結合而成。這個時代，在城市裡建設了許多羅馬風的建築物，聖殿山上則建立了羅馬眾神之王朱庇特的神廟，猶太人不准踏入此城，違者處死。後來，只開放猶太人在一年一度的埃波月（Av）9日，可以挨著舊聖殿的城牆祈禱。這就是「哭牆」之名的由來。

這座城市是在基督教成為羅馬帝國的國教後，才恢復「耶路撒冷」之名。基督徒殷切的期盼，終於在此時得到羅馬皇帝的接納。

猶太人的離散

被禁止進入耶路撒冷的猶太人，從此離散在歐洲各處。直到1948年以色列建國之前，猶太人都是沒有國家的民族，持續在世界各地流浪。

他便派出自己最信賴的將軍**塞維魯**（Severus）。反叛軍在塞維魯面前節節敗退，耶路撒冷也被奪去。

一三五年，**第二次猶太戰爭**以**比塔爾（Betar）堡壘**的淪陷和耶路撒冷的慘遭破壞告終。

此時，巴柯巴戰死，阿基巴拉比也被處決。

猶太之地被羅馬軍蹂躪後，也被改名為「**巴勒斯坦**」，並成為隸屬羅馬之敘利亞省的一個部分。

耶路撒冷也被當成殖民市埃里亞・加比多利拿，建立起哈德良的雕像，變成一座有劇場、有公共浴場的羅馬都市了。

許多猶太人遭殺害，倖存者也被流放。他們被禁止再次回到耶路撒冷。猶太人漫長的**離散**史，就此展開。

人物

【巴柯巴】 第二次猶太戰爭的率領者，本名班科席瓦（Ben Kosevah）。巴柯巴有「星辰之子」之意，因民眾視他為彌賽亞，而以此綽號來稱呼他。但民眾對他的戰死十分失望，後來把他叫成Bar Koziba，就是「吹牛之子」的意思。

詳細解說

猶太人要求製作武器繳納給羅馬的工匠打出粗製濫造的成品，由於羅馬不接受的淘汰品會流入坊間，因此猶太人便可以藉此囤積武器。

約翰啟示錄

出處
〈啟示錄〉

POINT
- 約翰描繪自己看見未來的情景。
- 當時基督徒正在宗教迫害中過得水深火熱。
- 為了鼓勵受迫害的信徒而寫下這卷書。

描寫接二連三發生的大災禍

《新約聖經》的最後一卷，是約翰所寫的〈**啟示錄**〉。

約翰生活在**拔摩島**上，有一天他看到這樣的幻覺：看起來像是上帝的人物，將七個書卷交給了一隻羔羊。每當羔羊將一個書卷的封印解開時，就會有災禍降臨，接著有七名天使依序吹響喇叭，七名天使又將上帝的憤怒傾注下來。進行了最後的審判後，新的耶路撒冷便從天而降。這就是故事大概的架構。

寫下啟示錄的目的是為了激勵信眾

一般認為約翰寫下啟示錄的時間約在西元一世紀末，當時的基督徒正苦於**圖密善（Domitian）皇帝**的迫害。儘管在那之前也有過各式各樣的迫害，但這麼有組織性且遍及整個羅馬帝國的迫害還是頭一遭。

基督徒面對迫害，一貫採取不抵抗的方式，而啟示錄的作者很有可能是為了激勵信眾，才會寫下內容如此極端的啟示錄。

詳細解說

1 〈啟示錄〉在聖經中是既異質又謎樣的文章。文章的形式，是寫給以弗所、士每拿、別迦摩、推雅推拉、撒狄、非拉鐵非、老底嘉七個教會的書信。

2 拔摩島是愛琴海上靠近土耳其的一座小島。由於作者是在這個小島撰寫〈啟示錄〉的，因此此處就成了知名的「愛琴海聖地」。建立於十一世紀的神學家聖若望修道院（Monastery of Saint John the Theologian）（譯註：「若望」為天主教思高聖經對「約翰」的譯法），位在傳說約翰所居住的洞穴之處，現已成為珍貴的史蹟，並於一九九九年列為世界遺產。

3 關於羅馬帝國迫害基督徒的理由，據說起因是許多基督徒拒絕敬拜皇帝、不服兵役，故而被視為一群破壞帝國秩序的人。

啟示錄的故事流程

擁有七支角和七隻眼的羔羊，解開七個書卷的封印。

第一封印	戰爭之災
第二封印	相互殘殺之災
第三封印	貪婪之災
第四封印	劍與饑荒帶來的災禍
第五封印	殉道者現身呼喊：「對地上的人判罪，為我們流的血伸冤！」
第六封印	發生大地震，太陽失去光輝，星辰落到地上。
第七封印	七名天使拿到了七支喇叭。

↓

七名天使依序吹響喇叭

第一天使	摻著血的冰雹和火球從天而降。
第二天使	燃燒的山被投入了大海中，三分之一的海中生物死亡、船隻遭毀。
第三天使	燃燒的星子落下，三分之一的水變苦，許多人死去。
第四天使	太陽、月亮和星星消失了三分之一，地上轉為黑暗。
第五天使	星子墜落，出現大洞，蝗蟲襲人。
第六天使	放出四名天使，殺光三分之一的人類。
第七封印	宣告最後審判的到來。

↓

上帝的憤怒盛在七個碗中，七名天使將碗中的憤怒朝地上傾注。

迫害基督徒的羅馬皇帝

尼祿（在位54～68）

把基督徒當成西元64年羅馬大火的犯人，對他們進行迫害。據說，彼得與保羅因而殉道。

圖密善（在位81～96）

因基督徒拒絕崇拜皇帝而迫害他們。

馬可・奧里略（Marcus Aurelius）（在位161～181）

增強迫害，許多殉道者進而出現。

德西烏斯（Decius）（在位249～251）

展開羅馬帝國最大的基督教迫害行動，據說原因在於基督徒拒絕崇拜羅馬的諸神。

戴克里先（Diocletian）（在位284～305）

執行基督教得到公認前的最後一場迫害。這項迫害之後，君士坦丁大帝承認基督教，結束漫長的迫害時代。

尤利安努斯（Julianus）（在位361～363）

基督教得到承認後，又致力於復興羅馬自古以來的諸神，而被冠上「背教者」之名。

迷你知識

關於666

啟示錄中，出現了666這個數字，這個數字讓人產生了許多揣測。約翰明白點出這個數字是指「不祥之人」。無論在希臘文或希伯來文中，都經常將字母轉換成阿拉伯數字。有人指出轉換之後，666就成了一個暗號，暗指被稱為「皇帝尼祿」或「禿頭尼祿」的圖密善。

啟示錄的作者約翰

新約

啟示錄 2

世界的毀滅與最後的審判

出處

〈啟示錄〉

最後審判之前，幸福時代持續了千年

上帝的憤怒被傾倒下來，消滅了地上的邪惡，**千年王國**的時代來臨。**基督**再度降臨人間，他將**撒旦**打入陰間，統治地上一千年。這段期間撒旦無法活動，基督再臨時，惡人都會滅亡，大家迎來的是一個既沒有困惑也沒有不安的幸福時代。另外，所有過去殉道的義人，也都會在這個時代復活。

然而，千年王國並非永恆。千年後，原本被困在陰間的撒旦又再次出現，他慫恿歌革和瑪各，在人間引發大亂。但火焰從天而降，將撒旦和作亂的人消滅。這就是所謂的**世界末日**。

受揀選的人能得到永恆的幸福

世界末日來臨後，所有死者都會復活，並接受「**最後的審判**」，誰能前往天國，誰將落入地獄，就是在此決定。

死者生前的行為都被記錄在「**生命冊**」上，名字不在生命冊上的人，就會被打入**地獄**。

剩下的是受揀選成為天國居民的人。新的天與地將在他們面前出現，

POINT

- 千禧年時代來臨，基督以王者之姿降臨。
- 千年之後撒旦再度出現，但為上帝所擊退。
- 進行最後的審判。

迷你知識

新耶路撒冷的風貌

約翰看到人類滅亡和最後審判的景象後，又在天使的引領下，看到了新的耶路撒冷。

據其描述，耶路撒冷由高聳的城牆圍繞，城牆共有十二個城門，各式各樣的寶石都裝飾在城牆的基石上。

由純金打造的大馬路，其光輝照耀整座都市，夜晚不曾降臨。

此外，如水晶般閃耀的河川，流經大馬路中央，兩岸種著一排排生命樹，每年樹上都會結果十二回。

在這座都市裡沒有不潔淨的人，也沒有行為可憎或撒謊的人，基督的統治直到永遠。

新的神聖之都**耶路撒冷**也從天而降。於是眾人就生活在此王國中，直到永遠。

詳細解說

次經〈彼得啟示錄〉（Apocalypse of Peter）中，鉅細靡遺地描寫出了地獄的景象。根據描述，地獄中受到最重折磨的，是迫害基督徒與中傷耶穌教誨的人。不過其實基督教原本並不存在地獄的概念，應該是後世基督徒在傳道時，需要描繪出恐怖的地獄場景，藉以告訴眾人若不悔改會有何下場，才逐漸建構出的概念。

啟示錄所描述的世界末日

七名天使將神的憤怒傾倒下來，消滅地上的惡。

←

千年王國的統治

基督與殉道者持續統治王國一千年。

←

撒旦再度出來誘惑眾人，上帝將其擊退。

←

進行最後的審判。

←

新耶路撒冷從天而降，基督再臨，由他統治王國，直到永遠。

從藝術看聖經

◆ **梵蒂岡博物館**（義大利）

梵蒂岡宮（Apostolic Palace）內有二十七處美術館與博物館，合稱為梵蒂岡博物館（Vatican Museums）。其中的美術館，以西斯汀禮拜堂（Sistine Chapel）為最著名的代表。西斯汀禮拜堂內，保存著米開朗基羅所畫的《創世記》、《最後的審判》等作品。《最後的審判》是將啟示錄中所記載的最後審判，以懾人渲染力描繪出來的傑作。

Column

《新約聖經》的節慶 5

聖靈降臨日

在耶穌死後第五十天，猶太教的五旬節之日，聖靈降臨在彼得等耶穌門徒身上，而聖靈降臨日就是在慶祝這一天的節日。

這是繼復活節之後的盛大節日，目前在歐洲等基督教圈中，已成為長達一星期的節慶。

《新約聖經》記載，耶穌的眾門徒從這一天起，開始說起各個國家的語言，並且透過他們的傳教，而使許多人受洗。

而這一天也是基督徒組成教會的緣起。

聖靈降臨日在希臘文中，是以有五十之意的「Pentecostes」為稱呼，原本是猶太教的「Shavuot」（七七節）。Shavuot是為了感謝春季第一場收割的慶典。

聖靈降臨日的慶祝方式，依國家和地方而有所不同。

在義大利，由於聖靈降臨時，據說有火焰之舌般的東西從天而降，因此他們會灑玫瑰花瓣慶祝。在法國，他們會吹小號，以象徵當時呼嘯的風聲。

基督教的教會節慶，有其慶典代表色。聖誕節時是白色，復活節時也是白色，但聖靈降臨日則是紅色。

這是來自〈使徒行傳〉中的記載，因為當時聖靈「像火焰般」，降臨在眾門徒的身上。所以聖靈降臨日這一天，傳統教會都會遵照習俗，在講壇上鋪上一塊紅色的布。

ㄐ

ㄑ

ㄒ

ㄓ

ㄔ

ㄕ

ㄊ

ㄋ

ㄌ

ㄍ

ㄎ

ㄏ

索引

ㄅ

ㄆ

ㄇ

ㄈ

ㄉ

●監修者介紹　大島 力

1953年生。東北大學文學所史學系畢業，東京神學大學研究所博士後期課程修畢，神學博士。目前為青山學院大學教授。專攻舊約聖經學。主要著作包括：《先知的信仰》、《聖經在說什麼》、《聖經中的祈禱》（皆為日本基督教團出版局）、《舊約聖經與現代》（日本放送出版協會）、《以賽亞書是一本書嗎？》（教文館）等書（以上書名皆為暫譯）。

日文版工作人員

●相片協助——iStock/Getty Images（P27、P63、P82、P157、P217、P237、P240）
Aflo（P25、P33、P39上・下、P40、P42、P56、P89、P96、P103上、P105、P131、P224、P242、P249）
日本以色列觀光省
●插畫——桔川 伸、渡辺コージ
●設計——櫻井ミチ
●編輯協助——株式会社STUDIO DUNK

圖解舊約・新約聖經：
從創世記到啟示錄，深入淺出理解聖經的世界

2019年 2 月20日初版第一刷發行
2024年10月 1 日初版第七刷發行

監　　修　大島力
譯　　者　李瑷祺
責任編輯　魏紫庭
美術編輯　竇元玉
發 行 人　若森稔雄
發 行 所　台灣東販股份有限公司
＜地址＞台北市南京東路4段130號2F-1
＜電話＞(02)2577-8878
＜傳真＞(02)2577-8896
＜網址＞https://www.tohan.com.tw
郵撥帳號　1405049-4
法律顧問　蕭雄淋律師
總 經 銷　聯合發行股份有限公司
＜電話＞(02)2917-8022

國家圖書館出版品預行編目資料

圖解舊約・新約聖經：從創世記到啟示錄，深入淺出理解聖經的世界 / 大島力監修；李瑷祺譯. -- 初版. -- 臺北市：臺灣東販, 2019.02
256面；14.7×21公分
ISBN 978-986-475-920-0 (平裝)

1.舊約 2.新約 3.聖經研究

241.01　　107023459